Markus Fäh

Gesundheit kommt von innen

Markus Fäh

Gesundheit kommt von innen

Wie wir unsere Lebenskräfte befreien

Zytglogge

Lektorat Bettina Kaelin
Satz und Gestaltung Zytglogge Verlag
Druck AZ Druck und Datentechnik GmbH, Kempten
ISBN 3-7296-0634-4

Zytglogge Verlag Bern, Eigerweg 16, CH-3073 Gümligen
info@zytglogge.ch • www.zytglogge.ch

Inhalt

1. Kapitel

Gesundheit im Spannungsfeld zwischen Lebenskräften und Belastungen

Es ist unendlich viel einfacher, für oder gegen eine Idee, einen Wert, eine Person, Institution oder Situation Stellung zu beziehen, als das zu analysieren, was sich in Wahrheit in seiner ganzen Komplexität dahinter verbirgt. Pierre Bourdieu

Das Fazit ist ernüchternd: Um die Gesundheit vieler Menschen ist es schlecht bestellt, krank machende Belastungen gefährden uns immer mehr, zudem ist der Einzelne verstärkt dem Fitness- und Gesundheitszwang ausgesetzt. Drängende Fragen bleiben unbeantwortet: Was leistet in dieser Situation das Gesundheitswesen? Was für Lösungen bieten die Gesundheitsberufe an? Warum greifen die Ratschläge aller Wellness-, Fitness- und Gesundheitsratgeber zu wenig und zum Teil überhaupt nicht?

Gesundheit ist zu einer moralischen Pflicht geworden, zu einem Leistungsideal. Wellness und Fitness sind die neuen weltlichen Tugenden der Postmoderne. Das elfte Gebot ‹Du sollst deinen Körper lieben› liegt dem allgegenwärtigen Jugend-, Schönheits- und Gesundheitskult zu Grunde.

Ist Gesundheit ein Wert? Soll sie der höchste Wert sein?

Sicher ist sie einer geworden. Egal, wie gesund wir sind oder leben, wir verehren die Gesundheit, wir beten sie an. Wir schämen uns, wenn wir krank und gebrechlich sind. Wir fühlen uns schuldig, es ist uns peinlich, wenn wir nicht gesund leben, rauchen, Alkohol trinken, uns nicht genug bewegen, zu wenig schlafen.

Und diese Scham und Schuld wird kräftig geschürt, um den Einzelnen aus Kostenspargründen vom Genuss der Segnungen des so genannten Gesundheitssystems abzuhalten. Schon werden Vorschläge diskutiert, bei angeblich selbstverschuldeten Erkrankungen, wie z. B. Aids oder Lungenkrebs (bei Rauchern), die Leistungen der Krankenversicherungen einzuschränken.

Diese Tendenz grenzt Kranke aus, behandelt sie mit einer Mischung aus Fürsorge und Vorwurf: Wir behandeln dich zwar, aber eigentlich bist du selber schuld! Hättest du gesund gelebt, wärst du auch gesund!

Ich halte diese Ansicht für falsch und gefährlich.

Gesundheit ist etwas, was nur bedingt der eigenen Kontrolle untersteht. Es gibt Umstände und Verkettungen von Umständen, denen gegenüber wir hilflos sind, die uns krank machen können, auch wenn wir noch so vernünftig leben und Risiken meiden. Wir können es nicht verhindern, krank zu werden, Krankheiten stossen uns manchmal einfach zu. Wir sind vielleicht in für uns unklarer Weise an der Entstehung einer Krankheit beteiligt, und doch ist Gesundheit durch die eigene Lebensweise nicht restlos beeinflussbar. Die Idee, der Gesundheit eigener Schmied zu sein, überhöht die eigenen Einflussmöglichkeiten, befriedigt imaginäre Allmachts- und Grössenwünsche, ist aber lebensfremd und unrealistisch.

Und doch können wir etwas für unsere Gesundheit tun. Wir können, wenn sie ein selbst gewählter Wert ist, wenn es uns wichtig ist, mit grösserem seelischem und körperlichem Wohlbefinden zu leben, mehr Verantwortung für die Sorge um unsere langfristige Gesundheit übernehmen. Davon handelt dieses Buch. Müssen wir gesund sein? Oder wollen wir gesund sein?

Gesundheit im Sinne des immer währenden Wohlbefindens und des Vermeidens von Krankheit ist als Zustand nicht herstellbar.

Gesundheit muss anders verstanden werden: nicht als das Negativum von Krankheit, sondern als Fähigkeit, sich in Richtung Gesundheitszustand zu bewegen, als Fähigkeit, den Lebenskräften zum Durchbruch zu verhelfen. Dieses Überwiegen der lebendigen Kräfte lässt sich durch die Lebensweise beeinflussen und zu einem Teil selber verantworten:

Wir können unsere inneren Lebenskräfte befreien,

- uns Kraftquellen in der Welt erschliessen,
- uns gegen die Belastungen des Lebens wappnen,
- unsere selbstzerstörerischen Tendenzen in den Griff bekommen.

Todesangst, Gesundheit und Krankheit – und Angst vor Krankheit! – sind meine ganz persönlichen Themen. Ich war als Kind oft krank, musste mehrere Operationen an den Augen über mich ergehen lassen. Nach den Operationen, als mein Kopf verbunden war, hatte ich Angst, erblindet zu sein. Ich erinnere mich noch heute an das Glücksgefühl, als man mir den Verband abnahm und ich – verschwommen zwar – die Aufführung eines Clowns im Kinderspital sehen konnte.

Mit siebzehn erlebte ich Todesangst am eigenen Leib. Unsere Seilschaft stürzte bei der Traverse eines Schneefelds in den Bergen ab. Es war Glück, dass wir nicht alle in die gleiche Gletscherspalte, sondern am Seil in zwei benachbarte fielen und gerettet werden konnten. Das Nebeneinander von Todesangst, Lebenswillen und Lebenslust ist mir aus meiner persönlichen Geschichte sehr vertraut und begründet mein Interesse an dem, was uns von innen heraus langfristig gesund erhält.

Gesundheit ist auch etwas, das nicht nur jeder für sich alleine beanspruchen und pflegen kann.

Das Erste, was Menschen einander in beinahe allen Kulturen in Form von Begrüssungen oder Trinksprüchen wünschen, ist: gute Gesundheit. Salve, Salute, Salud lauten nicht nur die Trinksprüche, wenn Menschen an einem Tisch zusammenkommen, sondern auch die Grussformeln. Gesundheit ist keine private Angelegenheit, sie ist ein gemeinsames Unterfangen. In Russland z. B. gilt bei den Tischreden der erste Wunsch der Gesundheit den anderen, der zweite den Eltern, der dritte den Menschen, die man liebt. Damit ist das ganze Feld der Gesundheit abgesteckt. Gesundheit entsteht im Zusammenleben, verwirklicht sich in der Lebensgeschichte und ist auf andere Menschen bezogen. Sie ist im ursprünglichen Sinne des Wortes – Liebe zur lebendigen Welt – erotisch.

Dieses Buch stellt die zum Teil verborgenen Grundlagen einer erweiterten Idee von Gesundheit dar. Es will Vorschläge, Anregungen vermitteln, um diese Grundlagen aufzubauen und zu erhalten.

Lebenswunsch und Todesangst

Als ich mit der flachen Hand gegen die Drehtür drückte, dachte ich: Nie wünschen wir uns sehnlicher gesund zu sein, als wenn wir krank sind. Die Eingangshallen aller Spitäler gleichen sich: ein Informationsschalter, eine Cafeteria, ein paar Stühle, Tafeln, die zu verschiedenen Abteilungen weisen, Sicht auf lange Korridore. Patienten im Morgenmantel schlurfen umher. Einige reden leise mit Besuchern, offensichtlich über persönliche Dinge, die in diesem öffentlichen Raum nicht hörbar sein sollen. Krankenschwestern und Ärzte – weisse Kittel, weisse Sandalen – queren mit grossen, schnellen Schritten den Raum.

Ich habe mich mit meinem Patienten – nennen wir ihn Hubert – verabredet. Er ist praktisch über Nacht an einem Karzinom (bösartige Krebsgeschwulst) im Kieferbereich erkrankt. In einer zwölfstündigen Notoperation wurde der Tumor mitsamt einem Teil des linken Unterkiefers entfernt. Das war vor einer Woche. Jetzt ist er über den Berg. Wir treffen uns in der Cafeteria. Ich sage Hallo und drücke ihm einen kleinen Strauss gelber Frühlingsblumen in die Hand. Er nickt und zeigt auf den Mundbereich, zuckt die Schultern, als wolle er sich entschuldigen, dass er kein Wort sprechen kann, sein ganzer Kopf ist einbandagiert – nur ein schmaler Schlitz für die Augen ist frei.

«Wie geht es Ihnen?», frage ich. Ich bin froh, dass Hubert überlebt hat. Seit zwei Jahren sehe ich ihn zweimal wöchentlich in meiner psychoanalytischen Praxis. Ich bin schockiert wegen seiner dramatischen, beinahe tödlichen Erkrankung und fühle mich machtlos. Hubert nimmt einen Block aus der Tasche und schreibt ein paar Worte, dann schiebt er den Block über den Tisch.

«Ich bin froh, dass ich noch lebe», steht darauf.

«Ich bin auch froh, dass Sie noch leben», schreibe ich unter seinen Satz und gebe ihm den Block zurück.

Er schreibt nur zwei Worte: «Warum ich?»

«Ich weiss es nicht.»

«Ich will gesund werden. Ich will leben.»

Er unterstreicht die beiden letzten Sätze. Seine Augen blicken mich aus den Verbandsschlitzen an, erschöpft und entschlossen. Hubert hat eine Schlacht gegen die lebenszerstörenden Kräfte gewonnen, gesiegt hat er noch nicht. Er wird noch jahrelang zu mir in Therapie kommen.

Hubert ist der Patient, der mich am direktesten mit dem Tod konfrontiert hat.

Todesangst und Lebenswünsche hängen eng zusammen. Sobald wir uns dem Leben öffnen, das Leben zu geniessen und lieben beginnen, konfrontieren wir uns mit der Angst, krank zu werden und es zu verlieren.

Viele Menschen wollen es nicht nur dem Schicksal überlassen, ob sie gesund bleiben. Sie leben nach der Richtschnur: Was tut meinem Körper gut, damit er so lange wie möglich am Leben bleibt? Sie unterlassen, was dieses Ziel gefährden könnte, meiden alle Risikofaktoren wie Bewegungsarmut, Rauchen, Alkohol und Stress.

Diesem Gesundheitstrend stehen die Krankheitsstatistiken gegenüber. 5000 Franken pro Kopf pro Jahr kostet unser so genanntes Gesundheitswesen in der Schweiz – ohne nichtkassenpflichtige Leistungen. In die Krankheitsbehandlungen einer Durchschnittsfamilie investieren wir also 20 000 Franken pro Jahr. 97 Prozent dieses Geldes wird dafür verwendet, körperliche Erkrankungen und Schädigungen zu beheben. Nur 3 Prozent werden in die Behandlung sozialer und seelischer Gesundheitsstörungen investiert, obwohl längst bekannt ist, dass die Lebensweise darüber entscheidet, wie belastet wir durchs Leben gehen und wie gesund wir den Belastungen des Lebens standhalten. Weniger als ein Prozent der Gesamtkosten wird für vorbeugende Gesundheitsförderung ausgegeben. Die Indikatoren sozialer und seelischer Gesundheit verschlechtern sich, und in deren Gefolge nehmen auch die körperlichen Folgeschäden zu. Ein Drittel der Ehen – steigende Tendenz! – wird geschieden, jeder Dritte leidet in seinem Leben einmal an Depressionen, chronische Erkrankungen nehmen zu, die Invaliditätsrate steigt.

Ein grosser Teil des im so genannten Gesundheitswesen ausgegebenen Geldes scheint somit fehlinvestiert. Statt dass wir unsere Lebenskräfte stärken, um den gesundheitsfeindlichen Belastungen wirksam entgegentreten zu können, werden wir passiver und stellen immer höhere Ansprüche. Das jetzige Gesundheitssystem schwächt die Selbstverantwortung durch die Verführung zum Konsum und die einseitige Ausrichtung auf technische Massnahmen weiter. Viele medizinische Massnahmen lindern nur Symptome, sie kurieren nicht die Wurzel der Erkrankung. Dabei verantworten wir einen grossen Teil unserer Lebensweise in seelischer und körperlicher Hinsicht selber. Unsere eigenen Lebenskräfte und die Kraftquellen in der Umgebung werden zu wenig erkannt und genutzt, um den Belastungen und zerstörerischen Tendenzen entgegenzuwirken.

Können wir im Rahmen unserer natürlichen Grenzen dazu beitragen, dass wir lange und gesund leben? Was ist das Geheimnis langfristiger Gesundheit?

- **Wir lassen unsere Lebenskräfte in vollem Umfang strömen.**
- **Wir nutzen die Kraftquellen in unserer natürlichen und menschlichen Umgebung.**
- **Wir halten den unvermeidlichen Anforderungen und Belastungen stand.**
- **Wir halten die selbstzerstörerischen Kräfte in Schach.**

Gesund bleiben im Strom des Lebens

Zufriedene alte Menschen können gute Lehrmeister sein. Maria zum Beispiel. Äusserlich betrachtet hat sie kein reiches Leben gehabt. Sie ist die älteste Tochter aus einer kinderreichen Familie, verlor ihren Mann im Krieg gleich nach der Heirat, hat einen Sohn allein grossgezogen und im Haushalt ihrer Schwester mitgearbeitet und ist kaum aus dem Dorf, in dem sie lebt, hinausgekommen.

Heute ist sie 86 Jahre alt, kerngesund und strahlt eine ruhige Heiterkeit aus. Sie ist in ihrem Dorf beliebt, pflegt einen grossen Bekannten- und Freundeskreis: «Es ist immer etwas los.» – Man hat den Eindruck, nichts könne diese etwas schrullige, oft einsilbige Frau aus dem Gleichgewicht bringen.

Was ist das Geheimnis ihrer Gesundheit?

«Es kommt, wie es muss», ist einer ihrer Lieblingssätze, oder – weil sie auf pragmatische Weise religiös ist: – «Gott wird es richten». Sie vertraut dem Gang der Dinge, ist gelassen. «Das Geheimnis meiner Gesundheit ist meine Ruhe», sagt sie. «Warum sich übertrieben Sorgen machen über Dinge, die kommen könnten, und sich den Kopf zerbrechen über mögliche bevorstehende Katastrophen? Lieber das Nächstliegende tun, das, was in meiner Macht steht, und sich an die alltäglichen Freuden halten.»

Maria hat, oberflächlich betrachtet, kein spannendes Leben geführt – sie hat sich nach dem Tod ihres Mannes nicht mehr mit einem Mann eingelassen und materiell äusserst bescheiden gelebt, nach dem Prinzip des römischen Kaisers Titus: ‹Carpe diem!› – ‹Pflücke den Tag›. Ich kenne niemanden, der sich so liebevoll und lustvoll um kleine Dinge kümmert und auf kleinem Raum eine ausgeprägte Individualität pflegt. Sie hat alle Geburtstage ihrer Bekannten und Verwandten und auch diejenigen derer Kinder gespeichert – und mit absoluter Zuverlässigkeit erreichen die Betreffenden in alter deutscher Schrift kalligrafierte Geburtstagskarten mit aufmunternden Botschaften für das nächste Jahr, Gottes Segen, Fröhlichkeit. Maria steht gern in ihrer kleinen Küche und kocht Marmelade, beschriftet Marmeladengläser. Sie strickt Socken und Pullover und beschenkt den Kreis ihrer Lieben damit. Kurz: Maria führt ein ausgefülltes Leben voller befriedigender Alltagserfahrungen, das ihr einen tiefen Sinn gibt und sie mit dem Wohlgefühl erfüllt, es gut zu machen und sich nicht zu sorgen. Sie hat sich in der Welt so eingerichtet, dass sie mit ihr gut klarkommt und sich eine tiefe Zufriedenheit mit ihrem Leben erarbeitet. Maria trägt Sorge zu sich selbst, ernährt sich einfach und spaziert täglich an der frischen Luft.

Es kommt offenbar nicht primär darauf an, wie viel Erfüllung in der Liebe, wie viel sexuelle Befriedigung, wie viel Geld, wie viel beruflichen Erfolg man hat. Entscheidend ist vielmehr, von innen her zufrieden zu werden, im Leben das zu entdecken, was das Eigene ist und dieses Eigene hoch zu besetzen und mit der ganzen Intensität zu leben. Gesundheit ist nicht gleich Glück. Gesundheit ist eine positive Art, in Bewegung zu sein.

Das Kräftefeld des Lebens

Gesundheit entsteht in einem Spannungsfeld gegensätzlicher Kräfte. Krank machende Belastungen greifen die Gesundheit an, Lebenskräfte schützen und erhalten sie. Wenn die Lebenskräfte geschwächt oder blockiert sind und die Belastungen und zerstörerischen Einflüsse die Oberhand gewinnen, werden wir krank.

Das Leben ist ein ständiges Balancieren in diesem Kräftefeld. Wir können selber dazu beitragen, dass die schützenden Lebenskräfte gegenüber den krank machenden Belastungen die Oberhand gewinnen. Doch nehmen wir zuerst die krank machenden Lebensbedingungen der heutigen Zeit unter die Lupe.

- **Gesundheit entsteht in einem Spannungsfeld gegensätzlicher Kräfte.**
- **Schützende Lebenskräfte erzeugen und erhalten Gesundheit.**
- **Zerstörerische Kräfte schwächen und bedrohen Gesundheit.**

2. Kapitel

Kranke Menschen in einer krank machenden Gesellschaft

Man kann nicht zugleich in der Gesellschaft leben und frei von ihr sein. *Wladimir Iljitsch Lenin*

Gesundheitszwang in einer krank machenden Gesellschaft

Gesundheit ist ein Mega-Trend. An jedem Kiosk, in jeder Buchhandlung füllen die Gesundheitsratgeber Laufmeter. Allgemeine Fitnesspflicht herrscht. Der offizielle Gesundheitstrend und die veröffentlichten Gesundheitsvorsorge-Gebote richten sich immer genauer an bestimmte gesellschaftliche Zielgruppen: Gesundheit für Männer, für Frauen, für Kinder, für ManagerInnen, für MigrantInnen, für Singles, für SeniorInnen. Jeder Gruppe wird ein Lebensstil empfohlen, der fit hält. Das Lifestyle-Heft ‹Men's Health› beispielsweise propagiert ein lustvolles Männerleben als beste Voraussetzung für Gesundheit: Spass an der Leistung, Spass am Sex, Spass am Reisen, Spass an allem. Nur noch machen, was Spass macht, das ist die gesund erhaltende Devise. Ob und wie sie lebbar ist, ist eine andere Frage. Aber sie setzt den Einzelnen unter Druck, diese Vorgaben zu erfüllen. Wer es nicht vermag, ist selber schuld.

Diese Tendenz, dem einzelnen Menschen die ganze Verantwortung für sein Gesundsein, Schönsein und Erfolgreichsein aufzubürden, und damit natürlich auch die Verantwortung für sein Scheitern, hat in den letzten Jahren zugenommen. Gleichzeitig sind die gesellschaftlichen Belastungen und Anforderungen an den einzelnen Menschen gestiegen. Die Schere zwischen krank machenden Anforderungen und Gesundheitszwang öffnet sich immer mehr.

Krankmacher Unsicherheit

Der Soziologe Ulrich Beck hat den Begriff ‹Risikogesellschaft› geprägt. Die heutigen westlichen Menschen reden nicht mehr von Gefahren, sondern von Risiken. Gefahr hat den Vorteil, dass sie fassbar und aktuell ist, entweder existiert sie oder sie existiert nicht. Risiko hingegen ist überall und nirgends, und es ist zeitlich unbestimmt, d.h. es besteht immer. Immer gibt es für alles ein – unterschiedlich hohes – Risiko.

Das Gegenstück zu Gefahr ist Sicherheit. Zu Risiko hingegen gibt es kein Gegenstück. Risikofreiheit gibt es nicht. In der Risikogesellschaft gibt es deshalb keine Sicherheit mehr. Es gibt nur noch unterschiedlich schwerwiegende Grade von Risiko oder Unsicherheit.

Der Soziologe Zygmunt Bauman charakterisiert die heutige Gesellschaft dadurch, dass Sicherheit im dreifachen Sinne von Beständigkeit, Geschütztheit und Gewissheit verloren gegangen ist.

1. Sicherheit (engl. security) im zeitlichen Sinne des Bleibens, Behaltens, der Verlässlichkeit, Beständigkeit, Treue und Konstanz.

Es gibt keine Beziehungssicherheit mehr, wenn das Zusammensein nur noch aufgrund von bekanntlich sehr fluktuationsanfälligen Gefühlen des Glücks, der Zufriedenheit oder der sexuellen Anziehung abhängt. Es gibt kein Gefühl der Beständigkeit, wenn Massstäbe und Werte schwanken können, nach denen man sein Verhalten ausrichten soll.

2. Sicherheit (engl. safety) im räumlichen und existenziellen Sinne des Gefühls von Geschütztheit. Galten früher verlässliche Massstäbe für richtiges Verhalten, auf Grund dessen man sich vor Unbill und Sanktionen schützen konnte, gilt das heute nicht mehr. Es gibt niemanden mehr, der im gesellschaftlichen Raum für alle Geschütztheit garantieren kann, und es gibt kaum Anzeichen dafür, dass über kurz oder lang das gesellschaftliche Kollektiv Geschütztheit im Austausch gegen Wohlverhalten garantieren kann. Das heisst, Mann und Frau wissen je länger je weniger, wie sie sich verhalten sollen, damit sie noch Schutz bekommen. Sollen sie sich

konform oder unkonventionell verhalten? An welchen Werten sollen sie sich orientieren? Es spielt keine Rolle, es gibt keinen Schutz mehr für die grosse Mehrheit. In den USA versuchen sich die Begüterten Inseln der Sicherheit in den ‹gated communities› zu schaffen. Dies sind privatrechtlich organisierte Gemeinden, umgeben von einer Umfriedungsmauer und Wachtposten, die ihre eigenen Regeln und Gesetze aufstellen und für ihre Bewohner mit einer Privatarmee den Binnenschutz gewährleisten.

3. Sicherheit im logischen und geistigen Sinne von Gewissheit (engl. certainty) – z. B. die Sicherheit, mit der Urteile getroffen werden: Ist ein bestimmtes eigenes Verhalten auch wirklich im eigenen Interesse? Das Gefühl der Gewissheit, wie sicher wir zukünftige Entwicklungen vorausahnen können, kommt den meisten Menschen in einem dramatischen Ausmasse abhanden. Das geflügelte Wort der ‹No-Future›-Mentalität vieler – vor allem jüngerer Menschen – spricht für sich. Es gibt keine Gewissheit mehr, einen Beruf zu lernen und dann in diesem Beruf Erfüllung zu finden. Dies war noch nie garantiert. Aber die heutige Situation zeichnet sich durch eine geradezu gegen null tendierende Gewissheit in dieser Hinsicht aus. Niemand kann heute noch die Hand dafür ins Feuer legen, was er in zehn Jahren tun wird. Selbst die Menschheit als Ganzes ist nicht sicher, ob sie in zehn Jahren noch existiert.

Alle drei Bestandteile der Sicherheit (security, safety, certainty) sind Voraussetzungen für Selbstvertrauen und Selbstsicherheit, von denen die Fähigkeit zu vernünftigem Denken und Handeln abhängt. Sie sind Komponenten langfristiger Gesundheit.

Fehlen sie, so können wir auf die Verunsicherung nur mit verschiedenen problematischen Verhaltensweisen und Anpassungsversuchen reagieren, und da wir die belastenden Bedingungen nicht unmittelbar und im Alleingang ändern können, neigen wir dazu, uns mit ihnen zu identifizieren, uns unbewusst mit dem äusseren Feind zu solidarisieren, um die Spannung des Ausgeliefertseins zu vermindern.

Ungesunde Anpassungen

1. Misstrauen und Gleichgültigkeit

Eine erste Anpassungsmöglichkeit ist, die gesellschaftlichen Spielregeln der fehlenden Verlässlichkeit, Gewissheit und Geschütztheit in die eigene Lebenseinstellung und das eigene Verhalten zu übernehmen. Man praktiziert dann selber die Devise: Es kommt nicht darauf an, wie es wirklich ist, sondern wie es scheint. Bei vielen Menschen setzt sich die Sichtweise durch, dass nicht die Wahrheit, sondern der Eindruck entscheidend ist. Lüge und Täuschung als Mittel der Interessenwahrung werden akzeptiert. Damit wird das Klima der Verunsicherung und des Misstrauens verschärft. Der Verlässlichkeit wird noch mehr Boden entzogen, die Spirale des Vertrauensverlusts dreht sich weiter. Die gesund erhaltenden Bedingungen der Loyalität und der Sicherheit werden untergraben.

Eine in den USA durchgeführte Umfrage unter Managern des mittleren Kaders in den 1000 grössten Unternehmen brachte an den Tag, dass diese Kaderleute den Eindruck hatten, die Angestellten wären ihrer Firma gegenüber weniger loyal als zehn Jahre zuvor (Rosen, 1991).

Das Misstrauen innerhalb der Unternehmen zwischen Top-Management, mittlerem Kader und den Angestellten ist weiterhin gestiegen. Die Arbeiter werden immer zynischer, fanden Donald Kanter und Philip Mirvis von der Boston University heraus. In einer nationalen Umfrage unter den Arbeitnehmern gaben 60 Prozent zu, sie würden lügen, wenn es ihnen nützen würde. 58 Prozent gaben an, mehr Interesse und Engagement zu heucheln als sie tatsächlich empfänden. 72 Prozent glaubten, dass das Grundvertrauen abnehme.

Der Anpassungsmechanismus der grösseren inneren Distanz zu den anderen Menschen zeigt sich nicht nur in der Täuschung und im Misstrauen, sondern auch in einer gleichgültigen Einstellung gegenüber dem Befinden und Leiden anderer Personen. Kürzlich sorgte ein Experiment für Aufsehen, das von einem Fernsehsender durchgeführt wurde. An einer viel befahrenen Strasse wurde ein dramatischer Autounfall simuliert; eine Frau war in ihrem von der Strasse abgekommenen Fahrzeug deutlich als schwer verletzt erkennbar. Der schockierende Befund: Die meisten vorbeifahrenden Autofahrer registrierten zwar die schwer verletzte Frau, fuhren aber trotzdem weiter. Nur ganz wenige hielten an oder kehrten gar um.

Einige Kilometer nach dem fingierten Unfall hielten Kamerateams die Autofahrer an und befragten sie. Jene, die weitergefahren waren, gaben Zeugnisse ihrer Gleichgültigkeit zu Protokoll. «Keine Zeit», «Ich dachte, es hält sowieso jemand an», «Mir schien, der Unfall sei nicht so schlimm», lauteten die Kommentare, mit denen die Autofahrer die unterlassene Hilfestellung rechtfertigten.

2. Der modulare Mensch

Der amerikanische Soziologe Richard Sennett hat den ‹flexiblen Menschen› im globalisierten Kapitalismus beschrieben. Es ist ein Mensch, der ‹driftet›, der sich nicht mehr auf eine Identität, auf langfristige Identifikationen, Eigenschaften, Loyalitäten, Bindungen festlegt. Dies ermöglicht ihm, in einer Gesellschaft ohne langfristige Sicherheiten und Gewissheiten auf die situativen Gegebenheiten und die aktuellen Interessen zu reagieren, zu agieren und zu bestehen.

Der Soziologe Ernest Gellner hat die Anpassungsstrategie des ‹flexiblen Menschen› mit dem Begriff des ‹modularen Menschen› gefasst. Der Ausdruck stammt aus der Möbelindustrie. IKEA-Möbel sind modulare Möbel, sie sind aus Modulen gefertigt. Der Unterschied zwischen der ganzheitlichen Persönlichkeit der Moderne mit ihren festen Charaktereigenschaften und dem postmodernen modularen Menschentyp gleicht dem zwischen einem traditionellen, aus einem Stück gefertigten Kleiderschrank und einem modularen IKEA-Schrank. Traditionelle Möbel und Menschen hatten ihre feste Gestalt, sie waren irgendwann einmal ‹fertig›. Eine weitere Änderung von Grösse, Form und Stil war ausgeschlossen. Der zu Grunde liegende Plan konnte gediegen, sorgfältig oder banal und stümperhaft sein, auf jeden Fall war er unabänderlich. Wenn die Bedürfnisse des Besitzers des Kleiderschranks sich wandelten oder über die ursprünglichen ästhetischen und nützlichen Eigenschaften des alten Stückes hinauswuchsen, blieb nichts anderes übrig als sich mit ihm zu arrangieren oder ihn ganz zu ersetzen. Nicht so bei modularen Möbeln: Man kann einzelne Module hinzufügen, alte durch neuere ersetzen oder die Anordnung der Module neu arrangieren. Der Prozess des Umbaus des modularen Möbels ist nie beendet.

Ebenso wie modulares Mobiliar keine vorgezeichnete Form, sondern eine unendliche Reihe möglicher Formen besitzt, sind auch für den postmodernen modularen Menschen weder Profil noch Charakter im Voraus definiert. Der modulare Mensch hat keine Persönlichkeit, er besitzt bewegliche, verfügbare und austauschbare Eigenschaften. Er zerlegt sich ständig und baut sich immer wieder neu zusammen, je nach den Aufgaben, die es zu erfüllen gibt.

Die Bindungen modularer Menschen untereinander sind nichts Langfristiges, sie sind nicht starr, sondern ad hoc, beweglich. Dies wird heute oft als neuer Wert gefeiert: grössere Freiheit, geringere Einschränkung und Erstarrung. Diese Freiheit kann aber nicht genossen werden, sie zerrinnt zwischen den Fingern, weil die für den Genuss von Freiheit notwendigen Sicherheiten fehlen.

Die widersprüchliche seelische Anforderung, gleichzeitig ein flexibler modularer ‹Ikea-Mensch› zu sein und Sicherheit spendende, stabile Bindungen zu pflegen, überfordert viele Menschen und macht sie krank. Sie zielt an der Realität der menschlichen Seele – ihrer Bedürftigkeit, Langsamkeit und ihrem Angewiesensein auf gute Beziehungen – vorbei. Die Anpassungsstrategie des modularen Menschen ist deshalb langfristig ungesund, weil sie zu einer gefährlichen Instabilität führt. Wer nicht über eine hinreichend stabile Persönlichkeit verfügt, ist in schwierigen Lebenssituationen und unter grossen Belastungen schnell überfordert und läuft Gefahr zusammenzubrechen.

Zwischen der Anpassungsstrategie des modularen Menschen und der Borderline-Persönlichkeit lassen sich denn auch einige Parallelen entdecken. Die Borderline-Persönlichkeit leidet – wie der Name besagt – daran, dass sie ständig an der Grenze zum Realitätsverlust und Wahnsinn lebt. Sie ist extremen widersprüchlichen Gefühlen und Impulsen, wie Liebe und Hass, in besonders intensiver Weise ausgeliefert und kann sich nur mit Mühe einigermassen im Gleichgewicht halten. Sie bringt ihre inneren Widersprüche und die verschiedenen Anteile ihrer Person nicht unter einen Hut und agiert sie deshalb im Verhalten extrem aus, z. B. indem sie im Wechsel feindselig und dann wieder überwältigend zärtlich und liebevoll ist. Der innere Zusammenhalt der Borderline-Person ist oft nur durch ein eher schwaches steuerndes Selbst mit einer hohen Chaostoleranz gewährleistet. Obwohl das chaotische seelische Funktionieren der Borderline-Persönlichkeit unter den gegenwärtigen Lebensbedingungen kurzfristig Vorteile haben kann, führt es doch langfristig in die seelische Zerrüttung. Der grösste Teil der Lebensenergie wird verbraucht, um einigermassen vernünftig denken und handeln zu können. Diese Energie fehlt an anderer Stelle, die langfristige Entwicklung der Person leidet, stagniert und vermag den Anforderungen des Lebens nicht standzuhalten. Oft brechen Menschen mit einer Borderline-Persönlichkeitsstruktur psychotisch zusammen, sie werden süchtig und gewalttätig oder bringen sich um.

3. Beziehungsverdünnung

‹Durch dick und dünn gehen› ist ein schöner Ausdruck für eine gute Beziehung. Eine im Ergebnis langfristig ebenfalls ungesunde Anpassung an die unsicheren gesellschaftlichen Verhältnisse ist, sich nicht mehr oder nur noch oberflächlich auf eine Beziehung einzulassen, d.h. die Beziehung gefühlsmässig auszudünnen, gleichsam nur noch ‹durch dünn zu gehen›.

Paarbeziehungen beispielsweise werden im Falle von Schwierigkeiten schneller aufgegeben als früher, man trennt sich leichter. Viele Beziehungen werden heute durch handfeste Gemeinsamkeiten wie Ehestand, Kinder, Vermögen oder Interessen weniger zusammengehalten, man geht auseinander, wenn die Gefühle nicht mehr stimmen. Diese Tendenz, Beziehungen auf eine Art Selbsterfahrung zu reduzieren, hat sich durch die rasante technologische Entwicklung der letzten zehn Jahre und die explodierenden Möglichkeiten im Bereiche der Telekommunikation beschleunigt.

So verändert das Internet unsere Beziehungen in einem Masse, welches noch nicht absehbar ist. Wir wissen noch nicht, wie der Charakter der Menschen, welche durch den globalisierten Kapitalismus und die kommunikative Vernetzung via Internet geprägt sind, in dreissig oder vierzig Jahren beschaffen sein wird, können aber bereits erste Anzeichen des Niederschlags dieser Entwicklung erkennen.

Das Internet ermöglicht es, anonym mit allen anderen Netzteilnehmern zu kommunizieren, und senkt damit die Hemmschwelle zum Persönlichen. Selbst im natürlichen Kontakt gehemmte Menschen können im Schutz der Anonymität Gefühle und intime Details preisgeben, ihre Fantasien austauschen. Damit erleichtert das Netz vielen die Kontaktangst zu überspringen. Menschen, denen befriedigende reale Kontakte fehlen, können deshalb leicht internetsüchtig werden. Die Internetsüchtigen begnügen sich oft mit den anonymen Pseudokontakten, sie schaffen den Schritt zu einem realen Kontakt mit Personen, die sie kennen, nicht. Sie überwinden ihre Kontakthemmungen und -ängste nicht, sondern benutzen das Netz als Kompensation und Flucht vor der Realität.

Die Pseudo-Kommunikation im Netz führt in die Vereinsamung, in die Unfähigkeit, echte, gefühlsmässig befriedigende Beziehungen zu entwickeln.

Die Schaffung künstlicher Kontaktlandschaften ist ein anderer Ausdruck dieses Trends hin zur leeren, unbezogenen Kommunikation. Die Fernsehsendung Big Brother faszinierte die Menschen nicht nur wegen der Befriedigung des voyeuristischen Bedürfnisses, sondern auch wegen des versprochenen Angebots des beliebig machbaren Kontakts beliebiger Menschen mit jedermann und jederfrau. Der ‹grosse Bruder› würfelt ein paar Menschen in einem Wohncontainer zusammen, und die Wunschvorstellung ist: Es entsteht ‹Kontakt›, gleichsam von selbst.

«Jeder treibt es mit jedem!», sagte der ehemalige Schlagersänger Christian Anders (Blick, 21. April 2001) auf die Frage, warum er seine Freundin für 500 000 Mark ein Jahr lang einem Münchner Millionär zur Verfügung stelle. In der gefühlsmässig ausgedünnten Beziehung kommt es gar nicht auf den jeweiligen Menschen an, alle können es miteinander. Durch solche Beliebigkeitsarrangements wird der Wunsch nach gutem gefühlsmässigem Kontakt und gegenseitigem Interesse enttäuscht. Was entsteht, ist Austausch von Worten oder Reizen. Ob auch Kontakt im Sinne einer Begegnung von Menschen entsteht, die sich füreinander interessieren und einander verstehen, ist unsicher. Wir Menschen sind verletzliche Wesen, die Angst haben, enttäuscht, verraten, in unserem Wert gedemütigt zu werden, wenn wir unsere gefühlsmässigen Schranken fallen lassen. Das ‹Big-Brother›-Arrangement bietet uns nicht die emotionale Verlässlichkeit, uns auf einen verbindlichen Kontakt einzulassen.

Die pseudo-intimen Beziehungen schützen zwar kurzfristig vor befürchteten Verletzungen und Enttäuschungen, sie belasten jedoch langfristig die Gesundheit, weil sie an unseren Energien zehren und doch keine Kraftquellen, sondern eine seelisch defizitäre Investition sind.

Wenn wir nicht sicher sein können, ob das Interesse anderer Menschen nur vorgetäuscht ist, ob die Bezogenheit nur gespielt ist, um einen Vorteil oder eine Befriedigung zu erlangen, leiden wir. Wir haben eine Grundsehnsucht nach authentischem wahrem Kontakt. Wir wollen, dass der andere uns mit Respekt ins Gesicht sagt, was er denkt, und nicht, dass er uns nette Dinge sagt, damit wir ihn lieben. Wir wollen nicht manipuliert, sondern ehrlich behandelt werden. Manipulative pseudo-freundliche Beziehungen wiegen uns in falscher Sicherheit und sind deshalb langfristig ungesund, weil sie nicht tragen. Sie sind wie ausgedünnte Netze, die einen Aufprall nicht wirklich auffangen, aber täuschend reissfest aussehen. Eine gefährliche Illusion.

Auch die Sexualität ist von der Verdünnung der Beziehungen betroffen. Sexuelle Kontakte sind leicht und beliebig herstellbar, auch ohne Gefühlsbeziehung und gegenseitiges persönliches Interesse. Die sexuelle Erfahrung verselbstständigt sich gewissermassen, der Wunsch nach gefühlsmässig befriedigenden Beziehungen bleibt auf der Strecke. War früher sexuelle Lust die letzte Stufe der Vertiefung einer persönlichen Beziehung, so ist sie heute oft das Eintrittsticket in eine persönliche Beziehung, zu der es dann meist nicht kommt. Die Vernachlässigung der grundlegenden Beziehungswünsche als Energie- und Kraftquellen jedoch schneidet uns langfristig von wichtigen Möglichkeiten ab, gesund zu bleiben.

4. Die Unterdrückung der lebendigen Wünsche

Eine weitere Möglichkeit, die von den gesellschaftlich unsicheren Verhältnissen ausgehende Gewalt zu verinnerlichen, sich ihr zu unterwerfen und sie gegen sich selbst zu richten, um nicht in Konflikt mit den übermächtig erscheinenden Gegebenheiten zu geraten, ist die Unterdrückung der eigenen Lebendigkeit, der eigenen Gefühle und Wünsche. Für unsere Wünsche und Gefühle können wir nichts, sie sind der spontane lebendige Teil in uns, der sich nicht um Vernunft, Moralvorstellungen, Umweltforderungen kümmert, sondern autonom in uns existiert und uns ständig antreibt. Deshalb gerät unsere Lebendigkeit leicht in Konflikt mit den Forderungen und Interessen der Umgebung und inneren vernünftigen oder moralischen Leitlinien. Wunsch- und Lebendigkeitsunterdrückung, fehlende innere Freiheit, die sich in deprimierter Gefühllosigkeit ausdrückt, schützt uns vor der Wahrnehmung innerer Konflikte und vor dem Ertragenmüssen von Konflikten mit der Aussenwelt. Der französische Psychoanalytiker Michel de M'Uzan sagte: «Le plaisir, c'est le plus grave! Le désastre, ce n'est pas grave!» Die Lust ist das Schlimmste, die Katastrophe ist nicht schlimm.

Wenn wir die Lebendigkeit unterdrücken, freut sich das grausame Gewissen. Wenn wir hingegen innerlich frei sind und machen, was uns gefällt, kommen wir in Konflikt mit inneren und äusseren Gegnern der Lebensfreude, die uns die Hölle heiss machen wollen. Wunschlosigkeit und ‹Abgestelltsein› – so trist und öde das Leben damit auch sein mag – ist ein ganz verlässlicher Schutzschild gegen die Risiken des Lebens.

Hannelore Kohl, die Frau des ehemaligen deutschen Bundeskanzlers Kohl, hat sich im Juni 2001 umgebracht, nachdem eine Lichtallergie sie buchstäblich ans verdunkelte Haus gefesselt hatte.

Der Zürcher Politiker Josef Estermann braucht laut Zeitungsberichten wegen einer lichtbedingten Hautallergie täglich eineinhalb Stunden, um seine Haut für den Kontakt mit der Aussenwelt vorzubereiten.

Man darf Symptome gewiss nicht ungefragt interpretieren, doch kann man über sie nachdenken und gedankliche Verknüpfungen herstellen. Die Symptome, die den Rückzug eines Menschen vom lebendigen Kontakt mit anderen Menschen und der Öffentlichkeit erzwingen, können als deutliche Körpersprache gelesen werden: Die Seele wohnt im Körper und spricht durch den Körper. Sagen diese Leiden nicht: ‹Ich will nicht mehr in dieses grausame gnadenlose Licht, in die kalte und aggressive Aufmerksamkeit, die mir mein Leben abverlangt, ich will meine Ruhe!›?

Die lebendigen Wünsche nach Kontakt und guter Verbindung mit anderen sind gerade für sensible Menschen eine Tortur, wenn sie in die Nähe von Personen getrieben werden, wo sie mit ihrer Dünnhäutigkeit überfordernden Anfeindungen, verletzender Kritik, grausamer Konkurrenz ausgesetzt sind. Die Unterdrückung der eigenen Lebendigkeit und der Lebensfreude ist ein verzweifelter Versuch vieler Menschen, ihren verletzlichen inneren lebendigen Kern – das Kostbarste! – vor Verletzungen zu schützen.

Der heute bei vielen Menschen zu beobachtende, oft versteckte seelische Rückzug, der Abzug energetischer Besetzung von Aktivitäten und Menschen, das Einsperren der Gefühle – der Freude wie des Ärgers – ist ein Versuch, sich der eigenen Freiheit und der Veranwortung für das eigene Leben zu verweigern und somit keine existenziellen Risiken einzugehen. Der Preis: ein Leben als ‹mort vivant›, funktional und langweilig, abgeschnitten vom eigenen lebendigen Zentrum als Kraftquelle langfristiger Lebensfreude und Gesundheit. Auf diese Weise stirbt das, was man eigentlich schützen wollte.

5. Gewalttätigkeit

Offene Aggressivität, Lust am Zerstören sind ein Ventil für Frustrationen und aufgestauten Hass. Man unterwirft sich den unveränderbar erscheinenden Umständen und richtet die daraus entstehende verzweifelte Wut gegen aussen.

Die gesellschaftliche Gewalt der globalisierten Unsicherheitsgesellschaft ist schwer greifbar. Sie begegnet uns nicht direkt in Form bestimmter Personen, gegen die wir unsere Wut und unsere Frustration über die unmenschlichen Verhältnisse richten können. Nicht jeder nimmt an einer Demonstration gegen ein G9-Gipfeltreffen teil, um dort seinen Protest gegen die Unmenschlichkeit der globalen Wirtschaftsentwicklung auszudrücken.

Für viele Menschen sind die politischen und wirtschaftlichen Zusammenhänge ohnehin nicht durchschaubar. Sie erleben vielmehr ihre persönliche Frustration, ihre Ausweglosigkeit und suchen sich greifbare Objekte ihres Hasses, an denen sie sich abreagieren. Man kann die Zeitung an einem beliebigen Tag aufschlagen und findet genügend Beispiele. Gewalttätige Anhänger von Eishockey- und Fussballclubs; Schüler, die Mitschüler und Lehrer terrorisieren; prügelnde Ehemänner, Väter und Mütter. Viele verunsicherte und überforderte, frustrierte und einsame Menschen sind aggressiviert. Sie versuchen zu zerstören, um ihren schwer fassbaren und unverstandenen Ärger, ihren Zorn, ihr Ressentiment, ihre ausweglose Verzweiflung an Unbeteiligten abzureagieren. Der 11. September 2001 in New York ist die bislang extremste Steigerung dieser Tendenz.

Die Zerstörungswut als leidenschaftliche Wendung der Wut gegen alles Lebendige beschrieb Erich Fromm als Merkmal des ‹nekrophilen Charakters›: *... die Leidenschaft, das, was lebendig ist, in etwas Unlebendiges zu verwandeln; zu zerstören um der Zerstörung willen; das ausschliessliche Interesse an allem, was rein mechanisch ist. Es ist die Leidenschaft, lebendige Zusammenhänge zu zerstückeln.*

Die destruktive Wendung der Aggression nach aussen kann als hilflose Reaktion auf die Zwänge und Unsicherheiten der heutigen Gesellschaft betrachtet werden. Gewalttätigkeit verschafft dem Täter kurzfristige Entspannung und das Gefühl, mächtig zu sein und irgendetwas zu tun (Amoklauf in Zug, im Herbst 2001). Langfristig beschädigt sie die Integrität einzelner Menschen und macht die Unsicherheitsgesellschaft noch unsicherer. Deshalb ist sie letztlich eine Unterwerfung unter die gewalttätigen Mechanismen, ein Verbünden mit dem Angriff auf das Lebendige.

6. Sucht

Eine andere Anpassungsstrategie, um dem Druck und den Zwängen der krank machenden Unsicherheitsgesellschaft zu entkommen, ist der Versuch, das eigene Befinden und Handeln mit chemischen Mitteln zu beeinflussen, entweder um sich künstlich fit zu ‹dopen› (Anpassungslösung) oder um mit pharmakologischer Unterstützung auszusteigen (Protestlösung). Unterstützungsdrogen für die chemische Anpassungslösung sind Kokain und Aufputschmittel. Hilfsdrogen für die Aussteigerlösung sind z. B. Marihuana und die Morphin-Derivate. Der Fall des Kokain sniffenden Fussballbundestrainers Christoph Daum hat in Deutschland deshalb so hohe Wellen geworfen, weil er Drogensucht als persönliche – vordergründig zunächst erfolgreiche – Anpassung an hochgradig Stress erzeugende Lebensbedingungen thematisiert hat. Die Einnahme der Droge ist die Ausstellung eines ungedeckten Checks auf die Zukunft, um aktuelle Verpflichtungen zu erfüllen.

Drogenforscher Günter Amendt vertritt die Auffassung, dass der chemischen Aufmöbelung überforderter Seelen in Zukunft eine immer grössere und den illegalisierten harten Drogen eine immer geringere Bedeutung zukommen wird. Medizinalisierte Drogen, die vom so genannten Gesundheitssystem bezogen werden, treten ihre Nachfolge an.

Das Szenario besteht in der je nach Problemlage und Verhaltensrepertoire pharmakologisch massgeschneiderten Persönlichkeit. Designerdrogen für Designer-Persönlichkeiten. Die Zukunftsvision: für jedes spezifische Erlebens- und Verhaltensproblem die richtige Pille.

Der Haken ist, dass die chemisch erzeugte Leistungssteigerung auf der Abgabe von Verantwortung beruht und nicht auf seelischem Wachstum, dem Ergebnis einer Kräftigung durch ein aktiv erarbeitetes gesundes Leben. Deshalb trägt sie nicht. Die Sicherheit und Gelassenheit, selbst stressige Situationen meistern zu können, welche eine Droge vermittelt, ist nur Schein.

7. Flucht in die Krankheit

Wir werden krank, wenn krank machende Einflüsse stärker sind als unsere Lebens- und Abwehrkräfte. Dies kann verschiedene Gründe haben. Die Anforderungen und Angriffe aus der Umwelt können übermächtig sein. Oder unsere Lebenskräfte können blockiert oder zu schwach sein, das Gegengewicht gegen den krank machenden Stress ist zu klein. Es ist kein Zufall, dass die Lebensqualität des aktiven und am meisten belasteten Lebensabschnitts zwischen zwanzig und sechzig Jahren sich in den letzten fünfzig Jahren nicht entscheidend verbessert hat. Die Lebensanforderungen sind für den Durchschnittsmenschen enorm gestiegen, viele Menschen halten nicht mehr Schritt. Sie erleben ihre Situation beruflich und privat als permanente Überforderung.

Die Stressreaktion ist eine Notfallreaktion des Körpers, die biologisch verankert ist. Sie besteht in der Mobilisierung von Energie für Kampf- oder Fluchthandlungen oder – wenn dies nicht möglich ist – in der Einleitung von passivem Rückzug und Verharren (freezing). Diese Art von Stress ist nie gesund. Die heute manchmal verwirrenderweise gebrauchte Formulierung des positiven

Stresses meint etwas ganz anderes, eben gerade keinen Stress, sondern selbst gewählte positive Belastung im Sinne einer lohnenden Herausforderung.

Eine Untersuchung, die im Auftrag des Schweizer Staatssekretariates für Wirtschaft (Seco) im Jahr 2000 durchgeführt worden ist, hat es an den Tag gebracht: Zwölf Prozent der befragten Personen – jede oder jeder Achte! – leiden unter krank machender Überforderung am Arbeitsplatz. Ein Vergleich mit einer 1984 durchgeführten Befragung zeigt, dass die arbeitsbedingten gesundheitlichen Beschwerden in der Schweiz zugenommen haben. Die gesamten Kosten für die arbeitsbedingten gesundheitlichen Beschwerden – Arbeitsunfälle und Berufskrankheiten inbegriffen – werden auf rund 8 Milliarden Franken pro Jahr geschätzt. Das sind 2,3 Prozent des Bruttoinlandproduktes (BIP). 4,2 Milliarden entfallen auf die direkten Auswirkungen des Stresses in Form von Arbeitsausfall (2,45 Milliarden), Arztleistungen (1,4 Milliarden), auf Selbstmedikation (350 Millionen). Jene Personen, die stark unter Stress leiden, verursachen pro Kopf die grössten Kosten, nämlich 4300 Franken (oder 23 Prozent der Gesamtkosten). Der Mediziner Alain Kiener, Chef des Ressorts Arbeit und Gesundheit im Staatssekretariat für Wirtschaft, betonte, es handle sich um eine ‹sehr konservative Kostenschätzung›. Die Kosten können also höher liegen.

In der Seco-Studie berichteten 21 Prozent der Befragten, dass sie oft an Nervosität, Reizbarkeit, Rückenschmerzen leiden. 18 Prozent sind oft an Schultern und Nacken verspannt (1984 waren es 10 Prozent!). Der Anteil jener, die an Schlafstörungen leiden, hat sich fast verdoppelt (12 Prozent gegenüber 7 Prozent 1984). Als weitere Symptome wurden genannt: Kopfschmerzen, Migräne, Magen-Darm-Störungen, Niedergeschlagenheit, Angst, Allergien, Bronchitis, Husten (jeweils über 5 Prozent).

Eine Studie der Universität Hannover belegt, dass über 80 Prozent aller Erkrankungen einen klaren Zusammenhang mit einer belastenden Lebensführung und damit einen seelischen Hintergrund haben. Dem wird allerdings nicht Rechnung getragen, sieben bis elf Jahre im Durchschnitt werden Menschen mit körperlichen Folge-Erkrankungen auf Grund von Lebensstress medizinisch behandelt, ohne dass fachliche psychotherapeutische Hilfe zugezogen würde.

Das Gesundheitsverhalten weiter Teile der Bevölkerung ist mangelhaft. Die Herzinfarkt-Risikofaktoren (Rauchen, Bewegungsarmut, Stress, Cholesterin, Übergewicht) sind bei einem grossen Teil der Bevölkerung in starkem Masse vorhanden. Trotz beachtlicher Aufklärungsarbeit sind die Ergebnisse von Gesundheitsförderungskampagnen, welche zu vermindertem Risikoverhalten führen sollen, ernüchternd.

Krankheit ist meist auch unbewusster und bewusster Streik (die Statistik zeigt, dass die Menschen immer am Montag ‹gesund werden› und an den Arbeitsplatz zurückkommen). Krankheit ist eine Möglichkeit, ohne sozial verdächtig zu werden, sich zurückzuziehen und die gesellschaftlich geforderte Leistung zu verweigern. Krank werden ist ein selbstschädigend ausgedrückter Protest. Es ist ein Zeichen dafür, dass ‹etwas fehlt› und dass Lebendiges gegenüber Lebensfeindlichem den Kürzeren zieht. Krankheit macht sichtbar, dass etwas nicht gut läuft.

Ziehen wir eine Zwischenbilanz: Die gegenwärtige gesellschaftliche Entwicklung zerstört die Grundlagen langfristiger Gesundheit. Beständigkeit, Verlässlichkeit, Vertrauen, Gemeinsamkeit sind gesundheitserzeugende und -fördernde Werte, die langsam schwinden. Die Aggressivität der globalisierten und flexibilisierten Gesellschaft erscheint vielen Menschen derart übermächtig, dass sie sich ihr bewusst oder unbewusst anpassen. Doch indem Anpassung statt konstruktiver Widerstand geleistet wird, dreht sich der Teufelskreis der Zunahme krank machender Lebensbedingungen weiter.

- **Beständigkeit, Verlässlichkeit, Vertrauen und Gemeinsamkeit sind gesellschaftliche Grundlagen von Gesundheit.**

- Die gegenwärtige gesellschaftliche Entwicklung zerstört diese Grundlagen.
- Die bewusste und unbewusste Anpassung an diese Entwicklung führt zu einem Teufelskreis der Zerstörung.

3. Kapitel

Beschränkung auf das Symptom und Abgabe von Verantwortung: Das so genannte Gesundheitswesen

Es ist nichts Kostspieligeres im Leben als die Krankheit und – die Dummheit.
Sigmund Freud

Die doppelte Entfremdung der Gesundheit

Der bisher verfolgte Zugang zur Problematik von Gesundheit und Krankheit ist krankheitsorientiert. Der menschliche Organismus wird als Maschine aufgefasst, die im Normalfall funktioniert. Dieser Zustand wird ‹gesund› genannt. Wenn die Maschine nicht funktioniert, d. h. bestimmte körperliche oder seelische Funktionen nicht reibungslos ablaufen, sprechen wir nach dem krankheitsorientierten Gesundheitsmodell von ‹Krankheit›. Krankheit ist eine Störung, die behoben werden muss. Diese Störungen können nach der Doktrin der Krankheitsorientierung behandelt werden. Tatsache ist: Wir lassen uns immer öfter, immer mehr und immer teurer behandeln. Wir objektivieren unseren Körper, als wäre er etwas Äusserliches, und übergeben ihn den Ärzten zur Diagnose und Behandlung. Wir deklarieren die Symptome und Krankheiten gleichsam zu unseren äusseren Feinden und richten

Gesundheitsorientierung = positiv und selbstzentriert

krank ◄·······················○·······················► **gesund**

ständiges Ungleichgewicht = normal

‹Heilung› = dynamische Bewegung des Selbst

unser Behandlungsarsenal wie Kanonen auf sie. Wir geben den Ärzten alle Macht, unsere Gesundheit zu definieren, zu bestimmen und die Abwesenheit von Gesundheit zu verwalten. Dies geht so weit, dass wir uns oft kein eigenes Urteil mehr über unsere Gesundheit zutrauen. Wie ein hoher Funktionär des australischen Gesundheitsministeriums sagte: «A healthy patient is an unsufficiently worked up patient» (zitiert nach Gesundheitsökonom Jürg Sommer). Ein gesunder Patient ist einer, der noch zu wenig untersucht worden ist. Oder: Ein Arzt fragt die Patientin: «Wie geht es Ihnen?» Und die Patientin sagt: «Das weiss ich erst, wenn ich meine Laborwerte habe.»

Die Verantwortung für die eigene Gesundheit wird den Ärzten übergeben, die Krankheiten werden als äussere Feinde bekämpft. Damit wird Gesundheit auf doppelte Weise von uns selbst entfremdet. Sie gehört nicht mehr uns, sondern den Ärzten und wird auf das Fehlen von Krankheit reduziert.

Gesundheitsorientierung und Krankheitsorientierung

Der Kerngedanke der Gesundheitsorientierung besteht darin, Gesundheit dynamisch als positive Bewegung und nicht statisch als Zustand zu begreifen. Gesundheitsorientierung und Krankheitsorientierung lassen sich wie in den beiden Schemata veranschaulicht gegenüberstellen. Die Gesundheitsorientierung sieht Gesundheit aus sich selbst heraus positiv bestimmt, während die Krank-

Krankheitsorientierung = negativ und objektzentriert

Ungleichgewichtszustand = Störung	Gleichgewichtszustand = normal
krank	○·························➤ **gesund**
	‹Heilung› = Einfluss eines äusseren Objekts

heitsorientierung Gesundheit als Negativum von Krankheit definiert und die Wahrnehmung und Erzeugung von Gesundheit an andere Menschen, d. h. an ‹äussere Objekte›, z. B. Ärzte oder andere delegiert.

Heilung ist im gesundheitsorientierten Verständnis ein positiver – aus dem eigenen Organismus und Selbst heraus zu gestaltender – Prozess, während er im krankheitsorientierten Modell das passiv erlebte Beseitigen von Störungen durch äussere Einwirkung bedeutet.

Die Krankheitsorientierung geht davon aus, dass Krankheit ein abnormaler Zustand, eine Störung sei und Gesundheit die Norm. Dies ist erwiesenermassen falsch. Wir sind immer irgendwie krank. Unser Organismus ist immer im Ungleichgewicht, wir haben einen Schnupfen, das Knie schmerzt, wir leiden an einer leichten Depression oder an einer Magenverstimmung. Gesundheit als Normalzustand ist eine Illusion. Die Krankheitsorientierung betrachtet Gesundheit als einen Zustand des Gleichgewichts, der durch eine lästige Störung verunsichert wird. Ziel der Behandlung ist es, den gesunden Gleichgewichtszustand wiederherzustellen.

Heilung besteht demnach bloss darin, Einflüsse so zu setzen, dass die gesunde Balance von aussen wiederhergestellt wird.

Bezeichnend ist, dass diese Orientierung die Quelle der Störung nicht in den Blick nimmt. Wie auch immer die Störung verursacht sein mag, von aussen oder von innen, es spielt für die Behandlung keine Rolle.

Die Gesundheitsorientierung ist im Gegensatz zur Krankheitsorientierung dynamisch. Sie geht davon aus, dass es Gesundheit als Zustand nicht gibt. Es gibt verschiedene Zustände eines Organismus auf einem Kontinuum des Wohlbefindens, an dessen einem Pol Krankheit und Tod (engl. disease) und am anderen ungetrübtes Wohlbefinden (engl. ease) sind. Gesundheit ist nicht der Zustand in einem bestimmten Moment, sondern die Bewegung vom Krankheitspol zum Gesundheitspol.

Die Gesundheitsorientierung setzt in der Frage der Verantwortlichkeit den Akzent zu einem Teil auch auf das Selbst und überlässt die Gestaltung der Gesundheit nicht völlig der Umgebung.

Die Krankheitsorientierung hat etwas Verführerisches, weil sie uns in der Wahrnehmung der Gesundheitsprobleme nach aussen fixiert und die Illusion von Kontrolle vermittelt. Wir können unseren Körper zu einem äusseren Objekt machen, das wir betrachten, anfassen, diagnostizieren, behandeln können. Dies entlastet uns von Gefühlen der Hilflosigkeit und des Nicht-Wissens.

Die Krankheitsorientierung bietet eine weitere Entlastungsmöglichkeit, nämlich die Abgabe von Verantwortung in einer regressiven Wendung. Regression bedeutet Rückfall auf kindliche Einstellungen. Ich kann nicht nur den Körper zum Objekt illusionärer Kontrolle machen, sondern auch die Kontrolle an andere abgeben, die ich in meiner Vorstellung mit grosser Heilungsmacht ausstatte. Die Hinwendung zu einer anderen Person als verantwortlich Handelnde für meine Gesundheit entfremdet mich zwar von meiner Innenwelt und meinem Körper, entlastet mich aber von Verantwortung.

Die unbewussten Motive der Krankheitsorientierung

Warum hängen wir der Krankheitsorientierung an? Warum konzentrieren wir uns auf Symptome und wollen diese von Ärzten oder Psychotherapeuten ‹weggemacht› bekommen? Warum tun wir uns schwer mit einer Gesundheitsorientierung, in der wir zu selbstbestimmten Förderinnen und Förderern unserer Gesundheit werden könnten und in der wir selber die Verantwortung für die Vorstellung und Verwirklichung unserer persönlichen Vision von Gesundheit übernehmen?

Wir haben eine unbewusste Vorstellung, in irgendeiner Weise unzulänglich und unvollständig zu sein, und fühlen uns hilflos, an diesem Zustand etwas zu ändern. Folglich entwickeln wir den Wunsch, dass eine andere Person uns ganz machen – heilen – möge. Diesen Wunsch tragen wir in viele Beziehungen und bestehen auf seiner Erfüllung.

Der Wunsch als solcher ist jedoch unerfüllbar, eine Illusion. Deshalb führt die Einforderung seiner Erfüllung in einer realen Beziehung immer zu einer Enttäuschung.

Einer meiner Analysanden sprach den passiven Heilungswunsch so aus: *Ich komme mir vor wie ein unendlich grosses leeres Loch, das niemand füllen kann. Aber Sie müssen etwas tun, Sie müssen mich von diesem Gefühl befreien. Sie müssen mich irgendwie füllen, ganz und gesund machen, sonst habe ich das Gefühl, ich sei unheilbar.*

Deutlicher kann man die Erwartung nach Heilung von aussen nicht formulieren. Die unbewusste Heilungsfantasie hat drei Bestandteile: das ‹hilflose un-heile Selbst›, den ‹idealisierten magischen Heiler› und den ‹passiven Heilungsakt›.

Das hilflose un-heile Selbst

Viele Menschen tragen auf dem unbewussten Grund ihrer Seele eine Vorstellung von eigener Unzulänglichkeit, Unvollständigkeit und Verletztheit mit sich herum. Sie haben beispielsweise eine Fantasie von sich als einem hilflosen mangelhaften Wesen, in der Art eines zerbrochenen Gefässes, eines kaputten Gegenstands oder einer unvollkommenen Konstruktion, der wichtige Teile fehlen. Gemeinsam ist diesen Vorstellungen, dass sie die Abwesenheit eines Zustandes der Ganzheit, der Unverletztheit, der Intaktheit beinhalten. Irgendetwas in mir drin ist un-heil und schreit nach Vervollkommnung und Heilung. Fester Bestandteil dieser unheilen Selbstvorstellung ist ein Mangel, etwas, was man eben gerade nicht hat, etwas, das fehlt, ein Attribut, ein Inhalt, ein Bestandteil, um sich ganz und heil vorzukommen. Zu diesen Vorstellungen von Un-Heilsein gesellen sich Gefühle der Hilflosigkeit, Kleinheit, Unbeweglichkeit, Passivität. Dieses defekte, mangelhafte, nichtige, zu kleine, nicht funktionierende Selbst kann nichts tun: Es existiert bloss in seiner grässlichen Mangelhaftigkeit und Unvollständigkeit. Rettung und Heilung kann nur von aussen kommen. Die Vorstellungen der Mangelhaftigkeit und Aktivitätsunfähigkeit des Selbst sind in jedem von uns individuell ausgestaltet, sie können beispielsweise den Charakter einer Verletzungsidee annehmen, eines lädierten oder gar zerstörten Selbst, das aus sich heraus nicht gesunden kann.

Das Selbstbild, verletzt, un-heil, defekt und hilflos zu sein, führt zwingend zum Wunsch nach einer idealisierten magischen Heilerfigur.

Der idealisierte magische Heiler

Die Vorstellung einer Heilerfigur, die mich kraft einer magischen Potenz heilen, von meinem Defekt befreien, mich füllen, reparieren oder sonst in einem individuell fantasierten Akt in eine andere Gestalt mit anderen guten Eigenschaften transformieren kann, ist ein fester Bestandteil sowohl unseres individuellen Unbewussten wie auch kollektiv geteilter kultureller Mythen in verschiedenen Kulturen.

Manche primitive Kulturen materialisieren die Fantasie-Figur des idealisierten magischen Heilers, der über ungewöhnliche übermenschliche Heilungskräfte verfügt.

Zauberern, Schamanen, Medizinmännern oder Priestern werden Kräfte zugeschrieben, einen anderen Menschen in einem Heilungsakt zu transformieren.

Die moderne Medizin hat sich, auch wenn dies oft nicht gerne eingestanden wird, mit der Figur des idealisierten magischen Heilers identifiziert. Das Phantasma, dass der Arzt mit bestimmten Handlungen, Anweisungen, Medikamenten die Heilung beim Patienten in einer Art Heilungsakt vollzieht und dass der Patient die Behandlung lediglich passiv über sich ergehen lässt, ist trotz gegenläufiger aufgeklärter Beteuerungen meistens immer noch sehr wirksam. Dies liegt daran, dass die Vorstellung der idealisierten magischen Heilerfigur sich bei der aktiven intervenierenden Medizin relativ leicht unterbringen lässt: Der Star-Chirurg, die Pharmakologin, der allwissende und alles könnende Arzt bieten sich für die Übertragung dieser Figur geradezu an.

Die Übertragung ist ein allgemein menschliches unbewusstes Phänomen. Wir übertragen Gefühle, Einstellungen, Fantasiebilder, die wir in unserem Unbewussten herumtragen und die auf den Erfahrungen unserer Lebensgeschichte beruhen, auf Menschen in unserer Umgebung. Das Vertrackte ist, dass wir nicht erkennen wollen, dass wir übertragen. Wir wollen den Eindruck haben, dass wir die Fantasiegestalten, die eigentlich nur in unserem Kopf existieren, in der äusseren Wirklichkeit tatsächlich wieder finden.

Da wir alle passive Heilungswünsche haben, auch wenn diese unerfüllbar sind, haben wir die Tendenz, diese an andere Menschen heranzutragen und bestimmte Personen zu Trägern unserer Heilungserwartungen zu machen. Berufsleute des Gesundheitssystems eignen sich vorzüglich als Projektionsfläche für die Übertragung unserer Heilungsfantasien. Selbstverständlich können wir auch andere Personen, zum Beispiel Liebespartner, dazu benutzen, die Figur des allmächtigen idealisierten Heilers auf sie zu projizieren.

Der passive Heilungsakt

Der Kern der passiven Heilungserwartung ist die unbewusste Vorstellung eines Heilungsakts, den der idealisierte Heiler mit dem hilflosen un-heilen Selbst vollzieht.

Eine unbewusste Fantasie im psychoanalytischen Sinne ist eine verdrängte bildhafte Szene, in der Personen in konkreten, meist körperlichen Handlungsszenen vorgestellt sind. Oft ist eine Person das fantasierende Subjekt selbst. Freud nahm an, dass wir in unserem unbewussten Fantasieleben bestimmte typische Ur-Fantasien auf individuelle Weise ausgestalten. Eine typische Ur-Fantasie ist die so genannte Ur-Szene, in der sich das Kleinkind den elterlichen Geschlechtsverkehr, aus dem es selbst ausgeschlossen ist, vorstellt. Die individuelle Ausgestaltung unbewusster Fantasien, d. h. die konkrete körperliche und gefühlsmässige Färbung ist von weit reichender Bedeutung, weil sie das Fühlen, Denken und Handeln prägt.

Ein Mann gestaltet seine Ur-Szenenfantasie beispielsweise so aus, dass er die Frau beim Geschlechtsverkehr mit seinem aggressiven Penis verletzt oder gar zerstört. Diese gewalttätige Variante kann seine Sexualität und seine Beziehungen zu Frauen belasten. Er wird womöglich in seinen Sexualkontakten aggressiviert oder schuldbeladen und unnötig gehemmt sein, es sei denn, die aggressive Strömung ist ihm bewusst und gut in seine liebende Einstellung integriert.

Eine andere unbewusste Ur-Fantasie ist die Vorstellung, von einer guten Mutterbrust, die nie leer wird, genährt und versorgt zu werden.

Die unbewusste passive Heilungsfantasie ist meines Erachtens analog zur Ur-Szenenfantasie oder Brust-Fantasie eine weitere typische Fantasie, die wir in unserer je persönlichen Weise ausgestalten und die unser Leben wesentlich mitprägt.

Die Vorstellung dieses Heilungsakts ist den meisten Menschen unbewusst und gerade deshalb so wirksam wie alles Unbegriffene, Unverstandene, weil es sich unerkannt in vielfältigen Handlungen durchsetzt. Jeder Mensch hat seine eigenen unverwechselbaren passiven Heilungsfantasien, die auf seiner persönlichen Geschichte basieren.

Die Macht dieser unbewussten Heilungsfantasie beruht auf unserer Tendenz, sie immer wieder in Beziehungen zu anderen Menschen hineinzutragen und zu inszenieren. Beispielsweise spielt diese Übertragung immer eine Rolle, wenn eine Person sich in eine seelische oder körperliche Behandlung zu einem Therapeuten oder Arzt begibt. Dies können wir daran erkennen, dass wir in unserer Fantasie den Arzt mit der Macht ausstatten, ganz genau zu wissen, was uns fehlt. Und mit der Macht, dafür zu sorgen, dass es uns gut geht. Oder wir hängen an seinen Lippen, er soll uns beruhigen und sagen, dass unsere Krankheit nicht schlimm ist und alles wieder gut wird.

Die Übertragung der Heilungserwartungen hat auch ihre positiven Seiten. So ist sie eine unverzichtbare Voraussetzung, sich überhaupt in Behandlung zu begeben und einen Arzt oder eine Therapeutin ins Vertrauen zu ziehen und ihre Behandlungsmassnahmen – seien dies nun Worte oder Medikamente – wirken zu lassen. Problematisch wird es, wenn wir auf der Erfüllung unerfüllbarer, überhöhter Heilungserwartungen durch den Therapeuten oder die Ärztin bestehen.

In diesem Fall wird der Heiler so in die Heilungsfantasie verstrickt, dass ihm der Patient unbewusst und unbemerkt die ganze Verantwortung für eine Heilung von aussen übergibt. Falls der reale Verlauf einer Erkrankung und Gesundung mit der vorgestellten und gewünschten Heilung nicht übereinstimmt, kommt es zur Enttäuschung: Im Urteil des Patienten hat der Arzt versagt. Wegen der Idealisierungs-/Enttäuschungsdynamik, die der Inszenierung der unbewussten Heilungsfantasie innewohnt, ist es besonders wichtig, sich die passive Heilungsfantasie und ihre individuellen und gesellschaftlichen Folgen bewusst zu machen.

Je weniger sie uns bewusst ist und je mehr wir die Verantwortung für die Erfüllung ihres unrealistischen Anteils in kindlicher Weise an Ärztinnen und Therapeuten delegieren, desto weniger nehmen wir unser Leben und unsere Gesundheit in die eigene Hand: Der idealisierte Heiler macht etwas Gutes mit mir, sodass ich ein anderer werde. Und ich muss für diese Befriedigung nichts tun. Im Heilungsakt, den der idealisierte Heiler mit dem hilflosen passiven und mangelhaften Selbst vornimmt, transformiert sich dieses Selbst und wird ‹heil›.

Die Wurzeln des unbewussten passiven Heilungswunsches sind in unserer frühesten Entwicklung begründet. Ganz am Anfang unseres Lebens sind wir maximal bedürftig und abhängig. Es ist die Zeit, in der um das Leben gekämpft wird. Ich liebe den, der mich befriedigt, und hasse den oder die, die es nicht tut. Wir sind allein nicht in der Lage, selber ein Befriedigungserlebnis herbeizuführen. Wir brauchen dazu eine einfühlsame, zur Verfügung stehende, kompetente Betreuungsperson, der wir Zeichen unserer ungestillten Wünsche und Bedürfnisse geben können, damit sie uns befriedigt und aus dem Mangelzustand erlöst. Wir schreien, wenn wir Hunger haben, und schlafen oder lächeln, wenn wir satt sind. Das heisst, das erste Befriedigungserlebnis in unserem Leben ist in seiner Struktur passiv: Wir sind abhängig von der Mutterbrust, die uns das Befriedigungsgefühl verschafft. Unser aktiver Teil bei der Befriedigung des passiven Wunsches beschränkt sich darauf, dem befriedigenden anderen Menschen Zeichen unserer Bedürftigkeit zu geben.

In unseren frühesten Erfahrungen werden wir also auf passive Befriedigung ‹geeicht›. Erst später erwerben wir zusätzliche Fähigkeiten, Macht auszuüben, das Befriedigungserlebnis selber durch Aktivität zu erzeugen.

Die Erlebenssituation am Anfang des Lebens ist deshalb so dramatisch, weil die Frustration als eine Katastrophe erlebt wird. Wenn wir nicht befriedigt werden, erleben wir uns leer. In diesem Gefühl hat unsere innere Einsamkeit die Wurzel. Unser Gefühl der Ganzheit, des Heil-Seins, kann auch durch die extremen Gefühle der Wut und der Angst, die starke frühkindliche Frustrationen in uns auslösen, bedroht werden. Die aggressive und angstvolle Erregung zerreisst uns buchstäblich.

Aus dieser menschlichen verletzlichen Grundsituation heraus sind wir darauf gespurt, sehnsüchtig nach passiver Befriedigung und Heilung zu verlangen. Es kostet uns ein grosses Stück Entwicklungsarbeit, diese erwartungsvolle Position nicht ständig an andere Menschen heranzutragen und zwangsläufig enttäuscht zu werden.

Die Vorstellung, durch die Erfahrung der Liebe eines anderen Menschen geheilt zu werden, ist eine mögliche Ausdrucksform der passiven Heilungsfantasie. Sie besteht in der Sehnsucht, die Selbstverletzung, die durch das Gefühl ungenügenden Geliebtseins in der Kindheit entstanden ist, durch die ‹grosse Liebe› eines anderen Menschen zu heilen. Diese passive Heilungsfantasie konkretisiert sich oft in der Vorstellung einer heilenden sexuellen Beziehung. In der Vereinigung mit dem Menschen, der einem «all die Liebe und das Verständnis gibt, die man nie bekommen hat» – wie sich eine Analysandin von mir ausdrückte –, findet die – vorgestellte! – Heilung des verletzten Selbst statt. «Immer wäre ich glücklich, ich hätte keine Schwierigkeiten mehr, das Leben könnte mir nichts mehr anhaben, wenn ich mit Ihnen eine Liebesbeziehung hätte», stellte sie sich vor.

Dass ich ihren Wunsch nach einer Liebesbeziehung mit mir nicht befriedigte und sie erkennen musste, auch durch die Liebesbeziehung mit einem Therapeuten nicht in diesem idealen und unrealistischen Sinne geheilt zu werden, stellte für sie zunächst eine herbe Enttäuschung dar. Sie musste lernen, die unrealistischen von den realistischen passiven Liebeswünschen zu unterscheiden.

Eine Heilung in dieser Form ist in keiner Therapie möglich. Unsere frühen Wunden können nicht ungeschehen gemacht, wir können nicht in unverwundbare grossartige Wesen verwandelt werden. Durch das Erkennen des unerfüllbaren illusorischen Anteils der passiven Heilungsfantasie werden wir jedoch fähig, diese Allmachtsfantasien abzutrauern und aufzugeben. Das oft schmerzliche Aufgeben und Abtrauern des illusionären passiven Heilungswunsches öffnet die Perspektive für eine realistische erwachsene Selbstsicht. Wir lernen in realistischer Weise für die Erfüllung passiver und aktiver Wünsche zu sorgen und die zwiespältigen Gefühle von Liebe und Hass gegenüber einem Menschen auszuhalten, weil der nicht immer so ist, wie wir uns das vorstellen.

Die passive Heilungsfantasie wird oft auch in gewalttätiger Weise inszeniert. Es ist ein Merkmal unerfüllter passiver Wünsche, dass sich diese – wenn sie nicht bewusst gemacht und in guter Weise gestaltet werden – oft in gewalttätiger Form äussern, nach der Devise: Wenn ich etwas nicht im Guten bekommen kann, dann wenigstens im Schlechten! Dieser Mechanismus ist beispielsweise der Grund, warum Kinder, die sich vernachlässigt fühlen, d.h. deren passive Wünsche nach Beachtung, Wertschätzung und Liebe zu kurz kommen, oft die Erwachsenen provozieren, um wenigstens negative Aufmerksamkeit in Form von Tadel oder Strafe zu erfahren.

Auch der passive Heilungs- und Liebeswunsch kann unbewusst in Beziehungen eingebracht werden, indem der Partner zu gewalttätigen Handlungen oder verletzenden Äusserungen provoziert wird.

Rico, Manager in einer Industriefirma, erlitt nach dem Tod des Vaters einen schweren depressiven Zusammenbruch. In der Psychotherapie zeigte sich seine passive Heilungsfantasie in der Form einer gewalttätigen Vorstellung. Er hatte das Bild, dass ein Krieger ihm ein Messer ins Herz rammt und ihn so vom Elend seines Lebens erlöst. Diese Fantasie der gewalttätigen Heilung oder Erlösung durch Folter oder Tod findet sich übrigens auf religiösen Bildern dargestellt, in denen Märtyrer durch Schergen gequält oder getötet werden. Besonders eindrücklich sind in diesem Zusammenhang die vielen Darstellungen des heiligen Sebastian, der – durchbohrt von Pfeilen – oft mit einem verklärten Gesichtsausdruck abgebildet ist. Der verklärte Gesichtsausdruck zeigt deutlich die Erfüllung eines Wunsches an. Die Heilungsfantasie, die Erlösungsfantasie, ist hier selbstdestruktiv und aggressiviert, aber sie bleibt eine Heilungsfantasie. Rico wünscht sich etwas Gutes, eine intensive erlösende Veränderung, die er sich – und das ist das Problem – in seinem Phantasma nur in destruktiver Form eines ihn verändernden Todesstosses vorstellen kann.

Die Unerfüllbarkeit des passiven Heilungswunsches und seine Inszenierung in der Arzt-Patient-Beziehung

Es liegt in der Natur der unbewussten passiven Heilungsfantasie, dass sie niemals voll erfüllbar ist. Eine Rest-Sehnsucht bleibt. Wenn der unerfüllbare Anteil nicht als solcher erkannt und auf seiner

Erfüllung beharrt wird, kommt es zwangsläufig zur Enttäuschung. Ärzte und Psychotherapeuten, die wegen ihrer beruflichen Rolle sich besonders für die Übertragung passiver Heilungserwartungen eignen, werden oft mit diesem Problem konfrontiert. Jedem Internisten sind die ‹Koryphäen-Killer-Patienten› ein Gräuel, welche von Arzt zu Arzt rennen mit einer Palette unklarer körperlicher Symptome. Oft leiden diese Patienten an multiplen lästigen körperlichen Beschwerden, z. B. unklaren Bauchschmerzen, Schlafstörungen, Migräne-Attacken. Sie haben eine Tournee durch verschiedene internistische Praxen und psychosomatische Kliniken hinter sich. Sie verstricken jeden Arzt ins gleiche Beziehungsmuster: Zuerst idealisieren sie ihn – endlich versteht mich einer, Herr Doktor, und das sind Sie! Sie können mir sicher helfen! –, der Arzt übernimmt die Rolle, legt sich ins Zeug, gibt sein Bestes aus seinem aktiven Behandlungsarsenal, der Patient bleibt krank, die Patientin ist enttäuscht, bricht die Behandlung ab und sucht sich das nächste Ärzte-Opfer.

Diese Inszenierung findet in milderer Form in vielen Arzt-Patienten-Beziehungen statt. Sobald wir in der Patienten-Rolle sind, sind wir nicht davor gefeit, passive Heilungswünsche auf den Arzt zu übertragen. Wir statten den Arzt in der Fantasie mit Eigenschaften einer idealisierten Heilerfigur aus, die uns die Beschwerden und Symptome abnehmen, uns wieder heil machen kann. Aufgeklärte Ärzte erkennen diese Übertragung und ihre Grenzen. Sie wissen, dass der Heilungsvorgang im Patienten abläuft und sie diesen lediglich unterstützen können. Sie sind nicht die Heiler. Heilung ist ein natürlicher Vorgang, der unterstützt oder blockiert werden kann.

Die Bearbeitung der Enttäuschung der passiven Heilungswünsche in der Arzt-Patient-Beziehung ist schwierig. Sie verlangt von Ärzten/Therapeuten Takt und Geduld und Aushalten der Enttäuschung, dass man die Menschen nicht zu anderen Menschen machen, sondern nur ihren eigenen aktiven Gesundungsprozess unterstützen kann.

Gelingt kein guter Umgang mit dieser Enttäuschung, entsteht oft ein Teufelskreis: Wird sie nicht gefühlt und ausgedrückt, kann sie aggressiv gegen sich selbst gewendet werden. Die Frustration des passiven Heilungswunsches führt zu gesteigerter Aggression und gesteigertem Verlangen. Dadurch wird die Vorstellung der Befriedigung gewalttätig eingefärbt. Es entstehen Angst und eine innere Notwendigkeit, die Befriedigung des Wunsches – auch in seinen realistischen Dimensionen – zu verhindern. Durch die Verunmöglichung auch teilweiser passiver Befriedigung steigen wiederum das Verlangen und die Aggressivität, was den Teufelskreis erneut anheizt und ins Ausweglose führt. Oft wird dieser Teufelskreis in Beziehungen dramatisch inszeniert, indem man andere, auf die man starke unbewusste passive Wünsche richtet, dazu bringt, einen zu frustrieren und zu verletzen. Stehen keine anderen Menschen mehr für diese Inszenierung zur Verfügung, so kann ein Mensch die Unmöglichkeit der Befriedigung passiver Wünsche auch durch Selbstfrustration und Selbstaggression inszenieren. Der Suizid ist die extremste Ausdrucksform einer solchen Selbstaggression. Wenn schon niemand im Guten etwas mit mir macht und mich heilt, dann macht halt jemand etwas mit mir im Bösen, notfalls mache ich es selbst und lege Hand an mich. Der Suizid ist ein ultimativer Veränderungsakt, das hilflose Selbst und der idealisierte magische Heiler verschmelzen im Erlösungsakt des Suizids.

Materialisierung des passiven Heilungswunsches in den institutionellen Zwängen des so genannten Gesundheitssystems

Die Idealisierung der heroisch-technokratischen Medizin

Unbewusste Phantasmen und Annahmen drücken sich nicht nur auf der individuellen Ebene aus, wo sie zu Übertragungsinszenierungen und Beziehungsverstrickungen führen, sie zeigen sich auch auf der gesellschaftlichen Ebene in Form von institutionellen Zwängen, erstarrten Konventionen und Rollen. Das Gesundheitswesen, das ich auf Grund seiner praktisch ungebrochenen Krankheitsorientierung lieber als ‹so genanntes Gesundheitswesen› bezeichne, ist in weiten Bereichen durch das Ausleben unbegriffener passiver Heilungserwartungen geprägt. Während für die Verwaltung der Krankheiten und die Befriedigung von Behandlungs- und Konsumwünschen durch das Gesundheitswesen jährlich in der Schweiz 39,8 Milliarden Franken aufgewendet werden (1998) – Tendenz steigend –, werden im gleichen Jahr gerade 639 Millionen für Gesundheitsförderung und Prävention zur Verfügung gestellt (das sind 1,6 Prozent). Für Krankenbehandlung pro Person und Jahr sind das fast 6000 Franken, für Gesundheitsförderung und Prävention knapp hundert Franken pro Person und Jahr!

Bernard Kouchner, Facharzt für Magen- und Darmkrankheiten, Gründer der fortschrittlichen Ärzte-Organisationen ‹Médecins sans frontières› und ‹Médecins du monde› und ehemaliger französischer Gesundheitsminister, zieht in seinem leidenschaftlichen Plädoyer für ein anderes Gesundheitssystem ein vernichtendes Fazit der heutigen medizinischen Versorgung.

In seinem Buch ‹La dictature médicale› zeigt er auf, dass Heroismus und Technokratie die herrschenden Werte des medizinischen Standes sind. Seiner Auffassung nach sind die Chirurgen deshalb die am höchsten angesehenen Mediziner, weil sie dann auf den Plan treten, wenn das Haus brennt, wenn der Schmerz und die Krankheit unerträglich sind. Sie werden als Wunderheiler erlebt. Grundversorger, Präventionsmediziner, PsychotherapeutInnen, Soziologen und alle anderen Gesundheitsfachleute, die nicht dem Ärztestand angehören und sich damit befassen, wie man Gesundheit fördern kann, und die in der Vorsorge viel leisten, sind weniger respektiert und geschätzt. Volksgesundheit, Public Health, santé public, ist als Fach in der Öffentlichkeit und bei den ÄrztInnen – abgesehen von Lippenbekenntnissen – nachrangig in der Bedeutung. Viele Ärzte treten nach Kouchners Analyse lieber mit dem Anspruch auf, Individuen zu heilen, als mit der Idee, einem Kollektiv ein höheres Mass an Gesundheit zu verschaffen.

Dabei ist es unbestreitbar, dass die entscheidenden Verbesserungen der Lebensqualität und des gesundheitlichen Fortschritts, welche die Lebenserwartung und die Lebensqualität der gesamten Bevölkerung gesteigert haben, Errungenschaften der Hygiene und der Präventivmedizin sind. D. h. langfristig ansetzende Massnahmen (sauberes Wasser, Körperpflege, hygienische Nahrungszubereitung) förderten die Gesundheit und Lebensqualität am meisten, zusammen mit den Behandlungsmöglichkeiten gegen die bakteriellen Infektionen. Nicht Herztransplantationen und andere spektakuläre chirurgische Eingriffe haben den grössten Einfluss auf die Gesundheit, sondern durchdachte Veränderungen der Lebensführung.

Dass diejenigen Berufssparten, auf die sich am leichtesten das Bild der idealisierten Heilerfigur projizieren lässt, die grösste Wertschätzung, den höchsten finanziellen Verdienst und die grösste Macht zugesprochen erhalten, zeigt deutlich, dass die passive Heilungsfantasie nicht nur auf der individuellen Ebene ausgelebt wird, sondern auch in den Machtverhältnissen und Strukturen des so genannten Gesundheitssystems zementiert ist. Die Idealisierung der individuumszentrierten Medizin – und insbesondere der apparativen Medizin – drängt die öffentliche Sorge um die Gesundheit an den Rand.

Zwei Gründe spielen dabei eine wichtige Rolle. Erstens die objektivierende Sicht der Natur: Wir sehen uns nicht als Teil, sondern als Beherrscher der Natur. Dies führt zu Allmachtsfantasien hinsichtlich der Machbarkeit von Gesundheit. Zweitens die spezifischen Interessenkonflikte zwischen öffentlicher und privater Gesundheitspflege, die destruktiven Fantasien Auftrieb geben: Kranke Menschen oder Menschen, die Gesundheitsrisiken eingehen, werden gemäss dieser Sichtweise leicht zu Projektionsfeldern von Schuld, Gier und Insuffizienz. Es wird Kranken unterstellt, hätten sie dieses oder jenes Risiko unterlassen, würden sie heute nicht von der Solidarität der gesunden Krankenkassenprämienzahler schmarotzen. Wer krank ist, attackiert die ‹gute Brust› des öffentlichen Gesundheitswesens. In der Gegenreaktion wird das Kosten sparende Gesundheitswesen zur ‹bösen› verweigernden Brust.

Das öffentliche Anliegen, die allgemeine Sorge um die Gesundheit ist gefährdet, wenn nur noch die private Gesundheit zählt. Der heroisch-technokratische Machbarkeitswahn auf der einen und die Spaltung in private und öffentliche Gesundheitspflege auf der anderen Seite unterminieren den Einsatz für langfristige individuelle und kollektive Gesundheitsförderung. Die heutigen Zivilisations- und Stresskrankheiten haben vor allem mit mangelnder Psychohygiene zu tun. Die Zeit ist reif, psycho- und soziohygienische Massnahmen auf die Tagesordnung der Gesundheitspolitik zu setzen, um die langfristige Gesundheit der Menschen zu verbessern.

Davon sind wir noch ein weites Stück entfernt. Die technokratisch-heroische Einstellung dominiert bei den Entscheidungsträgern im Gesundheitswesen wie bei den ÄrztInnen. Auf der Patientenseite kommen diesem technokratischen Machbarkeitswahn die unbewussten überhöhten passiven Heilungserwartungen und die damit verbundene Idealisierung der medizinischen Möglichkeiten entgegen. Dies lässt sich am Beispiel des Umgangs mit der Immunschwächekrankheit Aids veranschaulichen.

Aids ist die epidemische und meist tödlich verlaufende Infektionskrankheit, die Gesundheitssysteme weltweit vor die klassische Herausforderung in Bezug auf Behandlung und Vorbeugung stellt. Seit 15 Jahren wird – bisher erfolglos – nach einer ursächlich heilenden Therapie geforscht. An der Front der Symptombekämpfung und -linderung und Lebensverlängerung sind beachtliche Fortschritte zu vermelden. Für Aids-Kranke in den wohlhabenden Industrie- und Dienstleistungsstaaten wurden ausgeklügelte Medikamentencocktails entwickelt, die Aids zwar nicht heilen, aber die Ausbreitung seines Virus im Körper und die Zerstörung des Immunsystems stoppen. Die Vorbeugung der Ansteckung jedoch – die Domäne der Public Health – ist ein Trauerspiel. In den westlichen Ländern finden noch immer Ansteckungen statt. Die Ansteckungsraten in den afrikanischen Ländern sind exorbitant. Bei der Zuteilung der Mittel ist die Individualbehandlung gegenüber der Vorbeugung und der öffentlichen Gesundheit eklatant bevorzugt. Warum konzentriert sich die Prävention ausschliesslich auf das Propagieren des Gebrauchs des Kondoms, das in der Einschätzung der meisten Menschen als ‹Lustkiller› erlebt wird? Warum wird nicht thematisiert, dass wir in der körperlichen Liebe immer verzehrende Wünsche haben, von Gefühlen angesteckt zu werden, und dass es solche unbegriffenen Wünsche sind, die zu riskantem Sexualverhalten führen können? Statt sich von der Lebenspartnerin gefühlsmässig anstecken zu lassen, riskiert man es lieber, sich bei einer Prostituierten die HIV-Ansteckung zu holen.

Mit anderen Worten: Warum setzen wir uns nicht mit den inneren Widerständen gegen die Benutzung von Kondomen als Aids-Prävention auseinander?

Andere Beispiele des kollektiven Auslebens einer passiven Heilungsfantasie sind die biologische Welle in der Psychiatrie und die irrealen Heilungserwartungen, die z. T. auf Psychopharmaka projiziert und von der Pharma-Industrie zu Profitzwecken ausgenutzt werden. Der Begriff ‹happy pill› (Glückspille) für das Anti-Depressivum Prozac verrät, worum es geht. Nichts weniger als Glückserwartungen werden ins so genannte Gesundheitswesen projiziert. Wenn schon mein Leben mich nicht glücklich macht, soll es die staatlich verordnete und finanzierte Droge richten! Der Arzt – mein Dealer!

Wer in Aldous Huxleys vor über vierzig Jahren erschienenem Zukunftsroman ‹Schöne neue Welt› die Droge Soma einnahm, fühlte sich gut, immer zufrieden und glückselig. Huxley nahm in seiner Vision das heroisch-technokratische Programm der biologischen Psychiatrie vorweg: Alle seelischen Störungen sind reduzierbar auf biologische Hirnvorgänge und auch dort pharmakologisch zu therapieren. Der Enthusiasmus nach der Marktlancierung des Anti-Depressivums Prozac kannte keine Grenzen. Endlich schien sie gefunden, die Glückspille. Das Versprechen der Prozac-Werbekampagne: Keine mühsamen langwierigen Psychotherapien sind nötig, um einer Depression beizukommen. Die Euphorie klang allerdings schnell ab. Der amerikanische Arzt Joseph Glenmullen zeichnete die Geschichte der aggressiven Markteinführung und die fragwürdigen Praktiken des Pharma-Konzerns Eli Lilly nach. Berichte über unerwünschte Wirkungen und Langzeitfolgen bei Dauereinnahme wurden laut seinem Bericht systematisch unterdrückt. Der typische Lebenszyklus eines Psychopharmakons ist folgender: Erste Phase: euphorische Markteinführung. Zweite Phase: aggressive Verschreibungspolitik. Dritte Phase: erste Abnützungserscheinungen auf Grund offen zu Tage tretender Schwächen des Medikaments. Vierte Phase: langsames Aus-dem-Verkehr-Ziehen und fünfte Phase: Lancieren einer neuen Wunderdroge mit dem gleichen Lebenszyklus und dem Versprechen, dass es seine sämtlichen Vorgänger übertrifft.

Die erbitterte Konkurrenz auf dem Pharma-Markt zwingt die Firmen, ständig neue Medikamente zu entwickeln, die sich nach der jahrelangen Entwicklung bis zur Marktzulassung als Cash Cows verwenden lassen. Ein zugelassenes Medikament wird in seiner klinischen Anwendung oft für die Behandlung einer breiten Palette von Befindlichkeitsstörungen propagiert, um die enormen Entwicklungskosten in möglichst kurzer Zeit wieder einzuspielen. Prozac und andere Glückspillen werden von Allgemeinärzten oft schon bei leichten vorübergehenden Verstimmungen verschrieben. Und Ritalin wird bei reizbaren Kindern, denen das Aufmerksamkeitsdefizitsyndrom attestiert wird, grosszügig verabreicht.

Der Feldzug der biologischen Psychiatrie, sämtliche Befindlichkeits- und Verhaltensstörungen dereinst mit einem passenden Medikament ‹richtig einstellen› zu können, ist in doppelter Hinsicht gefährlich. Erstens sind die Langzeitwirkungen dieser Psychopharmaka – insbesondere wegen ihres dramatischen Eingriffs in den Hirnstoffwechsel – nicht untersucht. Und zweitens wird das Bestehen auf der Erfüllung überhöhter Heilungserwartungen zementiert, statt dass Lebenskräfte gefördert werden.

Die Überschätzung des Beitrags der medizinischen Versorgung zur Gesundheit

Die Idealisierung der Medizin durch die Projektion von passiven Heilungserwartungen zeigt sich auch in der Überschätzung des Beitrags der medizinischen Versorgung zur Gesundheit.

Bei der Senkung der Sterberaten hat die medizinische Versorgung eine geringere Rolle gespielt als gemeinhin angenommen. Die heutige Chirurgie und Medizin leistet Beiträge zur Behandlung bestimmter Krankheiten; einen weitaus grösseren Einfluss auf die Gesundheit hatte jedoch die Veränderung der Lebensweise.

Diese Tatsache wird weitgehend ignoriert: Menschen gehen zu den Ärzten mit der Erwartung, dass diese sie heilen. In den Arzt projizierte passive Heilungsfantasien und ärztliche Machtansprüche gehen eine ungesunde Verstrickung ein. So werden erwiesenermassen nicht nur nutzlose, sondern gar schädliche Behandlungen durchgeführt, indem Medikamente oder Behandlungsmassnahmen, die sich an bestimmten Patienten und Krankheiten bewährt haben, über den engen Personenkreis hinaus breiter angewendet werden. Oft sind chirurgische Eingiffe wie die Entfernung von Uterus, Prostata oder schlicht Mandeln überflüssig. Generell wird zu invasiv behandelt: Der passive auf den eigenen Körper projizierte Wunsch des Patienten, dass mit ihm etwas Richtiges *gemacht* werden soll, übt auf den Arzt einen Druck aus, zu handeln und *in den Körper einzugreifen.* Es ist statistisch belegt, dass Ärzte und Angehörige von Ärzten weniger operiert werden als die Durchschnittsbevölkerung. Das liegt nicht daran, dass sie gesünder sind als der Durchschnitt, sondern dass sie bei sich selbst die Zweckmässigkeit eines Eingriffs nicht überschätzen, in der Untersuchungs-Situation mit einem passiv-idealisierenden Patienten jedoch dem Sog der unbewussten passiven Heilungs- und Eingriffswünsche erliegen.

Konsumwünsche nach Perfektionsmedizin

Wie alles in der Schweiz ist auch das Gesundheitssystem sorgfältig organisiert und mit viel Geld alimentiert. Vor allem in der Materialausstattung wird einem Perfektionismus gehuldigt, den sich nur ein Land leisten kann, das schon über hundert Jahre keinen Krieg mehr erlebt und einen ererbten Reichtum angehäuft hat. Jedes Bezirksspital, jede regionale Klinik hat Gerätschaften vom Feinsten, der Luxus in den Arztpraxen ist beträchtlich, die Apotheken bieten glitzernde Auslagen, der Gesundheitskonsument soll zum Konsum verführt werden.

Sowenig man sich in der Schweiz damit zufrieden gibt, mit Kies gefüllte Ölfässer als Verkehrshindernisse zu benutzen und stattdessen lieber Zehntausende von Franken in liebevoll gepflästerte Schwellen investiert, sowenig wird gespart, wenn es um die High-tech-Ausrüstung und die Konsumangebote im so genannten Gesundheitswesen geht. Man bekommt den Eindruck, Gesundheit habe etwas mit perfekter teurer Maschinerie und maximaler Befriedigung von Konsumwünschen zu tun.

Die Versuchung für die Mediziner, ihre eigenen wissenschaftlichen Qualitätsansprüche aufzugeben, wenn sie unter Druck stehen, unbegriffene und illusionäre Heilungserwartungen zu erfüllen, kann mit folgendem Beispiel illustriert werden (Basler Zeitung vom 31. Oktober 2000): In der Frauenklinik Basel sollen Frauen, die bisher keine Kinder bekommen haben und bei denen die medizinischen Methoden der Behandlung der Unfruchtbarkeit nichts gefruchtet haben (die Erfolgsrate ist bei 30 Prozent!), nun mit Hilfe von GeistheilerInnen schwanger werden.

Dies ist ein interessantes Beispiel, wie blind mit passiven Heilungserwartungen umgegangen wird. Statt sich damit auseinander zu setzen und die unrealistischen Ansprüche nach einer Lösung des Problems von aussen in Frage zu stellen, werden die Erwartungen weiter genährt. Realistischer und gesünder wäre, entweder anzuerkennen, dass es auch unüberwindbare biologische Realitäten geben kann, oder sich allenfalls mit seelischen Ursachen der Unfruchtbarkeit eines Paares, z. B. einer unbewussten Zwiespältigkeit gegenüber dem Kinderwunsch oder anderen Hemmnissen gegen eine Schwangerschaft auseinander zu setzen.

Die Folgen des individuellen und gesellschaftlichen Inszenierens der passiven Heilungsfantasie

Die ökonomische Krise des so genannten Gesundheitswesens

Die derzeitige ökonomische Malaise – die ungebremste Kostenexplosion – ist die ökonomische Folge der exzessiven Krankheitsorientierung und der fehlenden Gesundheitsorientierung. Sie ist die Folge der Abgabe von Verantwortung für die Gesundheit und der Fixierung auf das Symptom. Sie ist die Folge der unbewussten individuellen und gesellschaftlichen Inszenierung der passiven Heilungsfantasien.

Die Gesundheitspolitiker versuchen der Kostenexplosion mit politischen Massnahmen beizukommen. Ohne Erfolg. In der Schweiz hat auch das neue mit griffigeren Instrumenten ausgestattete Krankenversicherungsgesetz zu keiner Reduktion der Krankenbehandlungskosten geführt.

Noch immer steigen die Kosten des Gesundheitswesens jährlich mit Wachstumsraten bis zehn Prozent.

Es war eine Illusion, anzunehmen, dass mit der Einführung eines Katalogs von Leistungen, die aus der Grundversicherung zu bezahlen seien, und anderen Leistungen, die als Luxus nur durch Zusatzversicherungen abgegolten würden, eine Kostendämpfungsmassnahme geschaffen sei. Der ganze politische Kampf konzentriert sich heute darauf, welche Leistungen in die Grundversicherung gehören und welche nicht. Da mit der Einführung der Grundversicherung eine Trennlinie zwischen besser und weniger gut Versicherten geschaffen worden ist, kann schon heute von einer Zweiklassen-Medizin gesprochen werden.

Die sozialpolitischen Auseinandersetzungen zentrieren sich jetzt auf die Frage, wie gross der Graben zwischen beiden Klassen sein soll. Sollen alle am medizinischen Fortschritt teilhaben? Wo ist die Grenze zu ziehen? Gibt es Krankheitsbehandlungen, die nur für die Begüterten reserviert sind? Da niemand offen zu einer solchen dem sozialen Gedankengut und dem vordergründigen gesellschaftlichen Frieden widersprechenden Idee stehen mag, wird von den Behörden an der offiziellen Doktrin festgehalten: Der wissenschaftliche Fortschritt soll allen zugute kommen, jede neue Behandlungsmethode ist eine Kandidatin für die Aufnahme in den Leistungskatalog der Grundversicherung. Damit ist die Mengenausweitung programmiert.

Es dürfte somit klar sein, dass eine *politische Lösung* des Problems auf dem Boden des jetzigen gesellschaftlichen und gesundheitspolitischen Konsenses nicht zu schaffen ist. De facto werden diejenigen Leistungen neu in den Grundversicherungskatalog aufgenommen, die den grössten populistischen Druck machen können, die das beste Lobbying betreiben, die sich am besten als wirksame und notwendige Behandlungsmethode verkaufen. Das Kriterium für die Akzeptanz einer Behandlungsmethode ist nur scheinbar Wissenschaftlichkeit, vielmehr ist *politische Opportunität* ausschlaggebend.

Da das Problem der Kosteneindämmung politisch offensichtlich nicht zu lösen ist, setzen die politischen und wirtschaftlichen Akteure zunehmend auch auf ökonomische Lösungsansätze.

Das Gesundheitswesen ist kein Markt im klassischen Sinne der Volkswirtschaftslehre. Gesundheit gehört zu den unverzichtbaren Gütern. Der Kunde von Gesundheitsleistungen ist nur bedingt ein urteilsfähiger homo oeconomicus, der nüchtern zwischen der Wahl von Automarke A oder Automarke B abwägt.

Für die meisten Menschen ist Gesundheit nämlich das höchste Gut: Um die Gesundheit zu erhalten, ist ihnen nichts zu teuer. Gesundheit ist unbezahlbar im doppelten Wortsinne: unendlich wertvoll und sehr teuer. Und wenn die Solidargemeinschaft der Versicherten die sehr teuren Gesundheitsleistungen übernimmt, ist erst recht nichts zu teuer, da man nicht direkt mit dem Wert konfrontiert ist.

Eine weitere Einschränkung des klassischen Marktes besteht darin, dass das Gesundheitswesen selbst in den kapitalistischen Staaten staatlich reguliert ist. Diese Regulierung ist unterschiedlich straff. Sie reicht von blosser Festlegung gesetzlicher Rahmenbedingungen (USA) bis zu staatlich und über Steuern finanzierten Gesundheitsversorgungssystemen (GB). Dazwischen sind alle Zwischenstufen zu finden. In der Schweiz werden die Preise von bestimmten Gesundheitsleistungen und die Krankenkassenprämien noch immer vom Bundesamt für Sozialversicherung genehmigt. Dies verzerrt den Markt natürlich beträchtlich. Es besteht kein freier Wettbewerb über den Preis. In vielen Ländern, so auch in der Schweiz, besteht ein so genannter Kontrahierungszwang. Die Krankenversicherungen können nicht frei wählen, mit wem sie Leistungsverträge abschliessen. Sie müssen in der Schweiz zum Beispiel mit jedem Arzt einen Vertrag schliessen, wenn die Ärztedichte zu gross ist oder wenn der Arzt schlecht und unwirtschaftlich behandelt.

Das unmenschliche Rezept: Rationierung

Die Rationierung von Gesundheitsleistungen ist ein ethisch heikles Feld, geht es doch um Leistungen, die gemäss dem geltenden Krankenversicherungsgesetz im konkreten Fall als wirksam, zweckmässig und wirtschaftlich eingestuft worden sind. Die ökonomische Zuteilung ohnehin knapper Güter, wie z. B. in der Transplantations- oder Intensivmedizin, ist noch keine eigentliche Rationierung, obwohl der Unterschied für die Betroffenen von geringer Bedeutung ist. Rationierung im eigentlichen Wortsinne greift dort, wo prinzipiell verfügbare Leistungen aus ökonomischen Gründen, gestützt auf allgemeine Kriterien, dem Patienten vorenthalten werden. Z. B. wenn bei Patienten ab einem bestimmten Alter bestimmte möglicherweise lebensverlängernde Operationen nicht mehr gemacht werden. Solche Entscheidungen würden armen und weniger begüterten Patienten förmlich aufgezwungen. Andere werden sie nicht akzeptieren und sich für teures Geld im In- oder Ausland die gewünschte Gesundheitsleistung erkaufen. Die Rationierung, selbst wenn sie offen durchgeführt wird und auf einem gesellschaftlichen Konsens beruht, verschärft die Inhumanisierung unserer Gesellschaft. Nicht mehr alle haben das Recht auf ein medizinisch verlängertes Leben. Für die einen gilt West-Medizin, für die anderen Kambodscha-Standard. Die Ungleichheit unserer Gesellschaft, bisher im Bildungs- und Gesundheitsbereich einigermassen in Grenzen gehalten und sozialpolitisch ausnivelliert, schlägt dann auf den Gesundheitsbereich durch.

Das so genannte Gesundheitswesen wird an seiner Fixierung auf die Krankheitsorientierung und an der blinden Übernahme der Verantwortung für die Erfüllung unbewusster unrealistischer Heilungserwartungen langfristig scheitern. Daran wird auch die herkömmliche Gesundheitsförderung nichts ändern, weil sie an den gleichen Denk- und Systemfehlern krankt.

Das Versagen der herkömmlichen Gesundheitsförderung

Die herkömmlichen Gesundheitsförderungsansätze konzentrieren sich meist auf Fitness- und Wellnessgebote, d. h. sie üben Druck auf den einzelnen Menschen aus, mit seinem Körper wohltuender, schonender und gesundheitsförderlicher umzugehen.

Sie greifen aus dreierlei Gründen nicht oder nur ungenügend:

Erstens provozieren sie innere Widerstände bei den Angesprochenen, weil sie – ausgesprochen oder nicht – Gesundheit zur individuellen Pflicht erklären und dem einzelnen Schuldgefühle zu suggerieren versuchen, wenn er/sie sich nicht an die Gesundheitsverhaltensregeln hält.

Zweitens berücksichtigen sie die unbewusste Dynamik von Gesundheit und Krankheit nicht. Sie appellieren an ein vernünftiges Gesundheitsinteresse, lassen aber unbewusste Krankheitsursachen und unbewusste passive Heilungserwartungen ausser Acht.

Drittens gehen sie von einem beschränkten Gesundheitsverständnis aus. Die heute gängige Fitness- und Wellnessideologie ist – wie die Krankenbehandlung – fixiert und beschränkt auf den Zustand des körperlichen Wohlbefindens, auf die körperlichen Fähigkeiten, auf das Aussehen des Körpers. Nötig ist aber ein erweitertes Gesundheitsverständnis, das seelische und soziale Faktoren einbezieht und Gesundheit als eine dynamische innere Bewegung begreift.

- **Die Ursache der Krankheitsorientierung ist das Beharren auf der Erfüllung einer passiven Heilungsfantasie.**
- **Das Festhalten an der Erfüllung passiver Heilungserwartungen führt zur Überschätzung der technokratischen Medizin.**
- **Auf das Ökonomische reduzierte Lösungsansätze zur Rettung des Gesundheitswesens gehen am Kern des Problems – der Überwindung der Krankheitsorientierung – vorbei.**

4. Kapitel

Wie entsteht Gesundheit?

Und ich möchte Sie, so gut ich es kann, bitten Geduld zu haben gegen alles Ungelöste in Ihrem Herzen und zu versuchen, die Fragen selbst lieb zu haben wie verschlossene Stuben und wie Bücher, die in einer fremden Sprache geschrieben sind. Forschen Sie jetzt nicht nach den Antworten, die Ihnen nicht gegeben werden können, weil Sie sie nicht leben könnten. Und es handelt sich darum, alles zu leben. Leben Sie jetzt die Fragen. Vielleicht leben Sie dann allmählich, ohne es zu merken, eines fernen Tages in die Antwort hinein.

Rainer Maria Rilke

Wir brauchen ein erweitertes dynamisches Gesundheitsverständnis, wenn wir die individuellen und gesellschaftlichen gesundheitlichen Probleme lösen wollen.

Gesundheit ist nicht zu reduzieren auf die Verneinung von Krankheit, sie ist aus sich heraus positiv zu bestimmen. Sie ist eine positive Bewegung des ganzen Menschen, die auf dem selbst beeinflussten und mit-erzeugten Überwiegen der Lebenskräfte gegenüber den Anforderungen und Belastungen des Lebens beruht.

Gesundheit ist positive selbst mit-erzeugte Bewegung

Das Wort ‹gesund› kommt vom indogermanischen Wort ‹sghunt› und hat die gleiche Quelle wie das Wort ‹geschwind›. Die Ausgangsbedeutung beider Wörter ist ‹mächtig, stark›. Wir brauchen das Wort denn auch als Beschreibung eines *Zustands*: Gesund ist gleich beschwerdefrei, wohl, heil, ‹zwäg›. Als Zustandsbeschreibung bedeutet es das Gegenteil von krank. Die englischen Worte heal (heil), whole (ganz), healthy (gesund), hale (rüstig) haben alle den gleichen Ursprung.

Die Fixierung auf den Gesundheits-*Zustand* führt zur Krankheitsorientierung und zur kindlichen Erwartung, von einem idealisierten Heiler geheilt zu werden.

Die Verwandtschaft mit dem Wort ‹geschwind› hingegen deutet an, dass wir das Wort ‹gesund› auch anders verwenden können, als Beschreibung einer *Bewegung*. Gesundheit ist Bewegung von einem unguten Zustand in einen besseren. Wir können nicht verhindern, dass wir krank werden und in einen ungesunden Zustand geraten. Aber wir können so leben, dass wir eine gesunde innere Bewegung erzeugen, die uns von Zuständen geringen Wohlbefindens in bessere und gesündere Zustände treibt. Gesundheit ist eine Bewegung, die wir von innen her beeinflussen können. Gesundheit kommt von innen.

Das Kräftefeld des Lebens: Die Dynamiken positiv-negativ und innen-aussen

Gesundheit ist ein Überwiegen der Lebenskräfte gegenüber den Belastungen. Das Leben ist jedoch nicht nur ein ständiger Konflikt zwischen gesundheitsfördernden Lebenskräften und krank machenden Belastungen, sondern findet auch im ständigen Wechselspiel zwischen unserer inneren Welt und der Aussenwelt statt. Sowohl in der Innen- wie in der Aussenwelt sind Lebenskräfte und lebensbehindernde Kräfte wirksam.

Wir befinden uns also in einem dynamischen Kräftefeld von vier Kräften:

Äussere Belastungen und innere selbst-destruktive Kräfte ziehen uns in Richtung Krankheit und Tod, äussere Kraftquellen und innere Lebenskräfte ziehen uns in Richtung Wohlbefinden, Lebendigkeit und Gesundheit. Gesundheit ist ein dynamisches Überwiegen der inneren Lebenskräfte und äusseren Kraftquellen gegenüber den krank machenden äusseren Stressoren und den inneren lebensfeindlichen Kräften.

Das Kräftefeld des Lebens

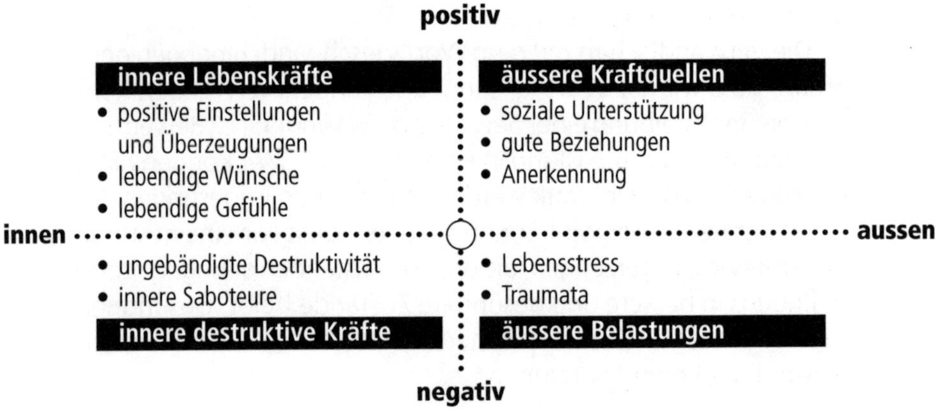

Das dynamische Gesundheitsverständnis betrachtet Gesundheit als eine positive Bewegung, die durch die Optimierung der Kräfteverhältnisse im Kräftefeld des Lebens entsteht.

Eine positive gesundheitsfördernde Dynamik resultiert, wenn die aus den inneren Lebenskräften und den äusseren Kraftquellen geschöpften positiven Energien die aus dem Lebensstress und den inneren lebensfeindlichen Kräften stammenden negativen Energien überwiegen. Gesundheitsentwicklung hat nach diesem dynamischen Gesundheitsverständnis vier Stossrichtungen, die ich in den Kapiteln 5 bis 8 im Einzelnen erläutern werde:

1. Strömenlassen und Pflegen der inneren Lebenskräfte
2. Aufbauen und Nutzen äusserer Kraftquellen
3. Bändigen und Überwinden innerer destruktiver Kräfte
4. Positiver Umgang mit Lebensbelastungen

Gesundheit = Bewältigung von Lebensstress

Ein zentraler Gesichtspunkt dieses erweiterten dynamischen Gesundheitsverständnisses ist die Erkenntnis, dass das Leben uns unaufhörlich Belastungen aussetzt. Für potenziell krank machende Belastungen hat sich der Begriff ‹Stress› durchgesetzt.

Das Stress-Modell ist eines der solidesten und am besten überprüften Modelle und ist ein Kernbestandteil des Verständnisses von Gesundheit als lebendigem Prozess.

Es geht davon aus, dass bestimmte Lebensbelastungen Stress erzeugen. Dieser Stress beansprucht den Organismus, er kann ihn zu stark beanspruchen und krank machen.

Der Ausdruck Stress stammt vom Begründer der modernen Stressforschung, dem Physiologen Hans Selye, in Anlehnung an den physikalischen Stress im Sinn einer Kraft, die, wenn sie eine bestimmte Intensität übersteigt, zu Verformungen der Struktur führt: die Grenze, von der an das Material die Belastung nicht mehr aushält. Bei Lebewesen ist mit Stress eine Notfallreaktion beschrieben, die in den nicht bewusstseinszugänglichen Regionen des Gehirns ausgelöst wird. Selye hat dieses Phänomen an sich selbst beobachtet. Er war allein im Gebirge, kam nicht mehr vorwärts und nicht mehr zurück. Er befürchtete, ihm würde die Kraft ausgehen. Zu seiner eigenen Überraschung stellte er fest, dass ihm nach einer Weile wieder viel Kraft und Energie zur Verfügung standen, um doch weiterklettern zu können. Dieses zunächst bedrohliche Erlebnis und seine Überwindung waren der Anlass für ihn, das Phänomen physiologisch zu erforschen. Das Typische am Stress ist folgender Ablauf: Eine schmerzhafte und als lebensbedrohlich empfundene Notlage bringt die Notfallreaktion in Gang.

Die Dynamik der Gesundheit

Lebensstress — äussere Kraftquellen
innere destruktive Kräfte — innere lebenskräfte

krank (unwohl) ◄·············○·············► **gesund (wohl)**

ständiges Ungleichgewicht = normal
Gesundheit = ‹Heilung› = selbst mit-erzeugte dynamische Bewegung

Auf Grund verschiedener unspezifischer Reize wie gefühlsmässiger Überlastung, Gefahrensituationen oder negativer Gedanken bringt die Hirnregion des Hypothalamus, die auf die Anpassung an äussere und innere Bedingungen spezialisiert ist, das bei uns allen nahezu gleich ablaufende biologisch verankerte Stresssyndrom in Aktion: Stresshormone wie Adrenalin werden ausgeschüttet und der für potenzielle Gefahren zuständige Sympathikusteil des Nervensystems wird aktiviert. Energie für die Muskeln wird bereitgestellt, Verdauung und Sexualität werden gebremst, die Schmerzwahrnehmung wird gedämpft. Die Folgen dieser physiologischen Umstellung des Organismus sind Konzentrationssteigerung, Energetisierung, Fokussierung auf die Gefahr. Dies geht einher mit Denkblockaden, Erinnerungsblockaden, Erregung, erhöhtem Herzschlag und Blutdruck, schnellerer Atmung und eventuell auch Atemnot, Zittern, Blässe, Schweissausbruch oder Handschweiss. In dreifacher Hinsicht wird die zur Verfügung gestellte Energie für Verhalten genutzt. Die beiden aktiven Handlungen sind: Kampf oder Flucht.

Ist beides nicht möglich, so bleibt als dritte Notlösung nur das Verharren in Bewegungslosigkeit, der Rückzug in das eigene Innere, in die Passivität, das Abkühlen, das Einfrieren, das so genannte ‹freezing›. Aktiver Kampf-/Flucht-Stress fördert Herz-/Kreislauferkrankungen, passiver Rückzugsstress Infektionskrankheiten und Tumorbildung.

Stress ist ungesund und kann demzufolge auch nicht positiv sein. Stress ist eine Notfallreaktion auf Belastungen und an der Entstehung und Weiterentwicklung von Krankheit beteiligt.

Das Problem ist nicht die bewältigbare und notwendige normale Lebensbelastung, die zu positiven Gefühlen, optimaler Aktivierung und guter motorischer und kognitiver Aktivität führt. Diese Belastung oder Herausforderung ist kein Stress. Sie ist Herausforderung, ‹challenge›. Es ist verfehlt, diese gesunde Belastung (z. B. durch selbst gewählte Herausforderungen wie Bergsteigen, soziales oder künstlerisches Engagement oder intensives reiches

Berufsleben) als Stress, als ‹positiven Stress› zu bezeichnen. Dies fördert nur die Begriffsverwirrung.

Stress allein ist noch nicht krank machend. Ob wir gesund bleiben oder erkranken, hängt von den inneren und äusseren positiven Kräften ab, die wir ihm entgegensetzen.

Risikofaktoren

Trotzdem bleibt Stress ein Risikofaktor, d. h. er begünstigt die Entstehung von Krankheiten. Das Konzept der Risikofaktoren ist krankheitsorientiert, weil es aus der epidemiologischen Erforschung der Zivilisationskrankheiten hervorging: Herzinfarkt, Herzrhythmusstörungen, Kreislaufprobleme und Krebs wurden immer mehr zur Leidens- und Todesursache. Heute kann man die Depression ebenfalls dazuzählen.

Seit den 60er Jahren haben Forscher nach Faktoren gesucht, die die Entstehung dieser Krankheiten begünstigen, und haben mit statistischen Methoden Faktoren isoliert, die bei diesen Krankheiten gehäuft vorkommen.

Die verhaltens- bzw. persönlichkeitsbezogenen Risikofaktoren sind:

- Rauchen
  (vor allem Zigaretten)
- erhöhter Blutdruck
- erhöhtes Blutfett
  (Cholesterin)
- Übergewicht
  (als Folge von Fehlernährung ‹zu viel, zu fett, zu süss›)
- Bewegungsmangel
- ständiger bzw. häufiger Stress
- Typ-A-Verhaltensmuster
  (übersteigerter Ehrgeiz, extreme Leistungsorientierung, latente Feindseligkeit, Gehetztheit, Kontrollzwang)

Die verhältnisbezogenen Risikofaktoren sind:

- Lärmbelastung
- Schadstoffbelastung
  (Strahlen, Asbest, Teer, Passivrauchen, Eisenstaub, Gifte u. a. m.)
- ungünstige Wohnsituation
- Armut
- fehlende Zukunftsperspektiven

Das Risikofaktorenkonzept wird als theoretische Grundlage für viele so genannte Gesundheitsförderungskampagnen bzw. Beratungsaktivitäten verwendet.

Mit viel Geld und aufwändigen Inseratekampagnen wird versucht, Menschen zu Verhaltensänderungen im Bereiche der Risikofaktoren zu bewegen. Studien (z. B. die ‹Deutsche Herz-Kreislauf-Präventionsstudie›) zeigen jedoch deutlich, dass viele Menschen nicht zu Verhaltensänderungen bewegt werden können, weil sie die krankheitsorientierte Präventivmedizin als bevormundend erleben.

Gesundheitsförderung im Sinne einer auf langfristige Gesundheit angelegten Aktivität, welche nicht nur die kurzsichtige Vermeidung von Krankheitsrisikofaktoren zum Ziel nimmt, sondern das Problem an der Wurzel packt, nämlich am Interesse des einzelnen Menschen an seiner eigenen langfristigen Gesundheit, geht von Gesundheit als lebendigem Prozess der Lebensbewältigung aus. Wir können Schutz- und Widerstandskräfte gegen Lebensstress entwickeln und Lebenseinstellungen erlernen, die unserer Natur und unserem Wesen so gemäss sind, dass wir nicht erkranken. Wir können Verhaltensweisen wie Humor, Verdrängen, Distanzieren, positive Neubewertung und andere kommunikative und kognitive Techniken einsetzen, um Stress zu bewältigen. Es geht um den Grundsatz, dass wir ein persönliches Set von Stressbewältigungs-Techniken erlernen, welches mitentscheidet, ob wir langfristig gesund bleiben oder nicht.

Gesundheit = Gesundheitsentwicklung

Das erweiterte dynamische Gesundheitsverständnis fragt nicht nach der Entstehung von Krankheit (Pathogenese), sondern nach der Entwicklung von Gesundheit, lateinisch Salutogenese. So schreibt Viktor von Weizsäcker: «Die Gesundheit eines Menschen ist eben nicht ein Kapital, das man aufzehren kann, sondern sie ist überhaupt nur dort vorhanden, wo sie in jedem Augenblick des Lebens erzeugt wird. Wird sie nicht erzeugt, dann ist der Mensch bereits krank.»

Gesundheit ist ein ununterbrochener konstruktiver Prozess der Selbstorganisation und Selbststeuerung. Sie muss vom Organismus ständig hergestellt werden: als immunologisch verstandene Abwehr sowie als Anpassung oder als zielgerichtete Veränderung der Umwelt durch den einzelnen Menschen. Dieses Gleichgewicht ist abhängig von der Verfügbarkeit und der Nutzung von gesundheitsschützenden bzw. -wiederherstellenden persönlichen inneren Lebenskräften und äusseren situationsgebundenen Kraftquellen.

Das Lebenswerk des israelischen Gesundheitssoziologen Aaron Antonovsky (1923–1994) schuf die Grundlage, auf der wir mit unserem erweiterten Gesundheitsverständnis stehen.

Im Rahmen einer sozialpsychiatrischen Untersuchung über die individuellen Unterschiede in der Verarbeitung der Menopause fielen Antonovsky zwei Befunde auf: Frauen, welche durch den Aufenthalt in einem Konzentrationslager der Nazis schwer traumatisiert worden waren, verarbeiteten später die Menopause im Durchschnitt schlechter als nichttraumatisierte Frauen. Dieser Befund belegte die schädigende Wirkung von Traumata auf Körper, Seele und Geist der Betroffenen. Der zweite Befund, für den sich Antonovsky mehr interessierte und der in der Folge sein Forschungsinteresse bestimmte, war: 29 Prozent der Frauen, die im Konzentrationslager gewesen waren, zeigten später eine normale Verarbeitung der Menopause. Wie war das möglich? Die Unterschiede mussten in einer persönlichen Eigenschaft der Betroffenen liegen, nämlich in einer Fähigkeit, Belastungen, ja sogar schwere Traumata in einer konstruktiven Weise zu verarbeiten, gewissermassen besser Widerstand gegen die schädlichen Einflüsse von aussen leisten zu können.

Die Frage der langfristig gesund erhaltenden Lebensorientierung hat Antonovsky in der Folge besonders beschäftigt. Er erforschte, was jene Menschen, die an Stress zerbrechen, von jenen unterscheidet, die ihn produktiv bewältigen. Er fand, dass die Belastungsresistenten eine bestimmte Lebensorientierung hatten, die er Kohärenzgefühl nannte. Kohärenzgefühl beruht auf drei positiven Überzeugungen:

Erstens auf der Erwartung, dass die Dinge, die im Leben passieren, im Rahmen der menschlichen Vernunft einigermassen verstehbar und einzuordnen sind.

Zweitens auf dem Zutrauen, Situationen, und seien sie noch so schwierig, irgendwie positiv handhaben und meistern zu können.

Drittens auf der Überzeugung, dass alle Anstrengungen, mit dem Leben klarzukommen, eine lohnende und sinnvolle Herausforderung sind.

Antonovsky verwendete auch das Bild des Skifahrers, um seinen dynamischen Gesundheitsbegriff zu verdeutlichen: Wir fahren alle eine lange Skipiste – unser Leben – hinunter. Während die Krankheitsorientierung sich hauptsächlich mit jenen Menschen beschäftigt, die an einen Felsen gefahren sind, und uns unter Umständen davon überzeugen will, dass es besser ist, überhaupt nicht Ski zu fahren, interessiert sich die gesundheitserzeugende Orientierung dafür, wie die Piste ungefährlicher gemacht werden und wie man Menschen zu guten Skifahrern machen kann. Das Kohärenzgefühl eines Menschen ist das Gefühl des Skifahrers, die Piste gut zu kennen, sein skifahrerisches Können, seine Lust und Freude am Fahren.

Antonovsky leitete mit dieser Entdeckung auf der wissenschaftlichen Ebene einen entscheidenden Paradigma-Wechsel im Gesundheitsverständnis ein. Er setzte den Schwerpunkt – auch in seinen späteren Forschungen – nicht mehr auf die Entstehung von Krankheiten und deren Behandlung durch therapeutische Interventionen, sondern untersuchte die Selbstheilungsfähigkeiten, d. h. er orientierte das Gesundheitsverständnis um, von einem krankheitszentrierten zu einem gesundheitszentrierten.

Jeder Mensch wird in diesem Verständnis aufgefasst als ein Organismus, der in einem bestimmten Zustand des Wohlbefindens ist. Irgendwo auf diesem Kontinuum ‹Schlechtes Befinden – gutes Befinden› bewegen wir uns. Man ist topfit oder erkrankt an akuter Leukämie. Gesundheit im salutogenetischen Sinne ist nicht der momentane Wohlbefindenszustand, sondern die Fähigkeit, sich vom schlechten Befinden in Richtung gutes Befinden hinzubewegen. Diese Bewegung macht Gesundheit aus. Menschen verarbeiten so Traumata besser und werden schneller gesund nach akuten Erkrankungen.

Am 25. August 2000 um 11.21 Uhr mitteleuropäischer Zeit hörte das Herz von Andy Hug in einem Tokioter Spital auf zu schlagen. Der 36-jährige Schweizer Weltmeister im japanischen K1-Sport war an akuter Leukämie erkrankt und binnen weniger Tage todkrank geworden. Der Schock über dieses Ereignis traf viele tief, weil Andy Hug der Inbegriff von Kraft und Gesundheit zu sein schien. Es rührte an unsere tiefsten Ängste, hinfällig zu sein, krank werden und sterben zu müssen. Andy Hugs Schicksal kann uns alle treffen. Wir wollen es jedoch nicht wahrhaben, besonders wenn wir das Leben lieben.

Auf dieser Angst, letztlich gegenüber der Natur, die unser Organismus, unser Körper ist, hilflos zu sein, gründet unsere Sorge um unsere Gesundheit. Wir wissen, dass wir begrenzt doch etwas tun können: z. B. unserem Organismus Sorge tragen, damit seine Chancen, sich gegen Krankheit und Tod zu wehren, grösser werden, auch wenn wir letztlich dagegen machtlos bleiben.

Dies geht aber nicht, wenn wir uns nur auf krankhafte Zustände konzentrieren. Statt auf die Zustände müssen wir uns vielmehr auf die Prozesse konzentrieren, die in uns ablaufen. Andy Hugs Leben wurde durch einen zerstörerischen Krankheitsprozess vernichtet, seine Lebenskräfte hatten keine Chance. Andy Hug soll seine Frau kurz vor dem Tod angerufen und ihr gesagt haben: «Ich schaff es nicht mehr.» Er spürte, dass seine Lebenskräfte am Ende waren. Wir wissen nicht, ob und wie sein gesunder Lebenswille, sein Optimismus, sein Kämpfergeist einen Schlag erlitten haben.

Die Bedeutung dieses Wechsels vom Verständnis von Gesundheit als ‹Gesundheitszustand› zu einer Auffassung von Gesundheit als ‹Gesundungsentwicklung› kann nicht gross genug veranschlagt werden. Sie hat beträchtliche Konsequenzen für den Zugang zu ‹Befindensproblemen› und ‹Krankheiten›. Die Frage: Wie verändere ich den aktuellen Zustand eines Patienten, dass er wieder besser ‹zwäg› = gut unterwegs ist, wird ergänzt um die langfristig viel wichtigere Frage: Wie kann ich die Fähigkeit eines Menschen, gesund zu werden, Belastungen und Stress zu verarbeiten, seine Lebenskräfte zu befreien, steigern?

Mens sana in corpore sano

Mens sana in corpore sano sit. Eine gesunde Seele sei in einem gesunden Körper. Dieser immer wieder gern zitierte Satz zeigt uns, wie selbstverständlich uns die Zusammenhänge zwischen körperlicher und seelischer Gesundheit sind. Wir haben nicht einen Körper und eine Seele, sondern wir sind Körper und Seele zugleich; wir können nicht körperlich gesund und seelisch krank sein oder seelisch gesund und körperlich krank. Wenn wir diese Unterscheidung treffen, abstrahieren wir und spalten uns durch unser logisches Denken in zwei Bereiche, die Seele und den Körper. Dies ist aus einer ganzheitlichen Betrachtungsweise unzulässig. Wenn wir an einer Depression leiden, die sich in ihrer Erscheinung mehr durch Erlebnisqualitäten ausdrückt, können wir analysierenderweise zwar denken, dass wir eine seelische Krankheit haben, im Grunde genommen haben wir jedoch eine einzige, unsere Person erfassende Krankheit. Depression ist eine Krankheit, die wir wissenschaftlich zergliedern können in biologische, psychologische und soziologische Aspekte. Sie bleibt als Krankheit eines Menschen unteilbar eine Störung seines Gesamtbefindens. Ein Unfall mag sich wissenschaftlich vor allem in seinen biologisch-physikalischen Folgen erfassen und behandeln lassen, er erfasst immer unser ganzes seelisches und soziales Leben. Es gibt keine körperliche Gesundheit ohne seelische Gesundheit und umgekehrt. Gesundheit ist unteilbar. Diese Erkenntnis ist nur scheinbar in alle Köpfe gedrungen. Noch immer wird den körperlichen Aspekten der Gesundheit isoliert ein grösseres Gewicht beigemessen als den seelischen Anteilen. Dies führt dazu, dass sich die heutigen Menschen in Fitness-Studios körperlich funktionsfähig trimmen, schlank, muskulös und ausdauernd werden, in ihren Beziehungen und in ihrem seelischen Befinden jedoch zunehmend leiden. Eine jüngst veröffentlichte Studie hat es an den Tag gebracht: Fitness und gesunde Ernährung haben isoliert keinen gesicherten Zusammenhang mit einem längeren Leben. Das Gesamtbefinden ist entscheidend. Fitte, sich wohl fühlende Fette sind unter Umständen gesünder als unglückliche Schlanktrainierte.

20 Prozent der Schweizer Rekruten, welche die Aushebung – die vor allem die körperliche Militärtauglichkeit überprüft – bestanden haben, werden während ihrer Ausbildung aus seelischen Gründen ausgemustert, weil sie die Belastung des Militärdienstes nicht verkraften.

In der Arbeitswelt das gleiche Bild: Ein grosser Anteil der arbeitenden Bevölkerung leidet an seelischen und körperlichen Reaktionen auf den Berufsstress.

Unsere Gesundheit hängt wesentlich vom Gesamtzustand unserer Seele ab. Wut, Zorn, Depressivität, Vereinsamungsgefühle und andere negative Stimmungen und Zustände beeinflussen unser gesamtes organismisches Wohlbefinden. Positive Emotionen erhalten uns gesund, negative machen uns krank. Die emotionale Immunisierung gegenüber den Belastungen des Lebens ist gezielte Prävention.

Der amerikanische Psychologe Martin Seligman hat ein Präventionsprogramm für Kinder entwickelt, um ihre psychischen Widerstandskräfte zu stärken. Es beruht darauf, Lebensereignisse optimistisch und aufbauend zu interpretieren und zu verarbeiten und nicht depressiv mit ihnen umzugehen.

Erfahrungen, die wir machen, besonders die intensiven und belastenden, können langfristig für unsere gesunde Entwicklung nur genutzt werden, wenn wir die sinnlichen Wahrnehmungen in unserem Geist umformen in geistige Inhalte, in Bilder und Gedanken. Gesunde Lebensführung ist also, wenn wir unsere Erfahrungen nicht nur in den ‹rohen› Gefühlen speichern, sondern sie mit persönlichen Bildern, Symbolen, Gedanken, Worten verknüpfen und anreichern. Der englische Forscher und Psychoanalytiker Peter Fonagy nennt diesen Vorgang ‹Mentalisierung›.

Fehlt Menschen diese Fähigkeit oder ist sie blockiert, führt dies zu psychosomatischen Erkrankungen oder gewalttätigem Ausagieren der nicht mentalisierten und deshalb nicht verarbeitbaren Erfahrungen.

Der Aufbau einer reichhaltigen seelischen Innenwelt an lebendigen Gedanken, Bildern, Vorstellungen, die verbunden werden kann mit den neuen Erfahrungen, die wir jeden Tag machen, ist deshalb eine wichtige Grundbedingung langfristiger Gesundheit.

Gesundheit beginnt im Gehirn

Unser Gehirn ist ein Wunderwerk, das aus 100 Milliarden Nervenzellen besteht. Eine einzelne Nervenzelle (Neuron) in unserem Hirn kann Signale von mehreren Tausend anderen Neuronen empfangen, und es kann über seine Endverzweigungen seinerseits Signale an mehrere Hundert Nervenzellen weiterleiten. Damit lässt sich ungefähr die ungeheure Komplexität der Vernetzung der Neuronen in unserem Gehirn erahnen. Die Anzahl der Synapsen, d. h. Schaltstellen zwischen zwei Nervenzellen in unserer Grosshirnrinde – d. h. der am meisten entwickelten äussersten Hirnschicht (2 mm dick) – wird auf eine Billiarde (10 hoch 15) geschätzt. In der Gehirnmasse von der Grösse eines Stecknadelkopfes finden sich schätzungsweise 1 Milliarde Synapsen. Die Verschaltungsmöglichkeiten unseres neuronalen Netzwerks sind kaum mehr vorstellbar, sie gehen in die Grössenordnung einer 1 mit einer Million Nullen. Der Mikrokosmos Gehirn steht dem Makrokosmos Universum an ins schier Unendliche reichenden Möglichkeiten in nichts nach. Wir erleben das Paradox, dass wir uns das Organ, mit dem wir uns Dinge vorstellen, in seiner Komplexität selbst kaum vorstellen können.

Die neuere Hirnforschung hat dargelegt, dass die nahezu unbegrenzten Speicherkapazitäten des Gehirns dafür sorgen, dass wir weit mehr Erlebtes in unserem Gedächtnis speichern und abrufen können, als die durchschnittliche Alltagserfahrung erwarten lässt. Wir erinnern uns jedoch immer in der Gegenwart, d. h. wir rufen nicht einfach ein Video ab, sondern erzeugen aus den gespeicherten Erlebnissen zusammen mit dem aktuellen Erleben eine aktuelle Erinnerungsversion.

Der wichtigste Befund für die gesunde Verarbeitung von Lebensstress ist, dass es im Hirn zwei Wege für die Verarbeitung emotional intensiver Erfahrungen gibt. Die erste ‹Schnellverbindung› verläuft von der Hirnregion des Thalamus zum Mandelkern, wo notfallmässige Gefühlsreaktionen mobilisiert werden können, bevor die sinnlichen Wahrnehmungsinformationen auf der zweiten Verbindung zur Grosshirnrinde ausgewertet werden. D.h. unser Gefühlshirn ist schneller als unser Wahrnehmungs- und Denkhirn. Dies zeigt sich darin, dass wir in einer bedrohlichen Situation weglaufen, ohne dass wir die Situation in der Wahrnehmung genau erfassen. Die Panik sagt uns: Nichts wie weg hier. Der zweite Verarbeitungsweg via Hirnrinde liefert seine Ergebnisse verzögert, ermöglicht uns, die Notfallreaktion zu modifizieren, das Erlebte seelisch zu verarbeiten.

Dieser Befund ist für die langfristige Verarbeitung belastender oder traumatisierender Lebenserfahrungen sehr wichtig. Wurde der zweite Verarbeitungsweg über die Hirnrinde nur mangelhaft beschritten und ist das schlimme Erleben nur im Gefühlshirn gespeichert, so fehlt die symbolische, kognitive Bewältigung, der betroffene Mensch hat keine mentalisierte Erinnerung ans Trauma, kann aber gefühlsmässig jederzeit von ihm überrollt werden. Deshalb ist es in der Psychoanalyse wichtig, belastende Erfahrungen nicht nur in Gefühlen zu erleben, sondern sie auch mit Bildern und Worten zu ‹fassen› und so in verarbeiteter Form besser erträglich zu speichern.

Menschliches Verhalten kann automatisiert (d.h. ohne bewusste Aufmerksamkeit) oder bewusst gesteuert ablaufen. Die beträchtliche Automatisierung seiner seelisch-geistigen Abläufe macht den Menschen zu einem sehr leistungsfähigen Wesen, schränkt ihn aber in seiner Flexibilität ein. Die Qualität des automatisierten, d. h. unbewussten Wissens bestimmt die Qualität des Verhaltens. Wurde wegen schlimmen Erfahrungen falsches Bewältigungswissen (z. B. ‹vermeide generell Konflikte›) gespeichert und automatisiert, so ist dieses unbewusste Wissen im Erwachsenenleben schädlich. Die psychoanalytische Behandlung spürt falsche Automatismen und das dahinter stehende falsche unbewusste Wissen auf, um es durch realitätsbezogenes Wissen zu ersetzen (Konflikte kann man austragen). Der Korpus gespeicherten ‹Lebenswissens› ist die Kernstruktur unserer Person. Dieser Kern ist das, was uns trägt (oder nicht). Eine gesunde tragende Kernstruktur ist die Basis eines langen, gesunden Lebens.

Von der Wichtigkeit der intakten Abwehr

Der beste Angriff nützt nichts, wenn die Abwehr nicht funktioniert. Das gilt im Fussball wie im menschlichen Organismus. Die Bedeutung des Immunsystems wird offenkundig, wenn es nicht funktioniert. Der heutzutage am meisten bekannte Immundefekt ist Aids. Diese Krankheit machte der Öffentlichkeit klar, dass wir ständig von Krankheitserregern wie Bakterien, Protozoen, Pilzen und Viren umgeben sind. All diese infektiösen Agenten fordern unseren Organismus heraus und machen uns krank, wenn wir sie nicht unschädlich machen können.

Wie verhindert ein gesunder Organismus, dass angreifende Krankheitserreger seine Gesundheit schädigen?

Die erste Verteidigungslinie ist die physische Schranke der Haut. Zusätzlich sorgt ein spezifisches abwehrendes Milieu von Mikroorganismen auf der Haut dafür, dass sich möglichst wenig Krankheitserreger auf der Haut niederlassen können. Die Schleimhäute von Lunge, Verdauungstrakt und Mundhöhle machen es Bakterien und Viren schwer, einzudringen. Im Speichel und im Schleim sind gegen Mikroben gerichtete Bestandteile enthalten. Der Speichel enthält zudem bestimmte Eiweisse, so genannte Antikörper, die Krankheitserreger binden.

Gelingt es Krankheitserregern, die erste Verteidigungslinie zu durchbrechen, so tritt die zweite Verteidigungslinie in Aktion: das Immunsystem.

Das Immunsystem besteht aus Billionen von Zellen, die in organischen Bestandteilen über den ganzen Körper verteilt sind und in Körperflüssigkeiten zirkulieren. Es gliedert sich in einen angeborenen unspezifischen Teil, d. h. Zellen, die sich unspezifisch auf jeden Eindringling stürzen, und einen spezifischen Teil, der aus Zellen besteht, die sich auf die Abwehr bestimmter Erreger spezialisiert haben. Die Hauptquelle der spezialisierten Abwehr sind die so genannten Lymphozyten, die sich in die mittlerweile populären B- und T-Zellen und in die NK(natural killer)-Zellen unterteilen.

Die Hauptaufgabe der B-Lymphozyten ist die Produktion und Absonderung von Antikörpern. Antikörper sind Eiweisse mit einer besonderen Struktur.

Das Immunsystem, das beständig durch Krankheitserreger mit einer bestimmten genetischen Struktur (Antigene) angegriffen wird, muss ständig spezifische Antikörper für die entsprechenden Anti-Gene entwickeln. Die genetische Struktur jedes Eindringlings muss von den B-Zellen via DNA kodiert werden. D. h. das Immunsystem speichert die Information über den Feind, um ihn binden oder töten zu können.

Das Immunsystem ist also ein zweites Gehirn bzw. zweites Nervensystem, das ebenfalls Information aufnimmt, prozessiert, speichert. Genau wie das Nervensystem kann auch das Immunsystem lernen, sich zu erinnern und sich anzupassen – nicht in einem bewusst erkennenden, sondern in einem physiologischen Sinn.

Immunsystem und Nervensystem haben eine Reihe weiterer Parallelen: Die Sinnesorgane, die ihre Daten aus der Umgebung dem Gehirn mitteilen, die Augen oder zum Beispiel die Ohren, haben ihre Entsprechung in einer Anzahl von Lymphorganen. In beiden Fällen arbeiten genau bestimmbare Stellen im Körper wie Messfühler und werden aktiv, indem sie bestimmte Reize aussenden. Die Mandelkernregion im Limbischen System meldet Gefühle, im Darmtrakt melden bestimmte Regionen, was man gegessen hat.

Auch bei den ausführenden Organen der beiden Systeme gibt es Ähnlichkeiten: Beim Nervensystem sind es die Muskeln, die Bewegungen vollbringen. Beim Immunsystem ist es die Reifung der B-Zellen, die für die Gesundheit von hoher Bedeutung ist. Während ihrer Reifung verändert die Zelle ihren Zustand und verwandelt sich in eine Fabrik, die statt der gewöhnlichen zwölf nun 2000 Antikörper produziert. Diese Antikörper werden in den Blutstrom geschickt; dieser Vorgang heisst Immunreaktion.

Nervensystem und Immunsystem haben auch auf einer tieferen Ebene Gemeinsamkeiten. So wie das Nervensystem einfache Mechanismen hat, um die Unversehrtheit des Organismus zu schützen (wie Fluchtreflexe, die in der tiefsten Schicht angelegt sind), aber auch über komplexe Fähigkeiten verfügt, die unser immer tätiges Innenleben ausmachen (Wünsche, Fantasien, Erinnerungen, Gefühle – durch die Hirnrinde gesteuert), so haben wir beim Immunsystem die gleiche Situation. So wie das Nervensystem in Katastrophen- oder Extremsituationen ‹limbisch› mit gefühlsgesteuerten Notfallreaktionen reagiert, so reagiert das Immunsystem auf Katastrophenfälle wie eine Infektion mit der akuten Immunreaktion: Ein unbekanntes Molekülprofil wird erkannt, B-Zellklone, die an das Bakterium andocken können, reifen und produzieren eine Unzahl von Antikörpern, die Antikörper umzingeln das Bakterium von allen Seiten, kleben sich an seiner Oberfläche fest, und der Eindringling wird mit der Lymphe weggespült.

Das Immunsystem hat neben seiner Fähigkeit zur Akutreaktion wie das Nervensystem eine Kernstruktur. Über diese grundlegende ‹stille› Tätigkeit des Immunsystems abseits von akuten Immunreaktionen wissen wir noch wenig. So wie das unbewusste automatisierte Funktionieren unserer Seele unsere Kernidentität ausmacht, unser lebendiges Selbst, unsere tragende innere Struktur, und so wie diese seelisch-geistige Struktur im neuronalen Netzwerk unseres Gehirns festgelegt ist, so regulieren unsere ständig herumwandernden B- und T- Zellen in ihren Kontakten mit anderen Molekülen unsere Körper-Identität.

Das Immunsystem ist also beides, Abwehrsystem und positiver innerer Systemkern.

Die Kommunikation zwischen den Neuronen auf der Ebene des Nervensystems und die Kommunikation zwischen den B- und T-Zellen im Rahmen des Immunsystems schaffen das materielle Substrat für das, was uns körperlich, seelisch und geistig als unverwechselbare Person ausmacht. Gesundheit kommt in dreierlei Hinsicht von innen: seelisch-geistig, neuronal und immunologisch. Sie kommt von der Dichte und Reichhaltigkeit der inneren Verbindungen und Verknüpfungen. Neuronale, immunologische und seelische Lebendigkeit beruhen auf positiven assoziativen Bindungen, Knoten lebendiger Kommunikation.

Gemeinsamkeit stärkt

Menschen sind soziale Wesen, die Beziehungen zu anderen Menschen brauchen. Deshalb ist ihre Gesundheit nicht nur durch ihren eigenen inneren Zustand und ihr eigenes Funktionieren bedingt, sondern auch durch die Qualität der Beziehungen zu anderen. Das Prinzip der lebendigen Verknüpfungen auf der Ebene der Neuronen, der Immunzellen sowie auf der Ebene der Gedanken und Gefühle kann auch auf Beziehungen übertragen werden.

Eine atomisierte ‹Nicht-Gesellschaft› («There is no such thing as society», sagte Margaret Thatcher), die Menschen als Individuen isoliert, ihnen Gemeinsamkeiten und gemeinsame Interessen und grundlegende kommunikative Wünsche abspricht, zerstört langfristig die Grundlagen der Gesundheit.

Die gesellschaftlichen Verhältnisse können die Lebenskräfte stärken, wenn Gemeinsamkeit zum Zug kommt, wenn Menschen von gleich zu gleich miteinander kommunizieren, sich füreinander interessieren und sich gegenseitig unterstützen. Die Balance zwischen Belastungen aus der Umwelt und Kraftquellen in der Umgebung ergibt in der Wahrnehmung eines Menschen je nach Überwiegen des einen oder anderen Teils eine entweder hinreichend realistische, optimistische und gesundheitsfördernde Weltsicht oder ein insgesamt negatives, krank machendes Erleben der Welt und des eigenen Platzes in ihr.

Die Sicht der Welt und der eigenen Möglichkeiten in ihr formt sich in der Adoleszenz, wenn wir aus dem Rahmen unserer Familie oder Primärgruppe in die Welt hinaustreten. Oberstufenschüler, Lehrlinge und Gymnasiasten erleben die Welt immer häufiger als ein Labyrinth, in dem ständig neue Anforderungen an sie gestellt werden und in dem sie unter ungeheurem Leistungsdruck ganz auf sich allein gestellt sind. Sie müssen es perfekt machen, und niemand hilft ihnen. Jeder ist gegen jeden, und wer scheitert, ist selber schuld. Es ist unglaublich, was für ein Leistungsdruck für Schülerinnen und Schüler ca. ab dem zehnten oder elften Schuljahr einsetzt, wenn es darum geht, zum ersten Mal die Weichen zu stellen. Private Lernstudios trainieren die verängstigten Schüler, um sie fürs Gymnasium oder zumindest für die Sekundarschule fit zu trimmen. Schüler klagen oft über Kopf- und Magenschmerzen, weil sie den Druck kaum aushalten. Oder sie provozieren und verweigern.

In dieser Zeit formt sich im Kopf der jungen Menschen zum ersten Mal eine Sicht auf die ‹grosse› Welt: Ist es eine unberechenbare, grausame Welt, in der man untergehen kann, ohne dass sich jemand einen Dreck darum schert? Oder ist es eine Welt, in der trotz Schwierigkeiten und Belastungen auch Sicherheit und Geborgenheit existieren?

Ist es eine berechenbare Welt, in der menschliche Spielregeln gelten und in der ich mit klarem Kopf und festem Willen meine Ziele erreichen kann? Oder ist es eine verrückte Welt voller Willkür und Ungerechtigkeit, in der ich machen kann, was ich will, meine Absichten werden sowieso durchkreuzt? Ist es eine Welt voller herausfordernder Schwierigkeiten, oder ist es eine Welt voller lähmender und entmutigender Hindernisse? Gerade die gegenwärtige Eskalation der Gewalt und Irrationalität erschüttert viele Menschen in ihrem Gefühl sicherer Gemeinsamkeit mit den anderen Menschen auf diesem Planeten.

Dass ein funktionierendes Gemeinwesen, eine lebendige Kommunikation in der Gruppe und gelebte Solidarität gesundheitsfördernd sind, zeigt der Ansatz der Salud Mental (spanisch für ‹Geistige Gesundheit›), der in den lateinamerikanischen Ländern entwickelt wurde. Gezielt werden moderne Kommunikationsmittel (Video, Internet usw.) eingesetzt, damit die Menschen sich ein Bild ihrer Situation machen und sich mit den anderen Menschen ihrer Gruppe (z. B. ihres Dorfes) über ihre Vorstellungen, Wünsche, Interessen austauschen. So entsteht ein Netz sozialer Kommunikation und Kultur. Die einzelnen individuellen Bilder werden zu einer sozialen Imagination eines Sachverhalts verdichtet. Die einzelnen Menschen sind nicht mehr allein mit ihrer Sicht der Dinge, sondern sie entwickeln zusätzlich zu ihrer individuellen Welt-Sicht eine gemeinsame Perspektive. Teilnahme am gemeinsamen öffentlichen Leben ist eine wichtige äussere gesundheitsfördernde Kraftquelle. Gemeinsamkeit stärkt die Lebenskräfte.

- **Gesundheit ist das dynamische Überwiegen der inneren Lebenskräfte und äusseren Kraftquellen gegenüber den potenziell krank machenden äusseren Belastungen und inneren lebensfeindlichen Kräften.**

5. Kapitel

Strömenlassen der inneren Lebenskräfte

Lebendig sein ist wichtig. Alles andere ist Zeitverschwendung.

A. L. Kennedy

Wie finden wir den Zugang zu den inneren positiven gesundheitsfördernden Kräften, und wie lassen wir sie strömen?

Innere Lebenskräfte sind Energien, die unsere Lebendigkeit ausdrücken und zum Lebendigen streben. Gesundheit ist Bewegung hin zum Lebendigen, zum Wohlbefinden. Lebenskräfte sind der Motor der langfristigen Gesundheit. Weil Lebenskräfte innere und äussere Gegenspieler im Kräftefeld des Lebens haben – die inneren destruktiven Kräfte und die äusseren Belastungen –, ist ein wichtiger Ansatzpunkt für den Schutz der eigenen langfristigen Gesundheit, sich dem Strom der inneren Lebenskräfte zu öffnen, um diese Kraftquelle vollständig auszuschöpfen und zu nutzen.

Unsere inneren Lebenskräfte gliedern sich in einen spontanen lebendigen Anteil – die Gefühle und Wünsche – und in einen er-

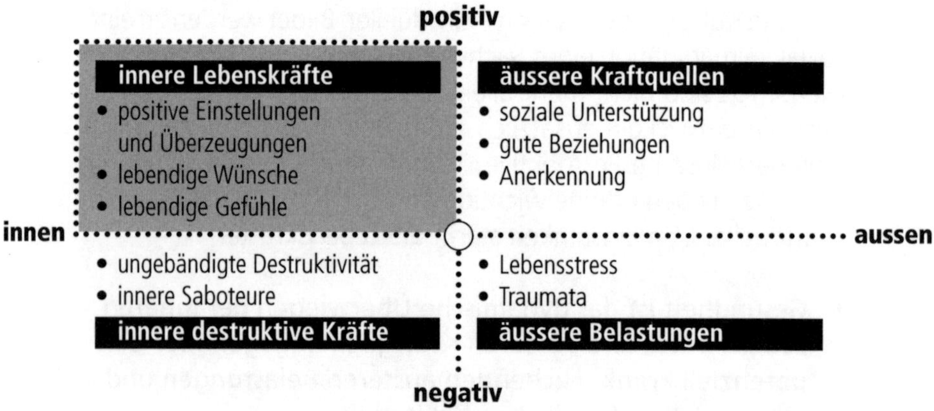

lernten Anteil, die Einstellungen und Überzeugungen. Da unsere ganze Innenwelt in einen bewussten und einen unbewussten Bereich zweigeteilt ist, wurzeln auch die inneren Lebenskräfte teils im Bewussten, teils im Unbewussten.

Die inneren Lebenskräfte

robuste Einstellungen
kräftigende Überzeugungen
Unbewusstes ··········→ Bewusstes
stärkende Gefühle
Lebenswünsche

Sechs Leitgedanken können helfen, unsere inneren Kraftquellen zu öffnen und die aus ihnen sprudelnden Energien für unsere nachhaltige Gesundheit zu nutzen. Sie geben in der Art einer Utopie ideale Haltungen und Einstellungen vor, die zu langfristiger Gesundheit führen und welche es zu üben gilt, ähnlich wie in den fernöstlichen Kampfkünsten bestimmte ideale Bewegungsabläufe geübt werden: Durch ständiges Betrachten der idealen Form und Sich-Annähern an diese Form gewinnt man schliesslich die Meisterschaft. Lebenspraktische Hinweise, mit welchen geistig-seelischen Übungen man sich an die gesundheitsfördernden Einstellungen und Haltungen annähern kann, sind im Kapitel 9 beschrieben.

1. Sich selber erforschen

Weil unsere seelischen Energien und Reichtümer eine verborgene Dimension haben und oft unentdeckt in uns schlummern, müssen wir uns für unsere Innenwelt interessieren und sie erforschen, um die Quellen der Lebenskräfte freizulegen. Achtsam sein, Betrachten, Sich-Öffnen, Zulassen, Strömenlassen ist die produktive Einstellung gegenüber den inneren Lebenskräften – eine interessierte, aufnehmende Haltung.

Zuhören und sich den Gefühlen öffnen sind die wichtigsten Aktivitäten des Psychoanalytikers. Zuhören nicht nur in einem akustischen Sinne – so wie ein Tonband ‹zuhört› und den gesprochenen Text speichert –, sondern Zuhören mit Wohlwollen, Interesse und Neugier für die verborgenen Seiten des Analysanden. Die gleiche Einstellung müssen wir uns selber gegenüber einnehmen: in uns hineinhorchen, uns für unsere Innenwelt interessieren, uns der inneren Bewegung überlassen. In-sich-Hineinhören heisst, auf seine Gefühle und Gedanken, seine inneren Bilder und Stimmen und auf seine Wünsche achten, sie wahr- und ernst nehmen.

2. Wissen, wie wir seelisch funktionieren

Unsere Seele funktioniert nach bestimmten Gesetzmässigkeiten. Wer sie kennt, kann die inneren Lebenskräfte freier und intensiver strömen lassen.

Unsere Haltungen und Handlungen haben unbewusste Ursachen

Unsere Handlungen, Haltungen und Einstellungen sind von einer unbewussten Dimension geprägt. Vieles ist überhaupt nur zu verstehen, wenn wir nach unbewussten Motiven forschen. Nicht nur in Versprechern und anderen so genannten freudschen Fehlleistungen, nicht nur in den Träumen, sondern auch in unseren Gefühlen, Gedanken, Einstellungen und Verhaltensweisen liegt immer auch ein verborgener unbewusster Sinn. Das Unbewusste ist ein inneres Universum von Gedanken und Bildern, die sich aus unseren inneren Triebquellen und aus unseren verinnerlichten und verdrängten Erfahrungen speisen.

Wiederholungszwang

Eines der Phänomene des menschlichen Lebens, welches am deutlichsten die Existenz unbewusster Ursachen von Handlungen und Verhaltensweisen belegt, ist der Wiederholungszwang. In meine Praxis kommen viele Menschen mit folgender typischen Klage: «In meinen Beziehungen läuft es immer wieder gleich mit verschiedenen Partnern, obwohl ich mir jedes Mal vornehme, nicht die gleichen Fehler zu machen. Aber es ist wie verhext, ich komme immer wieder in die gleiche Rolle.» So klagen Frauen oft, dass sie in ihren Männerbeziehungen immer – trotz gewaltigster feministischer Anstrengungen – in die Rolle des Opfers geraten, in die Position derjenigen, die zu geduldig ist, zu viel erträgt, sich ausbeuten und Gewalt antun lässt, sich nicht durchsetzen kann. Diese Frauen sind weder selbstunsicher noch durchsetzungsunfähig, aber verstricken sich aus einem unbewussten Wiederholungszwang heraus immer wieder in ähnliche unbefriedigende Beziehungsmuster. Eine unbewusste Einstellung und Haltung der Minderwertigkeit – die auf der bewussten Ebene nicht spürbar ist – führt dazu, dass diese Frauen trotz bewusster Gegenanstrengungen sich immer wieder schlecht behandeln lassen. Die von ihnen gewählten frauenentwertenden Männer repräsentieren in der Aussenwelt das unbewusste entwertete Selbstbild.

Mit einer solchen Lösung ist ein Entlastungseffekt erreicht: Das Schlechte ist draussen. Frau muss sich nicht eingestehen, dass sie selbst es ist, die sich unbewusst schlecht macht, es sind die ‹bösen› Männer. Viele Männer eignen sich hervorragend, diese Rolle tatsächlich zu übernehmen.

In einer Psychoanalyse ist es möglich, den unbewussten schlechten Selbstanteil zu erkennen und zu überwinden. Wer die eigene unbewusste Selbstablehnung erkannt und überwunden hat, braucht niemanden mehr, der diesen Part in der Aussenwelt übernimmt. Er/sie fordert vom Beziehungspartner anständiges Verhalten oder trennt sich von ihm. Es zeigt sich – manchmal zur eigenen Überraschung –, dass man/frau den Partner auch dazu provoziert, einen abzulehnen und schlecht zu behandeln, um den negativen Teil ‹draussen› zu halten.

Menschen sind Konflikt-Wesen

Ein wesentliches Element unseres Seelenlebens ist der Konflikt, vor allem der unbewusste Konflikt. Wir Menschen sind immer konfliktiv. Es sind immer – mindestens – zwei Seelen in unserer Brust. Wir wünschen und begehren etwas, aber wir wünschen und begehren auch etwas damit Unvereinbares. Wir wünschen und begehren etwas, aber wir haben gleichzeitig Angst davor; wir wünschen und begehren etwas, aber unser Gewissen verbietet es uns. Wir sind hin- und hergerissen, im Extremfall zer-rissen. Das ist unangenehm, es erzeugt gewaltige innere Spannungen, wir sind gezwungen, innere Gegensätze auszuhalten, miteinander zu versöhnen, einigermassen lebbare Lösungen zu finden. Der Sinn dieser Konflikte ist, dass wir an ihnen wachsen, uns entwickeln. Wenn wir uns diesen Konflikten nicht stellen, uns nicht damit auseinander setzen, bleiben wir seelisch schwächlich, wir stagnieren oder wir zerbrechen an den Anforderungen des Lebens. Die Konflikte sind unsere Chance, seelisch stark zu werden und gesund zu bleiben.

Nehmen wir als Beispiel den Konflikt um Sicherheit und Autonomie. Eine Grundtatsache des menschlichen Lebens ist unser Bedürfnis nach Beziehungen, in denen wir unsere Wünsche befriedigen können, die uns zudem Halt und Sicherheit geben. Ein ebenso starker Wunsch ist es aber auch, ein selbstständiger Mensch mit eigenen Ansichten, Gefühlen, Wünschen und Interessen zu sein. Da Beziehungen nur funktionieren, wenn beide Partner mit ihren Wünschen und Interessen auf die Rechnung kommen, muss unbewusst oder bewusst eine Art Beziehungskompromiss ausgehandelt werden, in denen beide Seiten Abstriche machen müssen. Die ideale Beziehung, in denen zwei Menschen reibungslos zueinanderpassen und sich in ihren Wünschen ergänzen, ist mehr eine Wunschfantasie, dass es einen Menschen gebe, der genau auf unsere Wünsche passt und diese befriedigt. Viele Menschen sind in Beziehungen schnell enttäuscht, wenn sie merken, dass nach dem ersten verliebten Höhenflug eine Entwicklung nötig ist, jeder in seiner eigenen Selbstverwirklichung Zugeständnisse an den anderen machen muss, damit ‹es geht›, sei dies im Lebensalltag, in der sexuellen Beziehung oder in der Zukunftsplanung. Diese Kompromisse und Zugeständnisse ‹an die

Beziehung› frustrieren aber den Wunsch nach Autonomie. Dieser Konflikt kann nicht ‹gelöst› werden, man/frau kann lernen, möglichst optimal damit umzugehen und einen gangbaren Weg zu finden.

Ein anderer Konflikt ist der zwischen sexuellen Triebwünschen und Gewissensforderungen. Wünsche haben es an sich, dass sie sich keinen Deut um den Verstand, um Konventionen, das Gewissen oder die Meinung von Autoritäten kümmern. Es gibt sie einfach, sie sind Bestandteil unserer spontanen Lebendigkeit, wir können nichts dafür. Es liegt an uns, etwas Gutes mit unseren Wünschen anzufangen. Sexuelle Wünsche können in einem direkten und spannungsgeladenen Konflikt mit Gewissensforderungen stehen. Auf der Ebene der Lebensführung kann sich das z. B. darin zeigen, dass Wünsche, eine sexuelle Beziehung einzugehen, mit dem Gewissensanspruch, seinem Lebenspartner treu zu sein, kollidieren. Wie wir mit solchen Konflikten umgehen, liegt in unserer eigenen Verantwortung.

Konflikte reichen oft noch viel tiefer, es geht darum, ob sexuelle oder aggressive Wünsche und Fantasien überhaupt zulässig sind. Wir können unseren Konflikten nicht entrinnen, so sehr sie uns quälen. Wir können sie nur verdrängen. Aber das ist keine Lösung auf Dauer. Sind Konflikte nicht hinreichend gut bewältigt, haben sie die perfide Eigenschaft, sich immer wieder zu zeigen. Sie inszenieren sich immer wieder in Beziehungen.

Wir töten, was wir am meisten lieben

Eine andere allgemeine Eigenschaft unseres Seelenlebens ist die Zwiespältigkeit (Ambivalenz). Wir sind nie eindeutig in unserem Innern, sondern immer zweideutig. Je stärker eine Seite ausgeprägt ist, desto stärker ist auch die Gegenseite. Je mehr wir lieben, desto mehr hassen wir auch. Dies ist an der Seelenoberfläche oft nicht erkennbar, weil wir gerne dazu neigen, eine – meist die mit unserem bewussten Ideal weniger zu vereinbarende – Seite unserer Ambivalenz zu negieren und zu verdrängen. Die Anerkennung der Tatsache der seelischen Ambivalenz ist eine ebenso tiefe Kränkung unseres grossartigen Bildes, das wir gerne von uns hätten, wie die Anerkennung des Unbewussten überhaupt. Gerne würden wir uns doch einreden, wir bestünden nur aus Liebe, aus Fürsorglichkeit, aus Güte, aus Tapferkeit, aus Pflichtbewusstsein, und was der edlen Eigenschaften mehr sind. Es gefällt uns gar nicht, dass wir seelische Abgründe haben und ebenso aus ‹Gutem› wie auch aus ‹Bösem› bestehen: aus Hass, aus Gleichgültigkeit, aus Feigheit, aus Verantwortungslosigkeit. Weil wir dieser Tatsache nicht so gerne in die Augen sehen, verdrängen wir das ‹Böse› lieber. Leider führt diese Lösung ausser zum Gewinn, dass wir uns ein bisschen besser vorkommen, als wir in Wirklichkeit sind, nur dazu, dass das ‹Böse› – weil negiert – sich unerkannt und unkontrolliert meldet: Alles Verdrängte kehrt wieder! Die Familienkräche an Weihnachten, wo sich doch alle vorgenommen haben, das Fest der Liebe zu feiern, sind Legende. Die idealen Ehen, die urplötzlich zerbrechen – aus dem «treu sorgenden Ehemann» wird «das grösste Schwein», aus der «treuen und zuverlässigen Gattin» eine «selbstsüchtige Schlampe» (Zitate aus Ehetherapien) –, zeigen, wohin es führt, wenn über längere Zeit zwiespältige Gefühle ignoriert werden.

Es ist langfristig auf jeden Fall gesünder, sich nichts vorzumachen und ein wirklich realistisches Bild von sich und den anderen zu haben. Wir sind nicht so schlecht – auch wenn wir das ‹Böse› in uns anerkennen –, dass wir uns vornehmen müssten, ‹nur gut› zu sein.

Unser grausames Gewissen

Wir alle tragen eine unbewusste Instanz in uns, unser tief ins Unbewusste reichendes Gewissen. Dieses Gewissen ist eine aggressive Struktur. Freud nannte sie Über-Ich. Das Über-Ich wendet sich gegen Wünsche, die es verbieten will. Seine Waffe ist das Schuldgefühl.

Der Psychoanalytiker Harold Lincke sprach von der ‹Krankheit Über-Ich› und nannte das Über-Ich eine lebensfeindliche, realitätsfeindliche verinnerlichte Struktur, die gegen das Lebendige, gegen die Lebenslust, gegen die Freude und gegen die Wünsche ankämpft.

Unser unbewusstes Gewissen ist der Niederschlag unserer frühesten Erfahrungen mit Erziehungspersonen, die unseren Wünschen Grenzen gesetzt haben. Es ist energetisch aufgeladen mit aggressiver Energie. Problematisch wird ein Über-Ich, wenn es einerseits überstreng und in seiner Aggressivität überbordend, sadistisch ist und andererseits aus unkritisch verinnerlichten Forderungen von äusseren Autoritäten besteht. Ein solches Gewissen steht in Frontstellung zu den Wünschen und hilft in keiner Weise, sich im Leben zu bewähren. Im Gegenteil, es macht das Leben noch schwerer, weil der Mensch nicht nur mit den Realitätsanforderungen kämpfen muss, sondern auch noch mit schwersten inneren Konflikten zwischen Wünschen und unrealistischen Gewissensforderungen.

Gewissenskranke Menschen, die unter ihrem inneren sadistischen Richter ächzen, lernen keinen guten Umgang mit der Lebensrealität. Sie sind gefangen im Zwiespalt zwischen Lustprinzip und unsinnigen Gewissensforderungen. Sie schwanken zwischen Parteinahme für das strenge Gewissen und dem Sich-Hingeben ans pure Lustprinzip. Beides ist nicht lebensklug.

Was wir brauchen als innere Kraftquelle, ist ein schützender und kräftigender Hüter des Lebens.

Ein realistisches autonomes Gewissen, ein innerer Hüter des Lebens und nicht ein innerer Feind, setzt Wünschen nicht aus absurder Lebensfeindlichkeit Grenzen, sondern weil ihre Durchsetzung nicht lebensklug, langfristig gar schädlich wäre.

Ein realistisches Gewissen verbietet die Befriedigung sexueller Wünsche, nicht weil diese ‹schlecht› sind, sondern weil die Erfüllung dieser Wünsche der langfristigen Gesundheit schaden könnte – zum Beispiel riskante sexuelle Praktiken mit SexualpartnerInnen, deren HIV-Status man nicht kennt.

Ob man einen solchen inneren Hüter des Lebens ‹autonomes Über-Ich› – der Widerspruch liegt im Wort selber – oder besser ‹Ich› nennt, ist eine bloss terminologische Frage. Wichtig ist, dass die Frage, ob wir unser Leben behüten oder es angreifen, tief in unserem Unbewussten wurzelt; ohne intensive Auseinandersetzung damit sind wir nicht davor geschützt, dass sich unbewusste lebensfeindliche Tendenzen durchsetzen.

Wer seine aggressive Triebenergie nicht seinem aggressiven inneren Lebensfeind – dem grausamen nichtautonomen Gewissen – zur Verfügung stellt, sondern dem Hüter des Lebens, dem Anwalt der eigenen lebendigen Interessen, hat einen grossen Vorteil: Er wendet sich nicht gegen die Triebwünsche als solche, sondern verwendet die Aggression, um die auch vor dem Realitätsprinzip standhaltenden Wünsche langfristig erfolgreich ins Recht zu setzen, was unmittelbar auch partieller Triebverzicht heissen kann.

Die freudsche Formel ‹Wo Es war, soll Ich werden› könnte ergänzt werden mit: ‹Wo Über-Ich war, soll Ich werden›. Wo das nichtautonome kindliche Gewissen war, soll das autonome erwachsene Gewissen, der innere Hüter des Lebens, das Interesse am eigenen langfristigen Gesundsein in den Mittelpunkt rücken.

3. Lebenswünsche fliessen lassen

Befriedigung von Lebenswünschen ist ein Kernbestandteil seelischer Gesundheit. Lebenswünsche sind Wünsche nach Liebe, Sexualität, Kommunikation, Geborgenheit, Zärtlichkeit, nach lebendigem Kontakt mit Menschen, Tieren, der Natur, mit sich selbst. Lebenswünsche entstehen spontan in uns und sind in unseren guten Beziehungen, dem Genuss und der Arbeit aufgehoben. Um seinen Wünschen Nachachtung zu verschaffen und sie zu befriedigen, ist es von Vorteil, wenn man mit ihnen in Verbindung ist und sie kennt. Offenheit und Interesse sich selbst gegenüber sind wichtig.

Wünsche bergen Risiken, können einen mitreissen und aus dem Gleichgewicht bringen. Sie bringen einen in Kontakt mit der Realität, weil man die Realität braucht, um die Wünsche zu befriedigen, seien es nun unbelebte Dinge oder andere Menschen. Aber diese Realität ist widerspenstig und sie will nicht automatisch so, wie wir es wünschen. Wir müssen uns mit ihr produktiv auseinander setzen.

Lust auf Lust haben heisst Lust spüren auf die spannende, manchmal schmerzliche, oft erregende und immer wieder erfüllende Auseinandersetzung mit der Spannung zwischen Wunsch und Realität. Wer diese Spannung nicht erträgt, hat auch keine Lust auf Lust. Er sucht lieber das wunschlose Unglück.

Wir sind Wunschwesen. Wünsche sind mehr als Bedürfnisse. Bedürfnisse sind unspezifisch und grundlegend, wie Hunger oder das Bedürfnis nach warmer Kleidung. Wünsche sind individuell, idiosynkratisch wie Fingerabdrücke. Nicht zwei Menschen haben gleiche Wünsche. Wünsche sind seelische Gebilde, die zu einem Verlangen nach einer bestimmten Befriedigung führen, die fantasiert werden kann. Individuelle Wunschvorstellungen können wir verfolgen und damit alle Hebel in Bewegung setzen, die zum Befriedigungserlebnis führen.

Die Triebe und ihre Abkömmlinge, die Wünsche, sind unser vitales Kraftzentrum. Je mehr wir uns von dieser Lebenskraft zur Verfügung halten, desto mehr können wir für unsere Interessen, und damit für unsere langfristige Gesundheit, nutzen.

Was ist ein Wunsch? Ein Wunsch ist ein Zustand, der nach Lust und Befriedigung strebt.

Passive Lust empfinden ist oft einfacher, das passive Lust-Erlebnis ist unser erstes Lust-Erlebnis. Wir haben einen Wunsch, wir senden Zeichen, und er wird uns von einem anderen Menschen befriedigt.

Dass wir durch eigene Aktivität, ja *in* der eigenen Aktivität, die ja Aufwand ist, Lust empfinden, ja Lust erzeugen und uns dadurch möglicherweise auch wieder passive Lust einhandeln können, ist eine weitere und seelisch höher entwickelte Fähigkeit. Die passiven und aktiven Lustfähigkeiten sind wesentliche Bausteine langfristiger Gesundheit.

Der innere seelische Ablauf vom Wunsch zur Befriedigung geht vom Wunschzustand, d. h. dem Zustand des Unerfülltseins mit eher unangenehmer Erregungsverteilung zum Erfülltsein, d. h. zum Befriedigungserlebnis mit seiner angenehmen Erregungsverteilung. Er beinhaltet einen spontanen und einen gestaltbaren Anteil.

Der spontane Anteil ist das Auftauchen des Wunsches, das Zulassen und das Offensein für Wunsch-Spannung, Erregungs-Spannung. Der gestaltbare Anteil ist die Fähigkeit, sich erfolgreich für die Wunschbefriedigung einzusetzen.

Aber der Ablauf der Wunschbefriedigung hat einige Klippen. Die erste Klippe ist die Enttäuschungsangst: Zunächst braucht man ein Zutrauen, dass Wünsche überhaupt in Erfüllung gehen können, sonst panzert man sich ab dagegen, ist wunschlos unglücklich (was nicht das Gleiche wie Askese ist). Wer Angst hat vor Enttäuschung, vor der Ur-Traumatisierung nicht erfüllter Wünsche, kämpft diese im Ansatz nieder, bleibt grundlegend frustriert, kann aber nicht mehr enttäuscht werden.

Wer diese Klippe umschifft hat und sich grundsätzlich dem eigenen Wunsch-Universum offen halten und das Risiko einer Versagung ertragen kann, stösst auf die zweite Klippe der Triebangst, die im Wesentlichen Angst vor der Macht und Heftigkeit der Erregung ist. Wünsche sind spontan, überwältigend. Sie überraschen uns wie die Gefühle. Ihre Macht ängstigt uns; unsere eigene Triebhaftigkeit, der animalische Kern erschüttert uns. Unsere Wünsche können nicht nur von einer unkontrollierbaren, bisweilen gar schmerzhaften Intensität sein, sondern liefern uns auch den Menschen aus, auf die wir sie richten.

Eine weitere Klippe ist die Angst vor inneren Konflikten. Alle Wunschbewegungen können in Konflikt mit Vernunftserwägungen, Realitätsanforderungen, Gewissensforderungen oder Ängsten geraten. Wir können durch Wünsche in existenzielle Dilemmata kommen. Goethe thematisiert in seinen ‹Wahlverwandtschaften› den Konflikt zwischen den Lebenswünschen und menschlicher Ordnung radikal. Gibt es eine geglückte Versöhnung zwischen den Lebenswünschen, als deren Paradigma die leidenschaftliche Liebe gilt, und der Humanität, der gerechten Ordnung? Solche existenzielle Konflikte können uns nur umtreiben, wenn wir uns der Tiefe unserer Wünsche überhaupt öffnen. Wenn wir auch die Klippe der Trieb- und Konfliktängste umschifft, d. h. die Wünsche trotz Ängsten nicht abgewehrt haben, stellt sich die Frage nach der Gestaltung der Trieb- und Wunschbefriedigung: Es obliegt uns, die Wünsche in die Hand zu nehmen und gegen den Widerstand der Realität, sofern sie erfüllbar sind, durchzukämpfen oder ihre Nichterfüllung bewusst und klug zu kompensieren oder auszuhalten.

Wir sind Wunschmaschinen, die ununterbrochen Wünsche produzieren. Wer den Anschluss an seine Wünsche verloren hat, wird depressiv. Die Schwierigkeit ist, dass Wünsche sich um die Realität nicht kümmern. In unserer Innenwelt tummeln sich Wünsche, die in der Realität erfüllt werden können (z. B. der nach einer schönen Liebesbeziehung), neben Wünschen, die unerfüllbare Wiederauflagen kindlicher Ansprüche sind (z. B. der Wunsch, einen anderen Menschen ganz für sich zu haben und mit niemandem teilen zu müssen). Die ganze Sache wird noch komplizierter dadurch, dass ein grosser Teil dieser Wünsche nicht bewusst ist. Um unterscheiden zu können, welche Wünsche erfüllbar sind und demzufolge in die Hand genommen und verfolgt werden können und welche unerfüllbar sind und somit abgetrauert werden müssen, muss man diese Wünsche kennen, d. h. sich ihrer bewusst sein. Erfolgreiche Lust- und Befriedigungssuche beginnt also damit, dass man sich dem Universum der eigenen Wünsche öffnet. Dies klingt einfach, ist es aber nicht. Viele Gründe sprechen dagegen: Hemmungen, Erziehungseinflüsse, Konflikte, Ängste. Langfristige seelische Gesundheit ist nur erreichbar, wenn man seine unverwechselbaren charakteristischen Wünsche kennt.

Was ist ein Wunsch psychologisch gesehen? Ein Wunsch ist eine persönliche charakteristische Fantasie eines guten befriedigenden

Handlungsablaufs. Sexuelle Wünsche beispielsweise erregen und motivieren uns, weil wir uns vorstellen, dass eine bestimmte lustvolle Kommunikation und Handlung abläuft und dieses Zusammenspiel uns Befriedigung bringt.

Das Wünschen und damit der ganze Wunscherfüllungsprozess beginnt im Kopf. Deshalb sagte Freud ja auch, das Variabelste am Trieb sei das Objekt. Er meinte damit einen anderen Menschen, bei dem wir eigene Wünsche an- und unterbringen. In der Auswahl der dafür geeigneten Menschen sind wir relativ flexibel. Wenn jemand zum Beispiel den Wunsch hat, von einem Menschen etwas eindringlich und hart angefasst zu werden, dann wird er diesen Wunsch eher bei einer aggressiven dominanten als bei einer fürsorglichen sanften Person deponieren.

Wir alle haben oft ein ziemliches Durcheinander und eine manchmal unpräzise Art, wenn es um unsere Wünsche und die der anderen Menschen geht. Wir neigen dazu, eigene uns unangenehme oder konfliktbeladene Wünsche anderen Menschen zu unterstellen (Projektion). Die seelische Arbeit, die eigenen Wünsche zu erkennen und sich dafür in die Verantwortung zu nehmen, wie man mit ihnen umgeht und bei wem man sie anbringt, scheint oft schwer zu leisten zu sein. Bei den meisten Menschen läuft dieser Prozess unbewusst ab. Sie registrieren nicht, dass sie die Produktionsstätte ihrer Wünsche und Begierden sind und auch die treibende Kraft in der Entscheidung, wo sie diese Wünsche unterbringen. Es kommt ihnen so vor, als würde das alles mit ihnen geschehen. Dies ist aber nur das subjektive Erleben. Die Wünsche sind wohl eine spontane Macht, sie sind heftig, sie können einen mitreissen, und dennoch sind wir selber der Ausgangspunkt und das verantwortliche Zentrum. Je reifer und lebensfähiger ein Mensch ist, desto klarer und deutlicher werden ihm seine Wünsche sein, desto bewusster wird er Menschen suchen, die sich eignen, seine Wünsche zu erfüllen. Desto pfleglicher und zielgerichteter wird er mit diesen Menschen umgehen, um sie sich als zuverlässige WunscherfüllungspartnerInnen zu erhalten.

4. Gute Gefühle zulassen und pflegen

Gefühle sind – wie Wünsche – ein spontan ablaufendes Geschehen in unserer Seele. Für unsere Gefühle können wir nichts. Gefühle sind zweierlei: Sie sind Energie, d. h. sie laden uns auf, drängen uns zu Handlungen und zur Kommunikation. Sie sind auch Information, geben Signale aus unserem Innenleben, über unseren eigenen Zustand, über das, was in uns vorgeht. Wir entschlüsseln diese und teilen sie auch anderen – absichtlich oder unabsichtlich – mit.

Beide Aspekte – der energetische und der informative – führen dazu, dass wir ein zwiespältiges Verhältnis zu unseren Gefühlen haben. Einerseits wollen wir im Kontakt stehen mit unseren Gefühlen, denn sie machen uns lebendig, sie energetisieren uns und liefern den Brennstoff für unser Handeln. Sie halten uns den Spiegel vor, wie es uns geht. Andererseits ist es aber genau das, wovor wir uns auch fürchten. Wir fürchten, von unseren Gefühlen überwältigt zu werden und die Kontrolle über unser Verhalten zu verlieren, wenn wir sie in ihrer vollen Macht zulassen.

Ebenso fürchten wir, mit der Wahrheit über unser Innenleben, unser Selbst, unsere Persönlichkeit konfrontiert zu werden, denn unsere Gefühle lügen nicht. Mit dem Denken machen wir uns oft etwas vor. Die aus unserem Kern kommenden Gefühle hingegen trügen selten.

Es liegt nahe, dass der produktive und gesunde Umgang mit Gefühlen – die emotionale Intelligenz – etwas ist, nach dem viele Menschen streben.

Von guten – die langfristige Gesundheit und Lebensqualität fördernden – Gefühlen ist die Rede und von den Möglichkeiten, sich ihnen zu öffnen: Liebe, Zärtlichkeit, Sexualität, Freude, Neugier. Die inneren Kraftquellen! Je mehr wir sie strömen lassen, desto besser geht es uns. Wir sind motivierter, lebensfreudiger und gehen optimistischer durchs Leben. Diese Gefühle immunisieren uns gegen den belastenden Lebensstress. Sie energetisieren positiv, stärken und ermutigen.

Wenn wir für unsere lebendigen Gefühle, die spontan entstehen, nichts können, worin besteht denn überhaupt unsere Einflussmöglichkeit?

Unser gestalterischer Einfluss besteht darin, innere und äussere Bedingungen zu schaffen, die der Entstehung und Erhaltung guter Gefühle förderlich sind. Die erste gesundheitsfördernde Grundhaltung besteht darin, Gefühle überhaupt zuzulassen und der bewussten Wahrnehmung zugänglich zu halten. Die zweite Grundhaltung ist, die positiven Gefühle zu pflegen.

Die Kunst des Zulassens üben

Gute Gefühle lassen sich nicht erzeugen. Echte Freude, Lust, Liebe, Neugier, Erregung lassen sich nicht produzieren. Da diese Gefühle spontan entstehen, können wir nur die Bedingungen schaffen und steuern, unter denen sie strömen, unser Leben bereichern und es mit gesundheitsfördernder Energie beleben. Wir können uns entscheiden und uns darum bemühen, unserem Innenleben gegenüber eine interessierte und offene Einstellung einzunehmen. Ich bin an meinen Gefühlen interessiert, ich bin bereit, auf sie zu hören!, ist die produktive Einstellung. Wir unterlassen es, unsere Gefühle abzuwehren.

Die Abwehr der wichtigen energetisierenden und informativen Gefühle wie Liebe, Lust, Freude, sexuelles Verlangen usw. zeigt sich auf verschiedene Weise: Wir blocken unsere Gefühle durch innerseelische Abwehrtechniken ab und unterdrücken ihre Wahrnehmung (ich fühle überhaupt nichts, statt dass ich mich freue). Wir verkehren sie ins Gegenteil (ich fühle Ärger statt Liebe). Wir verschieben sie an einen anderen Ort (ich liebe eine unerreichbare Person statt die Menschen in meiner Nähe).

Wir können Beziehungen auch dafür benutzen, Gefühle von uns fern zu halten, indem wir – meist unbewusst – andere Menschen dazu brauchen, als Träger unserer unerwünschten Gefühle zu funktionieren. Nehmen wir einmal an, ich habe Angst, starke Liebesgefühle zu empfinden, z. B. aus Angst vor Enttäuschung. Wenn ich mich nun in jemanden verliebe, komme ich in Schwierigkeiten. Eine Möglichkeit, mich von diesem Problem zu entlasten, ist, die heiklen Gefühle – in diesem Fall die Liebesgefühle und die damit verbundenen quälenden Gefühle der Verunsicherung – dem anderen ‹anzuhängen›. Ich verhalte mich selber – unbewusst – im Wechsel verführerisch und verunsichernd – und bringe im anderen die Liebesgefühle und die Angst vor Zurückweisung zum Klingen. Der Effekt: Er hat die Gefühle, nicht ich! Der Preis dieser zwischenmenschlichen wie auch der innerseelischen Abwehr von Gefühlen ist hoch: Zwar werde ich im Moment entlastet, dafür bin ich von meinen wichtigsten Energien und Informationen abgeschnitten. Ich bin ein Blindflieger mit halbvollem Tank.

Freude beispielsweise ist ein sehr elementares Gefühl. Sie keimt plötzlich auf, und wir wissen nicht woher. Wir freuen uns am Blau des Himmels, am Klang eines zwitschernden Vogels, an der Augenbraue eines geliebten Menschen, an einer schönen Erinnerung, am hellen Lachen der Kinder und vielem anderem. Freude ist meistens verknüpft mit einer sinnlichen Erfahrung: sehen, berühren, riechen, hören, schmecken, sich bewegen. Die freudige Erregung kann sehr verschieden sein: still und verhalten wie die untergründige starke Strömung in einem an der Oberfläche regungslosen See oder mitreissend wie ein Sturm. Die Freude gibt uns wichtige, aber auch verstörende Informationen. Mitten im Leben, schon in einigen Dingen festgelegt, spüren, dass wir uns an ganz anderen Sachen freuen als an denen, die wir gerade tun. Das wühlt uns auf. Das volle Zulassen der Freude würde uns zeigen, wie wir wirklich leben wollen. Wir müssten erkennen, wer wir wirklich sind. Die Unterdrückung gestattet uns, im gleichen Schema weiterzuleben. Gerade in wichtigen Lebensentscheidungen ist die Freude aber eine unerlässliche Richtschnur: Was macht mir wirklich Freude? Was hindert mich daran, diesem Gefühl zu folgen? Habe ich Angst vor einem Neuanfang, vor Konflikten? Plagt mich mein Gewissen, das mir nicht erlaubt, so egoistisch zu sein und das zu tun, was ich will?

Eine andere Kraftquelle, die wir zum Leben brauchen: das Gefühl der Liebe. Liebe ist das wohl rätselhafteste Gefühl überhaupt. Es ist schön, geliebt zu werden, und es ist wunderbar, jemanden zu lieben. Gerade weil es ein mitreissendes Gefühl ist, das uns in doppelter Hinsicht spüren lässt, wie abhängig wir sind – von unseren Gefühlen und von Menschen –, kränkt es uns in unserer Vorstellung von Allmacht und Grösse. Liebe zeigt uns unsere Verletzlichkeit, Menschlichkeit, Kleinheit.

Es erstaunt deshalb nicht, dass wir – obwohl wir die Liebe lieben und gar nicht gerne darauf verzichten – so viel unternehmen, um ihr Steine in den Weg zu legen oder um sie gar zu zerstören. Wenn wir die Liebe aber nicht zulassen, werden wir krank. Wir vereinsamen mitten unter Menschen und sind abgeschnitten von unserer stärksten Kraftquelle.

Gesundheitsfördernde, Kraft spendende, belebende Gefühle sind alle erregend. Sie folgen dem Ablauf: Erregung – Aufladung – Befriedigung – Entladung. Erregung ist die Empfindung, die allen guten Gefühlen in unterschiedlicher Intensität innewohnt. Sexuelle, freudige Erregung, fieberhafte oder neugierige Erregung energetisiert uns, gibt Kraft und drängt zu Aktivitäten, in denen wir Befriedigung finden. Wenn wir alle Sinneskanäle offen halten und auch nach innen empfangsbereit sind, werden wir unweigerlich von Erregungswellen getroffen. Da wir von der Geburt bis zum Tode pulsierende energiegeladene Lebewesen sind, müssen wir gar nichts tun, damit wir erregt werden. Alles, was wir tun können, ist Techniken des Zulassens üben: still sein, sich nicht ablenken, in sich hineinfühlen, betrachten, eine empfangsbereite Haltung einnehmen, eine antwortende Haltung einnehmen, eine neugierige, gelassene Haltung einnehmen, mitunter aktiv suchen – all dies öffnet die Kanäle für die spontanen Erregungen.

Die Abwehrnotwendigkeiten erkennen

Das Zulassen guter und erregender Gefühle ist nicht so einfach. Gefühle bedrohen unser inneres Gleichgewicht wegen der mächtigen Energie, die von ihnen ausgeht, und wegen der verunsichernden Information, die sie beinhalten. Wenn wir befürchten müssen, dass unser seelisches Gleichgewicht in Gefahr ist, spüren wir die Notwendigkeit einer Abwehr. Wir mobilisieren unsere Abwehrstrategien. Angst ist das Signal, dass eine Abwehrnotwendigkeit besteht.

Wir sollten unsere Ängste nicht verteufeln, sondern sie als wichtigen Schutz ernst nehmen. Sie geben uns die Information, dass das seelische Gleichgewicht bedroht ist, und geben uns Hinweise, wo wir forschen müssen, um uns besser zu verstehen. Wenn wir eine Angst spüren, ist das ein wichtiger Hinweis: Unsere Seele erkennt eine drohende innere oder äussere Gefahr. Die innere Gefahr kann ein verdrängter Konflikt oder eine schlimme traumatische Erfahrung sein, die durch das neue erregende Gefühl aufgewühlt wird und ins Erleben drängt. Wir haben dann Angst, mit einem belastenden Konflikt oder überwältigenden schmerzlichen Gefühlen konfrontiert zu werden. Die äussere Gefahr besteht in realen Bedrohungen unserer Existenz wie Gewalt oder Armut.

Gute erregende Gefühle sind oft mit unangenehmen, schwer erträglichen und verdrängten Bereichen unserer Innenwelt verknüpft. Diese drohen mitzuschwingen, und vor der Konfrontation mit dem Unangenehmen fürchten wir uns. Es ist wie bei einem Saiteninstrument: Das Anklingen einer schönen Saite lässt auch andere Töne mitschwingen. Sind diese Töne auf Grund unserer Geschichte beunruhigend, versuchen wir uns dagegen zu wehren, dass die guten Saiten in Schwingung versetzt werden.

Wir müssen die Abwehrnotwendigkeiten erkennen und uns ihnen stellen. Wehren wir blind ab, engen wir unsere Lebendigkeit ein. Wenn wir aber erkennen, gegen welche unangenehmen inneren Bereiche wir uns wehren, erweitern wir unsere Lebendigkeit und setzen Energie frei. Wir entscheiden freier, ob wir uns weiterhin wehren oder andere Lösungen, z. B. die Verarbeitung schlimmer Erfahrungen und das Finden neuer Wege, wählen.

Aufs Niederkämpfen verzichten

Das Niederkämpfen erregender guter Gefühle ist ein beliebter, meist unbewusster Abwehrmechanismus. Wir setzen ihn immer dann ein, wenn unsere Seele den Alarmzustand ausruft, weil sie sich mit einem unlösbaren Problem konfrontiert wähnt. Nehmen wir das Beispiel einer Verliebtheit: Wenn wir uns in einen anderen Menschen verlieben, ist das einerseits ein deutliches Zeichen, dass wir gute erregende Gefühle und lebendige Wünsche zum Zuge kommen lassen wollen. Wir können aber z. B. durch die äussere Situation und durch innere Konflikte in die Angst vor einem unlösbaren Problem geraten, sodass wir die Flucht ergreifen und uns der seelischen Aufgabe einer kreativen Lösungssuche nicht stellen wollen. Wir wehren ab. Liebesgefühle beispielsweise lassen sich dadurch abwehren, dass man sie mit dem Gegenteil bekämpft, mit Feindseligkeit. Man provoziert den anderen zu Aggressionen oder sucht selber nach Gründen für Feindseligkeit, und schon ist das gefährliche Liebesgefühl abgeschwächt. Man beginnt zu streiten und wird so nicht auf der gefährlichen Erregungswoge davongetragen.

Das Bedauerliche an dieser Lösung ist der Verlust an Lebendigkeit, Befriedigung und damit an langfristiger Gesundheit. Kreativer wäre es, den zunächst beschwerlicheren oder scheinbar bedrohlicheren Weg der Konfrontation mit den Wahrnehmungen zu gehen und sich den Ängsten und der scheinbar unlösbaren Situation zu stellen.

Den Brennstoff nutzen

Gute erregende Gefühle sind der Brennstoff für unser Handeln. Wenn wir ‹angetörnt› und im ‹flow› sind, geht uns alles leichter von der Hand. Wir nutzen die Gunst des Moments. Wenn wir auf einer Woge guter Gefühle schwimmen, und das ist bei weitem nicht immer der Fall, sollten wir den Antrieb nutzen und die entscheidenden Dinge tun, die wir schon lange tun wollten. Die Energie nicht in fruchtlose Aktivitäten verpuffen lassen, sondern für die Verfolgung tiefer persönlicher Anliegen und Wünsche einsetzen. Sich nicht auf tausend kleinen Bühnen verzetteln, sondern die Energie in die wirklich wichtigen Projekte bündeln. Die Energie nicht stauen und zögern, sondern fliessen lassen. Keine Buchhaltermentalität mit der eigenen Lebensenergie betreiben, sondern sie verschwenderisch einsetzen. Die lebendigen Gefühle und unsere pulsierende Lebensenergie verbrauchen sich nicht, wenn wir sie strömen lassen. Im Gegenteil: Sie laden sich bei grosszügigem Einsatz schneller wieder auf. Schlaff und unvital werden wir, wenn wir ängstlich unsere Kräfte schonen und unsere Lebensenergie wie ein Bankkonto behandeln. Wir sind aber keine Bankkonti, sondern Sonnen, die pulsieren, strahlen und die Lebensenergie vielfältig nutzen könnten.

Einen Garten guter Gefühle schaffen

Gute Gefühle zulassen und fliessen lassen ist das eine – sie pflegen und ihnen gute Entwicklungsbedingungen schaffen das andere.

Es ist wie mit einem Garten: Die Gefühle sind die Blumen, die in einem gepflegten Garten gedeihen und blühen, in einem vernachlässigten und verwahrlosten Garten eingehen.

Die guten Gefühle brauchen nicht nur, dass wir sie von innen her zulassen, sondern auch Nahrung von aussen: gute Wachstumsbedingungen, einen fruchtbaren Boden, Dünger, Wasser, Licht, sorgfältige Pflege.

Ich erlebe in Paartherapien immer wieder Paare, die feststellen, wie sie ihren Garten der Liebe über die Jahre haben verwahrlosen lassen. Sie schaffen ihren Gefühlen keine Räume mehr. Sie nehmen sich keine Zeit für Gespräche, für gemeinsame Spaziergänge, fürs Liebesspiel, für das gemeinsame Entdecken von Unbekanntem im anderen, für das Einrichten des Schlafzimmers, für die Planung eines gemeinsamen Urlaubs, für den sorgsamen Umgang mit den eigenen Gefühlen und den Gefühlen des anderen. Sie behandeln die Beziehung und damit die beiderseitigen Gefühle wie einen Gebrauchsgegenstand. Hält er, so ists gut; wenn er nicht hält, muss halt die nächste Beziehungskiste her. So wie die schönste Pflanze durch Vernachlässigung und rohe Behandlung ruiniert wird, so wird die schönste Liebe durch schlechten gegenseitigen Umgang kaputtgemacht, ausgezehrt, zerrüttet.

Der Alltag und die stressigen Lebensbedingungen in der heutigen Zeit helfen kräftig mit, unsere Gefühlsgrundlagen zu beschädigen. Dem müsste etwas entgegengesetzt werden, wenn es uns mit dem Leben und der Gesundheit ernst ist. Wir sollten nicht mitmachen bei den immer absurder werdenden lebensfeindlichen, auf blosse Geldanhäufung ausgerichteten Interessen. Das ständige Starren aufs Bankkonto, auf die Altersvorsorge und die Position in der Karriereleiter lässt keine Zeit und Energie mehr zu, die Grundlagen der guten Gefühle zu pflegen: Die Orchideen der Freude und die Rosen der Liebe brauchen ihren vor der aggressiven Konkurrenzkultur geschützten Raum.

5. Eine robuste Lebenseinstellung üben

Einstellungen sind Handlungsbereitschaften. Sie stellen uns auf die Welt und unser Leben in ihr ein, prägen unsere Art zu handeln. Wenn wir sagen: Ich gebe nie auf, ich versuche in jeder Herausforderung einen Sinn zu entdecken, ist dies eine Einstellung. Sie stellt mich auf eine optimistische und hartnäckige Art des Handelns ein.

Die Wissenschaftssoziologin Helga Nowotny sagt, dass Wissen in Zukunft nur noch Bestand hat, wenn es ‹sozial robust› sei, d. h. wenn es durch die Gesellschaft und die einzelnen Menschen angefasst, gebraucht, verwendet werden kann und daran nicht zerbricht oder sich zu schnell abnutzt.

Der Psychoanalytiker Karl Landauer hat im psychoanalytischen Volksbuch (1926!) eine Definition von Gesundheit vorgelegt, die wir uns für die Gestaltung einer robusten Lebenseinstellung zu Herzen nehmen sollten:

«Gesund ist, wer den gewöhnlichen Anforderungen des Lebens gewachsen und tätig ist, sich ihnen anzupassen.»

Gehen wir den einzelnen Bestandteilen dieser robusten Lebenseinstellung etwas auf den Grund:

1. Das Gewöhnliche meistern

Gewöhnliche Anforderungen des Lebens meistern können: Es sind nicht Extrembelastungen gemeint, sondern durchschnittliche Anforderungen, welchen ein gesunder Mensch standhalten muss. An extremen Belastungen können wir nämlich alle erkranken, auch die Robusteren, die viel aushalten. Durchschnittliche Anforderungen jedoch sind Anforderungen, die mit hoher Wahrscheinlichkeit jeden von uns in seinem Leben treffen. Zum einen sind dies Anforderungen von innen, d. h. Leidenschaften, Gefühle und Gedanken, zum anderen die Anforderungen von aussen durch die Umwelt, die Mitmenschen, die Gesellschaft, durch das, was andere von uns verlangen und uns antun. Die durchschnittlichen Anforderungen eines Menschenlebens sind: lieben, arbeiten, geniessen können. Ein gewisses Normalmass an Frustrationen ertragen, altersgemäss Verantwortung übernehmen, Beziehungen zu einzelnen und Gruppen befriedigend gestalten, seine Interessen vertreten, andere respektieren können, sodass die Beziehungen langfristig befriedigen und tragen.

Dazu gehört auch, all das Unvermeidliche, Existenzielle ertragen zu können: Schicksalsschläge, Scheitern, Schmerz, Trauer, Schuld. Kurz: alles, was in einem gewöhnlichen Leben geschehen kann.

Die amerikanischen Stressforscher Holmes und Rahe haben eine Liste von Lebensereignissen erstellt nach dem Grad der Stressbelastung. Der Tod eines nahen Angehörigen gilt als das am meisten belastende Lebensereignis; Scheidung, Arbeitslosigkeit und Umzug an einen anderen Wohnort sind ebenfalls weit vorne in der Rangliste.

Das Ausmass einer Lebensbelastung lässt sich natürlich nicht völlig objektivieren, sondern hängt stark von der subjektiven Bedeutung ab, die das entsprechende Ereignis für einen Menschen hat. Es macht einen Unterschied, ob man einen geliebten Lebenspartner verliert oder einen, der einem das Leben zur Hölle gemacht hat.

Die subjektiv empfundene Belastung ist immer eine Wechselwirkung zwischen den äusseren Einflüssen und der inneren Verarbeitung. Die Art der inneren Verarbeitung wiederum hängt mit der eigenen Lebensgeschichte eng zusammen. Die oft zu beobachtende Tendenz, gewisse normale unausweichliche Lebensbelastungen bereits als ‹traumatisch› zu bezeichnen (z. B. den Verlust eines Lebenspartners oder berufliche Frustrationen), ist ebenso realitätsfern wie die Tendenz, gesellschaftlich bedingte krank machende Einflüsse (z. B. die Brutalisierung der Umgangsformen) generell zu ‹normalisieren›, nur weil sie statistisch immer mehr Menschen treffen.

Die gewöhnlichen Anforderungen des Lebens meistern – diese Definition enthält ein Reizwort: gewöhnlich. Wir sind nicht gern gewöhnlich. Wir halten uns lieber für aussergewöhnlich. Jedenfalls lieben die meisten von uns Eigenschaften an sich selbst, die sie etwas aus der Masse hervorheben.

In der Fantasie stellen wir uns gerne vor, anders zu sein als wir sind. Wir haben Idealbilder von uns selbst, denen wir gerne nacheifern. Diese Idealbilder können innere Vorbilder sein, eine Art Leitschnur für unsere Entwicklung, und sie helfen mit, uns ständig weiterzuentwickeln und nicht stillzustehen.

Aber die Fantasie, aussergewöhnlich zu sein, ist lebensfern und hemmt die lebendige Auseinandersetzung mit der Lebensrealität. Sie steht der eigenen Entwicklung im Weg. Die Einstellung hingegen, dass es schon eine ganze Menge ist, das Gewöhnliche ordentlich, vielleicht sogar gut zu tun, ist eine realistische robuste Lebenseinstellung.

Natürlich hat jeder von uns in gewisser Weise und in unterschiedlichem Ausmass Eigenschaften und Fähigkeiten, die aussergewöhnlich sind. Und jede und jeder von uns hat die Möglichkeit und die Fähigkeit, Aussergewöhnliches zu leisten. Das ist aber nicht das Gleiche wie die Idee, aussergewöhnlich zu sein und deshalb Aussergewöhnliches *leisten zu müssen.*

Die Idee, aussergewöhnlich zu sein, führt, im Gegensatz zum Streben, etwas Aussergewöhnliches leisten zu wollen, in die Selbstüberforderung. Wer sich für aussergewöhnlich hält, lädt sich permanent zu grosse Belastungen auf, er verlangt zu viel von sich und scheitert paradoxerweise aus der Überforderung und Überlastung an den ganz gewöhnlichen Lebensaufgaben.

Wir leben in einer Zeit der wild ausgelebten Allmachts- und Grössenfantasien. In der Fantasie halten sich viele Menschen – oft unbewusst – für allmächtig und aussergewöhnlich. Sie leben ein Leben, das ihre gewöhnlichen Kräfte bei weitem überfordert, um Schritt zu halten mit einer überhöhten Idee ihrer selbst. Dies wird stimuliert durch den Druck der postmodernen Unsicherheitsgesellschaft, auf ganz vielen Bühnen des Lebens Schritt halten und sich ständig wechselnden Situationen perfekt anpassen zu können. Der postmoderne Mensch ist ein Rollenspieler mit tausend Rollen. Wie viele Rollen aber kann ein Mensch perfekt spielen, ohne auseinander zu fallen in eine multiple Persönlichkeit oder eine diffuse oder brüchige Borderline-Identität zu bekommen?

Nehmen wir zum Beispiel die heutige männliche Lebenssituation. Es ist unübersehbar, dass für den heutigen Mann die Probleme und Belastungen zugenommen haben. Und es ist ebenso unübersehbar, dass die Männer immer mehr an den gewöhnlichen Lebensaufgaben scheitern. 80 Prozent der Ehen werden auf Betreiben der Frauen geschieden. Viele junge Männer sind beispielsweise den Belastungen des in der Schweiz vergleichsweise harmlosen Militärdienstes nicht mehr gewachsen. Psychoanalytiker Rolf Hächler und ich haben es in einem Zeitungsbeitrag jüngst formuliert: Die gewöhnliche männliche Lebenssituation ist perfide geworden. Die Frauen fordern in den Beziehungen ihre Wünsche offensiver ein. Die Berufswelt ist gnadenloser denn je. Ein Alleskönner und Supermann soll er sein, der neue Mann: zu Hause ein zärtlicher und leidenschaftlicher Liebhaber, treu sorgender

Ehemann, pflichtbewusster Vater, im Beruf ein knallharter, erfolgreicher Karrieremacher, der die Konkurrenz leidenschaftslos vom Feld fegt. Wie soll das gehen? An jeder Front alles geben, Verausgabung total. Und wer es nicht schafft, fliegt vom Markt. Folgerichtig geht es mit der Gesundheit vieler Männer bergab. Der französische Autor Michel Houellebecq (‹Elementarteilchen›, ‹Die Ausweitung der Kampfzone›) zeigt diese Realität in seinen Romanen auf: Seine Figuren kämpfen mit enormem Einsatz um ihren sexuellen und ökonomischen Marktwert in einer Welt, in der es nur noch um Erfolg in drei Bereichen geht: Macht, Sex, Geld. Wer aus diesen drei Märkten fliegt, existiert nicht mehr. Um in allen diesen drei Märkten an der Spitze zu bestehen, sind Eigenschaften verlangt, die von gewöhnlichen Menschen nicht mehr zu entwickeln sind. Wer auf diesen omnipotenten Trip geht, verlangt mehr als das Gewöhnliche von sich. Das Scheitern ist früher oder später programmiert.

Was vermag der Mensch?

Der Wunsch, alles zu können, ist tief in unserem Seelenleben verwurzelt. Als kleine Kinder sehen wir die Grossen und denken: Die können alles. Auf Grund unserer Kleinheit sehen wir alles aus einer verzerrten Perspektive, wir überhöhen die Fähigkeiten der Grossen. Um uns zu trösten, entwickeln wir die Idee, auch einmal ein Alleskönner zu sein. Dieser Vorstellung jagen wir ein Leben lang hinterher. Und die Begabten und Fähigen unter den Menschen werden natürlich eher zu Opfern des Allmächtigkeitswahns. Doch auch ihnen bleibt nicht erspart, sich mit dem Verhältnis von Wunsch und Wirklichkeit im Bereich der Potenz auseinander zu setzen. Wer viele Fähigkeiten hat, kann vieles, er ist pluri-potent. Alles kann jedoch niemand. Was würde passieren, wenn wir uns mit unseren wirklichen Fähigkeiten zufrieden geben würden und nicht mehr dem Phantom der Omnipotenz nachjagen würden?

Das Leben würde reell werden. Man wäre mit den reellen Gelüsten, Potenzen, Möglichkeiten, Einschränkungen in Kontakt. Vieles mehr wäre möglich an intensiv Erlebtem, Reellem, Gewöhnlichem, Sinnlichem; anderes – Unerfüllbares, Illusionäres – gälte es zu betrauern.

Der wesentliche Verlust beim Verzicht auf den Zwang zum Aussergewöhnlichen wäre der Verlust der illusionären Befriedigung, ein überhöhtes Bild von sich zu hätscheln. Ein gewöhnliches gutes – aber kein aussergewöhnliches ideales – Bild von sich selbst als realer Person führt zu einer vorübergehenden Kränkung auf der Gefühlsebene (ich bin nicht so grossartig, wie ich dachte).

Der Gewinn ist das In-Gang-Kommen eines lebendigen Kontaktprozesses mit sich und der Realität. Kontakt mit der Realität ist an sich schon lebendig. Wer nur mit den Fantasien, die er von sich hat (ich bin grossartig, ich kann alles, mir steht alles zu usw.), in Kontakt steht, bleibt nicht im Kontakt mit seinen wirklichen – gewöhnlichen – Eigenschaften, Schwächen und Stärken, und er steht auch nicht im Kontakt mit den Problemen der realen Welt, mit den Eigenschaften, Wünschen, Aussagen der anderen. Nur in der Begegnung mit der Wirklichkeit entsteht der gesunde Prozess, sein eigenes Leben zu leben und zu gestalten. Im Kontakt mit der Realität fallen auch die überflüssigen Ängste weg. Wer sich in der Fantasie nicht überhöht, muss auch nicht ständig fürchten, zu fallen. Er erträgt die gewöhnliche Hilflosigkeit des Lebens (weil er von sich ja nicht verlangt, über allem zu stehen und alles zu kontrollieren); er verlangt von sich auch nicht, ständig erfolgreich zu sein (und leidet darum nicht unter der Angst, zu versagen und nicht zu genügen).

Regula kam als 33-jährige Frau zu mir in psychotherapeutische Behandlung. Sie litt an quälenden Zwangsvorstellungen, sie könnte ihrem Baby etwas antun. Bald erkannten wir, dass hinter diesen Zwangsgedanken perfektionistische Ansprüche an sich selbst standen. Regula verlangte von sich – und war auch überzeugt davon, dies eigentlich zu können –, eine perfekte Mutter, eine perfekte Geliebte, eine perfekte Hausfrau, eine perfekte Berufsfrau und – seit sie bei mir in Therapie war – auch eine perfekte Patientin zu sein und sein zu müssen.

Sie projizierte diese grandiosen Ansprüche an sich selbst auch in die anderen Menschen hinein und malträtierte sich mit dem Gedanken, dass auch die anderen dieses grossartige Programm von ihr erwarteten. Sie litt an quälenden Selbstzweifeln, weil dieser überhöhte Anspruch natürlich nicht einzulösen war. Ihre ganzen Ängste, zu versagen, waren eine Folge dieses aufgeblähten Selbstbilds. Insgeheim war sie ausser sich vor Wut, dass ihre Ansprüche von der Realität nicht befriedigt wurden, dass ihr Mann, ihr Baby, sie selbst, die ganze Welt nicht dem grossartigen paradiesischen Ideal von Mann, Baby, ihr selbst und der Welt entsprachen. Es dauerte eine ganze Weile, bis sie merkte, dass sie auch von mir enttäuscht war. Auch ich war nicht der grandiose Supertherapeut, den sie sich gewünscht hatte. Alles war kläglich und mickrig im Vergleich zu ihren grossartigen Idealen.

In der Therapie zeigte sich, dass ihre Idealvorstellungen, in die sie sich geflüchtet hatte und nach denen sie nun in einer Art Don-Quijote-Kampf die Welt umzuformen versuchte, ursprünglich tröstenden Charakter hatten. Sie hatte schon als Kind eine Idealmutter, eine Idealfamilie in der Fantasie entwickelt, um sich über die Kargheit der Zuwendung, über die Einsamkeit, in der sie als Kind aufgewachsen war, hinwegzutrösten. Sie merkte in der Therapie, dass ihr Grossartigkeitsanspruch ein nun hinfällig gewordener Selbstschutz war. Sie lernte, realistisch auf ihre begrenzten Errungenschaften stolz zu sein. Sie lernte, ihre Leidenschaftlichkeit und Sinnlichkeit, ihre Intelligenz, ihren diskreten Charme als Fähigkeiten zu schätzen und auch ihre Schwächen zu akzeptieren. Sie lernte, dass es genügte, gewöhnlich, ein Mensch unter vielen, aber mit bestimmten Eigenschaften zu sein und darauf ein gutes Selbstgefühl zu bauen.

Auch Robert war ein ‹Grossartigkeitskranker›, als er zu mir in die Analyse kam. Er war 35, litt an Depressionen und einer gefährlichen psychosomatischen Erkrankung. Er arbeitete ungefähr achtzig Stunden in der Woche, war unglücklich in seiner Ehe und meinte: «Mich kann niemand lieben. Ich kann mich selbst nicht lieben.»

Es dauerte eine Weile, bis wir realisierten, dass seine Anstrengungen, sein Workaholism, seine quälende Selbstaufopferung in der Ehe, seine Gefallsucht, sein Anpassungszwang mit einer Vorstellung von Grossartigkeit zu tun hatten, zu deren Verwirklichung er sich ständig zwingen musste. Erst als er in der Analyse merkte, dass er bei mir gar nichts Besonderes sein musste, dass auch ich nicht den Ehrgeiz hatte, ein Übermensch zu sein, und mir viel mehr etwas an ihm, an seinen spezifischen unverwechselbaren Eigenschaften lag, begann er sich in seiner Art zu akzeptieren, lockerte den Grossartigkeitszwang, dem er sich unterstellte. Von diesem Moment an war er auch bereit, nahe Beziehungen zu anderen Menschen einzugehen. Vorher hatte er sich als einer, der ‹top of the world› sein muss, weit über die anderen Menschen gestellt und sich damit natürlich einsam gemacht.

Sich den gewöhnlichen Lebensanforderungen zu stellen und nicht illusionären Zielen nachzujagen, kränkt zwar den Grossartigkeitsanspruch, ist dafür eine robuste Grundlage für den lebendigen Prozess des realitätsbezogenen, spannenden Lebens.

Nur wer es nicht nötig hat, aussergewöhnlich zu sein, lebt in und mit der Welt. Nur wer es nicht nötig hat, ständig Aussergewöhnliches von sich zu verlangen, wird mit den gewöhnlichen Lebensanforderungen fertig.

Das zwanghaft Aussergewöhnliche ist die Flucht vor der Bewältigung des Gewöhnlichen. Das ganz normale Leben zu bewältigen, verlangt Arbeit, harte und kontinuierliche Arbeit. Sich diesem Prozess zu stellen, fördert die Lebendigkeit. Den Luftschlössern und Phantomen des Aussergewöhnlichen nachzujagen hingegen entfernt uns vom wahren Leben.

2. Gewachsen sein

Nehmen wir uns den zweiten Bestandteil der robusten Lebenseinstellung aus dem psychoanalytischen Volksbuch vor: Den Anforderungen des Lebens gewachsen sein. Gewachsen sein heisst erstens: genügend gross für die Aufgabe. Den eigenen Gefühlen und Trieben gewachsen sein z. B. meint, genügend Fassungskraft, Ich-Stärke, einen genügend starken inneren Behälter zu besitzen, um das, was in einem vorgeht, auszuhalten, in sich zu halten, nicht daran zu zerbrechen.

Gewachsen sein meint zweitens, eine Geschichte des Wachstums zu haben: schon gewachsen sein und noch weiter wachsen. Zum Gewachsensein gehört die Fähigkeit, sich ein Leben lang seelisch weiterzuentwickeln.

Im Japanischen spricht man vom Kai-Zen, vom ständigen Streben nach Vervollkommnung.

In den japanischen Kampfkünsten, z. B. im Karate-Do (der Kunst der leeren Hände), werden rituelle Bewegungsabläufe, die Katas, immer wiederholt und geübt, um sie noch vollkommener zu beherrschen. Die entwicklungsfördernde Idee ist, dass man diese Bewegungen nie wirklich kann, man kann sie nur immer näher an der vollkommenen Form ausführen. Das lustvolle, intensive und hingebungsvolle (nicht westlich zwanghafte) Streben nach Vollkommenheit ist Kai-Zen.

Ständiges Anfänger-Sein ist für den Japaner nicht gleichbedeutend mit einer Demütigung, mit Erniedrigung. Dies ist eine typisch westliche Fehlauffassung, die aus unserer inneren seelischen Unreife stammt. Wenn wir nicht grossartig, nicht perfekt sind, fühlen wir uns klein und nichtig, wir wollen nicht in die Position des Lernenden geraten. Nur wer sich eingesteht, nichts zu wissen, nichts zu können, immer wieder am Anfang zu stehen, und diese im guten Sinne des Wortes demütige, ehrfurchtsvolle Haltung vor der Komplexität des Lebens bewahrt oder wieder erringt, lernt und reift. Er erwirbt die Fähigkeiten und die Weisheiten, um nachhaltig gesund zu werden und zu bleiben. Sich die Anfängerseele – beginners mind – zu bewahren, ist die wichtigste Voraussetzung für lebenslanges Lernen und die nie endende Entwicklung.

Erst wer sich mit der eigenen Begrenztheit abfindet, weil er sich nicht mehr mickrig und klein vorkommt, sondern einfach bloss begrenzt, ist in der Lage, zu sich selbst eine Distanz einzunehmen. Er nimmt seine eigenen Gedanken und Wünsche realistisch ernst, relativiert sie aber auch ironisch. Er erkennt und verzeiht sich seine eigenen Fehler und Schwächen und betrachtet sich mit einer gewissen gütigen Strenge. Er sieht sich zwar als Mittelpunkt seiner Welt, aber nicht als Mittelpunkt *der* Welt, sondern als ein wertvolles Teilchen unter vielen anderen, mit unverwechselbaren Stärken und Mängeln. Erst aus dieser Haltung heraus glaubt man daran, sich entwickeln zu können, und hat auch Lust und Freude daran, beständig zu lernen und zu wachsen und am Prozess des Lebens mit seinen vielen Risiken und Überraschungen teilzunehmen.

3. Tätig sein

Der dritte Bestandteil der robusten Lebenseinstellung ist ‹*tätig sein*›. Es genügt nicht, prinzipiell den Anforderungen gewachsen zu sein, aber nicht entsprechend zu handeln. Der Wille und die Tat sind gefragt. Ein gesunder Mensch verfügt über genügend Motivation oder Lust, sich den Herausforderungen des Lebens zu stellen und entsprechend zu handeln. Der gesunde Lebensprozess ist getragen von der Lust am Handeln, am tätigen Umsetzen von eigenen Ideen.

Viele Menschen sind gehemmt. Sie kreisen in ihren Fantasien oder sie verhalten sich zaghaft. Ihren Entscheidungen und Handlungen fehlt es an Entschlossenheit und Durchschlagskraft.

Fassungskraft als empfangende Seite der seelischen Stärke – etwas aushalten können – und Tatkraft als motorische, handelnde Seite der inneren Lebenskraft – etwas tun und bewirken – müssen eingeübt werden, damit wir in dieser Welt bestehen.

Etwas tun verlangt Entschlossenheit, Schuldfähigkeit, Mut. Wer sich entscheidet, einer Idee, einem Wunsch gemäss zu handeln, der ent-schliesst sich, das heisst, er löst sich aus einer Bindung, aus einem Ver-Schluss. Er macht sich frei, ist ganz auf sich gestellt. Für sich und seine Handlungen selber verantwortlich setzt er eine Aktion in die Welt. Er hält die Angst aus, dass er scheitern könnte. Er nimmt auf sich, dass er schuldig werden kann. Er hält aus, dass andere nicht einverstanden sind. Er anerkennt, dass er Fehler machen kann. Er setzt sich aus, öffnet sich.

Leider wird oft schon Kindern dieser Mut zum Risiko, der Mut zur Schuld, zur Angst, zur Handlung, zum Sprung, zum Sich-Lösen wegtrainiert. Sie sollen links und rechts schauen, ob sie es ja recht machen, nur ja niemanden vor den Kopf stossen. Alle wollen auf Nummer sicher gehen, und vor lauter Versicherungsmentalität wird nur noch palavert und allenfalls zu spät – wenn überhaupt – gehandelt. Teamarbeit beispielsweise verkommt so zum Vorwand, sich nicht zu exponieren und für das eigene Handeln Verantwortung zu übernehmen. Tatkraft, Mut zur Handlung, Mut zum Alleinsein, Zivilcourage können wir täglich üben.

4. Sich anpassen – im eigenen Interesse

Sich den gewöhnlichen Anforderungen des Lebens anpassen ist der vierte Bestandteil der robusten Lebenseinstellung. Anpassung kommt von passen, zu etwas passen. Die Anforderungen des Lebens sind die Realität, die uns trifft. Sich ihr anzupassen bedeutet eine Einstellung einnehmen, die zur Realität passt. Eine Lebenseinstellung, welche die Realität zunächst einmal so zur Kenntnis nimmt, wie sie ist, und sich dann zu ihr so einstellt, dass Wünsche und Realitäten irgendwie zusammenpassen. Sigmund Freud sprach von autoplastischer Anpassung und alloplastischer Anpassung. In Ersterer arbeitet man an sich selbst, damit man besser zur Realität passt, in Letzterer verändert man die Realität so, dass sie besser zu den eigenen Wünschen passt. Anpassung leitend muss das eigene Interesse sein. Sich anpassen ohne eigenes Interesse ist ungesunde Unterwerfung. Die optimale Balance zwischen Auto- und Alloplastizität, zwischen Selbstgestaltung und Umweltgestaltung, ist gute Lebensanpassung. Spüren, dass man sich nicht beliebig verformen kann, um einer Realitätsanforderung gerecht zu werden, bedeutet dann unweigerlich, sich dafür einzusetzen, die Realität so zu gestalten, dass sie zu den eigenen Interessen passt.

Machiavelli oder Alinsky?

Die Theoretiker der Macht haben sich Gedanken gemacht über die Möglichkeiten der Menschen, ihre eigenen Interessen im Widerstreit mit der Umgebung durchzusetzen. Zu einem gesunden Lebensprozess gehört das erfolgreiche Einbringen der eigenen Wünsche und Interessen in die Realität. Die Anerkennung der Realität und die erfolgreiche Nutzung der in ihr liegenden Chancen und Ressourcen verhelfen unseren Interessen, Bedürfnissen, Wünschen und Gelüsten zum Durchbruch. Welche Einstellung ist die richtige, um unsere Anliegen erfolgreich zu vertreten? Welche Verhaltensstrategien? Niccolò Machiavelli hat in der politisch unruhigen Zeit des beginnenden 16. Jahrhunderts in Italien seine Studien über die politische Interessenvertretung betrieben. Als Diplomat in den Diensten des Stadtstaates Florenz erlebte er Macht und Ohnmacht hautnah. In seinem Buch ‹Il Principe› (Der Fürst) untersuchte er, mit welcher Haltung und mit welchen Mitteln ein Regent seine Ziele erreichen kann. Zentral für Machiavelli ist die Einstellung zur Realität. Die Realität, das Schicksal, können wir nicht zwingen, aber wir können ihm gegenüber die richtige Einstellung einnehmen und es in unserem Sinne nutzen und beeinflussen. Dem Schicksal – Fortuna – kommt in seiner Analyse die Rolle einer Frau zu, die sich nur demjenigen mit ihrer Gunst zuwendet, der sie richtig behandelt. Ein Regent, der seine Ziele erreichen will – so Machiavelli –, muss vor allem selber ein klares Ziel haben, klare Gesetze schaffen und eine eigene Armee befehligen. Er darf nicht wankelmütig, widersprüchlich in seinen Aussagen und Handlungen, inkonsequent oder nachlässig im Erlass und in der Ausübung von Gesetzen sein. Er darf sich nicht in die Abhängigkeit von Söldnern begeben, sondern muss über eigene Soldaten verfügen.

Wer seine eigenen Interessen gut vertreten will, so die für den gesunden Lebensprozess umgesetzte aktualisierte Folgerung, muss seine eigenen Interessen zunächst einmal klar erkennen können. Er muss sich an Spielregeln halten und sie mit eigener Kraft – der eigenen Armee – durchzusetzen versuchen. Er darf nicht erwarten, dass es andere für ihn tun, sondern muss selbst der Anwalt der eigenen Wünsche und Interessen sein.

Machiavelli ist auf Grund seiner Neigung zur übertriebenen Formulierung zu einer Chiffre für rücksichtslose und skrupellose Interessenvertretung geworden. Wer sich genau mit ihm befasst, wird erkennen, dass dieses Klischee eine unzulässige moralisierende Vereinfachung ist. Interessenvertretung wirft immer die eigene Macht in die Waagschale. Die Frage der Ethik ist die Frage nach den Spielregeln des Interessenkampfes: Welche Mittel sind erlaubt, um die eigenen Interessen zu vertreten?

Im Kontrast zu Machiavelli, der über die ‹Macht von oben her›, über die Machtausübung von Personen, die schon Macht haben, geschrieben und die Gesetze der Machtausübung und Interessenvertretung aus dieser Warte beschrieben hat, analysiert Saul Alinsky, der amerikanische Organisator von vielen Bürgerbewegungen, in seiner ‹Anleitung zum Mächtigsein› die Interessenvertretung von ‹unten her›. Die soziologische Analyse des Macht- und Interessendurchsetzungskampfes ist der von Machiavelli ähnlich, nur die Wertsetzungen und die Parteilichkeit sind verschieden. Machiavelli sympathisiert mit den ‹Oberen›, Alinsky mit den ‹Unteren›. Machiavelli vertritt die Interessen der Herrschenden und unterstellt, dass jeder herrschen und Macht haben will. Alinsky hingegen propagiert Menschenliebe und Radikalität und nimmt Partei für die Schwachen, die die Listen der Macht beherrschen müssen, um Gerechtigkeit herzustellen.

Machiavelli und Alinsky unterscheiden sich in der Wahl der Ziele und der Mittel. Machiavelli setzt das nach Erfolg strebende Individuum absolut und sieht es in einem ständigen Konkurrenzkampf mit anderen Individuen. Alinsky hingegen vertritt neben der Durchsetzung berechtigter Selbstbehauptung und Macht die solidarischen Interessen des Gemeinwohls.

Der ethischen Frage des gesunden Eigeninteresses und der Grenzen des Egoismus kann kein Mensch ausweichen. Ich erinnere mich an ein Interview mit dem vom Tatbestand der Mafia-

Zugehörigkeit kürzlich freigesprochenen ehemaligen italienischen Ministerpräsidenten Giulio Andreotti, einem geradezu klassischen Machiavelli-Typ. Er sagte auf die Frage, ob er Lüge für ein akzeptables Mittel der Politik halte: Nein, aber manchmal sei sie nötig. Und auf die Frage, was Macht seiner Meinung nach sei, antwortete er: lebendige Kommunikation. In diesem Punkt gehe ich mit ihm einig: Lebendige Kommunikation ist das entscheidende Element der Lebensklugheit, wenn es darum geht, den eigenen Wünschen und Bedürfnissen Nachachtung zu verschaffen und sie durchzusetzen. Lebendige Kommunikation heisst, mit den Wünschen und Gefühlen anderer Menschen im Kontakt zu stehen, das heisst: sie voll zu berücksichtigen und auch mit den eigenen Gefühlen und Wünschen in Verbindung zu sein. Diese Offenheit und Durchlässigkeit ist der Kern der Macht, d.h. der Potenz, Dinge und andere Menschen zu beeinflussen.

Warum ist das nicht so einfach? Weil es ein grosses Mass an Fähigkeiten verlangt, abgegrenzt und diszipliniert und dennoch respektvoll und sensibel zu sein. Man muss die Fähigkeit haben, seine eigenen Gefühle und Interessen zu spüren, aber auch die Fähigkeit besitzen, davon abzusehen und ganz beim anderen zu sein, sich in dessen Lage hineinzuversetzen: aus der eigenen Haut in die des anderen und wieder in seine eigene Haut schlüpfen zu können. Wer das kann, ist ein erfolgreicher Kommunikator, Verhandler, Politiker und Anwalt seiner eigenen Sache.

Lügen ist nicht gut, weil es zu kompliziert ist und weil es die Vertrauensgrundlagen untergräbt. Lebenskluge Ausnahmen bestätigen die Regel. Jede und jeder trägt in seiner konkreten Lebenssituation die Verantwortung dafür, herauszufinden, zu wissen und zu tun, was richtig ist. Die Grenzen der Macht und der Manipulation sind dort zu ziehen, wo andere Menschen in ihrer Integrität und Würde verletzt werden.

Sich mit den gewöhnlichen Anforderungen auseinander setzen, an diesen Lebensanforderungen immer wieder wachsen, sich handelnd an ihnen bewähren und sich im eigenen Interesse optimal an die Anforderungen der Realität anpassen. Wer in dieser Einstellung lebt, nimmt das Leben aktiv als Herausforderung an. Er bleibt in ständigem Kontakt mit sich selber und der Welt und bezieht daraus Kraft.

6. Kräftigende und immunisierende Überzeugungen festigen

Überzeugungen sind Gedanken, die wir zu inneren Leitlinien erhoben haben. Wenn wir sagen: Ich bin überzeugt, die Menschen sind im Grunde ganz in Ordnung, es gibt viele gute und ein paar schlechte, dann *wollen* wir das glauben, weil wir so besser auf Menschen zugehen und mit ihnen in Kontakt kommen können. Überzeugungen reflektieren unsere vergangenen Erfahrungen, unsere Geschichte, sie können wiederum durch Erfahrungen und durch innere Auseinandersetzung verändert und umgestaltet werden.

Positive Überzeugungen kräftigen und immunisieren uns gegen Lebensstress. Sie erleichtern uns die Handhabung von Lebensbelastungen.

Wir können das Leben mit einem reissenden Strom vergleichen, in dessen Mitte wir uns befinden, immer im Kampf, uns über Wasser zu halten und nicht unterzugehen. Das Leben mutet uns aus unserem Inneren beständig Unruhe in Form von Wünschen, Gefühlen und Leidenschaften zu, und es verschont uns auch nicht mit von aussen, aus der uns umgebenden Umwelt, auf uns einströmenden Anforderungen, Risiken und Gefahren. Wir stehen nie am sicheren Ufer, das Leben setzt uns permanent zu. Am ehesten überlebt, wer im reissenden Lebensstrom gut tauchen und schwimmen kann und wer in schlimmen Zeiten über ein Rettungsboot verfügt.

Um im Strom der Lebensanforderungen nicht unterzugehen und in den Stromschnellen des Lebensstresses nicht zu zerbrechen, brauchen wir tragende und stärkende Lebensorientierungen. Sie sind unsere Widerstandskräfte. Grundlegende positive Lebensorientierungen sind: Begreifbarkeit, Handhabbarkeit, Sinnhaftigkeit, Zutrauen, Ambiguitätstoleranz und Optimismus.

Die Lebenswelt Ist begreifbar

Die positive Überzeugung, zu verstehen, was in der eigenen Lebenswelt vorgeht, ist eine wichtige innere Kraftquelle. Wenn man die sichere Überzeugung hat, dass die täglichen Dinge und Geschehnisse im grossen Ganzen durchschaut und begriffen werden können und gewissen Regelhaftigkeiten folgen, ist man gegenüber Belastungen viel besser geschützt, weil man diese in den grossen Gang der Dinge besser einordnen kann. Auch wenn etwas Schlimmes passiert, ist die Welt nicht in ihren Grundfesten erschüttert. Gewisse Dinge bleiben, andere Dinge sind vorhersehund berechenbar.

Fehlt jedoch diese Überzeugung, bekommt die Existenz etwas Bodenloses; das Leben ist ein undurchschaubares, gefährliches Chaos.

Robert wurde als zweijähriger Junge von seiner Mutter überrumpelnd zu Pflegeeltern weggegeben, und sein Vater verschwand plötzlich aus seinem Leben. Er hat dieses Trauma erst im Laufe seiner Psychoanalyse verarbeitet. Die ersten zwei Jahre von Roberts Analyse waren geprägt von der Halt gebenden und mütterlichen Funktion des Analytikers: Robert lernte, sich auf den Therapeuten als sichere, verlässliche, ihn nicht traumatisierende Beziehungsperson zu verlassen. Auf diese Weise konnte er das Trennungstrauma in der Übertragungsbeziehung zum Psychoanalytiker reaktivieren und die damit zusammenhängenden, nicht verarbeiteten Erfahrungen in sein bewusstes Erleben integrieren. Eine Schlüsselszene in dieser Hinsicht spielte sich vor der Praxis des Therapeuten ab, als Robert einmal wegen einer Verspätung des Analytikers zwei Minuten warten musste. Er wurde von Gefühlen und Fantasien überwältigt: Er stellte sich vor, in der Praxis randaliere ein Patient oder eine Patientin schlitze sich die Adern auf. Der Analytiker sei völlig hilflos. Wir verstanden dies als Projektion sei-

ner eigenen Hilflosigkeit und Wut. Robert war in dieser Situation fähig, zu empfinden und auszudrücken, wie schlimm es für ihn ist, wenn jemand, den er liebt, «einfach weg ist und er nichts tun kann». Er realisierte, dass diese Gefühle zu seinem Kindheitstrauma gehörten.

Von da an änderte sich die Wahrnehmung seiner selbst und der Welt: Er akzeptierte, dass der Analytiker getrennt von ihm ein eigenes Leben führte, und fühlte sich dadurch nicht mehr bedroht, weil er seine traumatische Vergangenheit von der hinreichend sicheren Gegenwart unterscheiden konnte. Er entwickelte allmählich die positive Überzeugung, in einer einigermassen verstehbaren und hinreichend geordnet funktionierenden Welt zu leben.

Die Erfahrung eines Traumas kann die Überzeugung, die Welt verstehen und die Geschehnisse in ihr einigermassen einordnen zu können, schwer erschüttern. Umgekehrt hilft eine bereits gefestigte positive Überzeugung der Verstehbarkeit, Belastungen und Traumata gesundheitlich unbeschadet zu überstehen. Eine intensive und gründliche Auseinandersetzung mit sich selbst und der Welt, in der wir leben, festigt die Überzeugung von der Verstehbarkeit der eigenen Lebenswelt.

Die Lebensanforderungen sind handhabbar

Die positive Überzeugung, das Leben mit seinen Belastungen irgendwie handhaben, d. h. mit diesen gut umgehen zu können, ist eine wichtige innere Lebenskraft. Handhaben können heisst nicht unbedingt kontrollieren müssen. Kontrolle ist nur eine mögliche Form der erfolgreichen Handhabung. Handhaben kann auch heissen, Unabänderliches und Unbeeinflussbares auf gute Weise zu ertragen und mit der Belastung gut fertig zu werden.

Gerade starre Vorstellungen, man müsse im Leben alles kontrollieren können, führen oft zur Überzeugung geringer Handhabbarkeit des Lebens. Menschen mit Kontrollzwängen sind in stürmischen und chaotischen Lebensphasen bzw. Situationen schnell überfordert, da sie immer alles unter Kontrolle haben müssen. Wer dagegen eine flexible positive Erwartung hat, irgendwie auf die eine oder andere Weise mit den Wechselfällen des Lebens umgehen zu können, gerät nicht so schnell in Unruhe und krank machenden Stress, wenn etwas nicht so läuft, wie er bzw. sie sich das vorstellt.

Fehlt die Überzeugung von der Handhabbarkeit des Lebens, so herrscht oft die Einstellung vor, die der amerikanische Depressionsforscher Martin Seligman als ‹gelernte Hilflosigkeit› bezeichnet hat, eine depressive Auffassung, Ereignisse im Leben in keiner Weise beeinflussen zu können und ihnen völlig ausgeliefert zu sein.

Die Überzeugung, das Leben handhaben zu können, können wir festigen, indem wir vor den Herausforderungen des Lebens nicht ausweichen, sondern die Risiken, Gefahren und Mühen annehmen und ständig üben, sie erfolgreich zu handhaben. Aus Fehlern lernen wir, am Scheitern wachsen wir.

Die Lebensanstrengungen machen Sinn

Die positive Überzeugung, die Welt und das eigene Leben nicht nur verstehen und handhaben zu können, sondern auch in den Lebensanforderungen einen positiven Sinn und eine Herausforderung zu entdecken, ist eine wichtige innere Kraftquelle. Sie stärkt und ermutigt und macht es leichter, unumgängliche Lebensanforderungen zu ertragen und zu meistern. Fehlt diese Überzeugung, quälen wir uns mit den Lebensaufgaben herum, und wir empfinden das Leben als eine ‹Lebenshaft› (Tolstoi), der wir nicht entrinnen können.

Es gibt zwei Arten von Sinn: kosmischen transzendentalen Sinn und irdischen persönlichen Sinn. Die Erfahrung kosmischen transzendentalen Sinns ist nicht allen Menschen geschenkt, sie hängt davon ab, wie verbunden wir uns einem grösseren, über unser eigenes Leben hinausgreifenden System fühlen können. Ich glaube nicht, dass man sich diese Erfahrung aussuchen kann. Es gibt Menschen, die sie machen, vielleicht weil sie sich ihr öffnen und danach suchen, vielleicht weil sie Glück haben. Ich weiss es nicht.

Das Gefühl irdischen persönlichen Sinns hingegen – und damit der Sinnhaftigkeit unseres Lebens und all seiner Mühen und Härten – können wir durchaus selber erwerben, wenn wir bereit sind, uns mit uns selber und mit der Welt auseinander zu setzen und eine Entwicklung durchzumachen.

Voraussetzung dafür ist die Bereitschaft, das Gefühl der Sinnlosigkeit zu erleben – ein fruchtbares, existenzielles Paradox. Aus dem Gefühl der Sinnlosigkeit – oft in einer Midlifecrisis – kann man den existenziellen Sprung machen: die Entdeckung, wofür und wodurch sich zu leben lohnt. Der Philosoph Jean-Paul Sartre beschreibt in seinem Werk Menschen, die diese Erfahrung machen. Seine Darstellung von Orest, dem Helden seines Stückes ‹Die Fliegen›, veranschaulicht diese Entwicklung hin zu einem irdischen persönlichen Sinn deutlich. Orest, der abseits von Argos erzogen wurde, reist nach Hause und tötet zusammen mit seiner Schwester Elektra die Mörder seines Vaters. Orest hadert mit seinem Leben und erkennt, dass er immer das getan hat, was die Götter wünschten, um friedlich im harmlosen Status quo leben zu können. Er gerät in eine Sinnkrise, reisst sich von seinem bisherigen angepassten Sinngefüge los und wagt den Sprung in die eigene Entwicklung, den gleichen Sprung, den Sartre in seinem eigenen Leben vollzog. Er trennt sich von den satten Idealen der Bequemlichkeit und Sicherheit und verfolgt wild entschlossen seinen neuen Lebenszweck: «Ich sage dir, es gibt einen anderen Weg ... meinen Weg.» Und er entscheidet sich mutig, in die Stadt hinunterzugehen, zu den Menschen, und seine makellose Unbeschwertheit abzulegen, und er übernimmt Verantwortung für sein Leben, auch wenn er dadurch im existenziellen Sinn ‹schuldig› werden kann.

Er ist froh darüber, seine Freiheit, seine Mission und seinen Weg gefunden zu haben, und er erkennt, dass es keinen absoluten Sinn des Lebens gibt, dass jeder Mensch allein auf sich gestellt ist und seinen eigenen Sinn schaffen muss. Und er spricht den berühmten Satz: «Das menschliche Leben beginnt auf der anderen Seite der Verzweiflung.»

Das Leben ist also nicht a priori sinnlos. Wir können ihm selber einen Sinn geben, wenn wir darauf verzichten können, von aussen den ‹absoluten› Sinn geschenkt zu bekommen. Die Wege, um sich auf die Suche nach dem persönlichen Sinn des Lebens einzulassen, schliessen vieles ein: die Suche nach einer ‹Heimat›, nach uneigennütziger, tiefer Verbindung mit anderen Menschen. Auch die Suche nach dem eigenen Projekt, Rebellion gegen Unterdrückung, Selbstverwirklichung und die Verpflichtung gegenüber allen Lebenserscheinungen sind Sinn stiftende Lebensinhalte.

Den Zugang zum Gefühl der Sinnhaftigkeit des Lebens können wir auf verschiedene Weise finden. Entscheidend ist die Hingabe an eine Sache oder an ein Engagement für andere Menschen. Sinn gebend ist daran die Möglichkeit, etwas zu erschaffen oder einen Beitrag zu etwas zu leisten, das grösser ist als man selbst. Ein viel beschrittener Weg ist die Gründung einer eigenen Familie mit Kindern, die einem ‹den Zugang zur Unsterblichkeit› (Sigmund Freud) vermitteln, andere Wege sind politische Aufgaben, die Hingabe an eine Lebensaufgabe oder ein Lebensthema. Wichtig für das Gefühl der Sinnhaftigkeit ist die ‹Selbsttranszendenz›, der Schritt aus der kleinlichen Nabelschau und dem existenziellen Selbstmitleid heraus. Man kann sich selber nicht mehr so furchtbar ernst nehmen, wenn man sich einer Sache hingibt, die grösser ist als man selbst.

Eine weitere Zugangsmöglichkeit zur Überzeugung der Sinnhaftigkeit des Lebens ist Kreativität. Etwas Neues erschaffen ist ein starkes Gegengewicht zum Gefühl der Sinnlosigkeit. Der kreative Weg ist keineswegs nur für die Künstler reserviert. Wissenschaft, Bürokratie, Kindererziehung, fast jegliche Aufgabe lässt sich kreativ angehen. Ein kreativer, einfallsreicher Umgang mit dem Lehren, Kochen, Studieren, Organisieren usw. bereichert das Leben. Wenn wir uns hingegen zu Automaten und routinierten Robotern degradieren, erleben wir unabhängig von unserer finanziellen Lage Sinnlosigkeitsgefühle.

Eine andere Möglichkeit der Sinnfindung ist die hedonistische Einstellung: Das Leben braucht gar keinen tieferen Sinn zu haben.

Hauptsache, es ist befriedigend; dann stellt sich die quälende Sinnfrage nicht so scharf. Es ist etwas Weises an dieser Haltung, und die Psychoanalyse hat mit ihrem Projekt des realistischen Hedonismus unserer Kultur gezeigt, dass ohne Befriedigung im Leben Neurosen und Erkrankungen unweigerlich folgen. Der kluge Hedonist ist nicht immer und in jedem Moment auf Lust aus, sondern denkt strategisch. Er nimmt auch Verhalten auf sich, das Missvergnügen bereitet, wenn er überzeugt ist, sich so langfristig Befriedigungsgrundlagen zu sichern.

Zutrauen erwerben

Zutrauen ist jene innere Haltung, die der Sozialpsychologe Albert Bandura mit ‹Eigenwirksamkeitserwartung› umschrieben hat. Es ist die Überzeugung, ein Verhalten, das man ausführen möchte, oder eine psychische Leistung, die man vollbringen möchte, auch wirklich vollbringen zu können. «I will do it, and I can do it!»

Ich habe in meiner Doktorarbeit siebzig schwere chronische Alkoholiker auf der von mir damals geleiteten Fachabteilung für Suchtkranke untersucht. Mich interessierte die Frage: Welche Eigenschaften prädestinieren entmutigte und mehrfach rückfällige Alkoholiker dazu, den Drink stehen zu lassen und nicht wieder rückfällig zu werden? Und zweitens: Können diese Eigenschaften in einer Psychotherapie erlernt bzw. gefördert werden?

Ich habe in meiner Untersuchung zu Beginn und am Ende der psychotherapeutischen Arbeit in der Suchtklinik die Patienten mit so genannten geführten Fantasien dazu angehalten, sich zwanzig typische mögliche Rückfallsituationen vorzustellen. Z. B. mussten sie sich das Wirtshausschild ihrer Lieblingskneipe vorstellen, die Geräusche aus dem Innern der Kneipe, ihr Verlangen, in die Kneipe zu gehen.

Wenn die Patienten sich die Situation vorstellen konnten, habe ich sie gebeten, zu sagen, wie gross ihr Zutrauen nun sei, in dieser Situation der Versuchung sich einen Drink zu genehmigen, widerstehen zu können. Ich habe ihnen die gleiche Frage am Ende der Behandlung gestellt, die Patienten ein halbes Jahr nach dem

Austritt aus der Klinik nachuntersucht und befragt, ob sie wieder rückfällig geworden seien.

Die Ergebnisse waren eindeutig: Jene Patienten, die ein hohes Zutrauen hatten, in den möglichen Rückfallsituationen der Versuchung zum Drink zu widerstehen, und auch andere Handlungsweisen zur Verfügung hatten, waren weniger rückfällig. Jene mit tiefem Zutrauen wurden schneller und öfter rückfällig.

Das innere Zutrauen, eine schwierige, belastende Situation mit konstruktiven Verhaltensweisen meistern zu können, ist eine wesentliche gesundheitsförderliche Eigenschaft.

Es zeigte sich, dass das Zutrauen im Rahmen einer Psychotherapie gesteigert werden konnte. Jene Patienten, die entmutigt und ohne Zutrauen in die Behandlung kamen und im Laufe der Therapie Zutrauen gewannen, wurden ebenfalls weniger rückfällig als jene, bei denen das Zutrauen gering blieb.

Die Entstehung von Zutrauen braucht beides: wohlwollende Spiegelung (du bist o.k.) und entwicklungsfördernde Kritik (dieses Verhalten ist nicht o.k., das kannst du verändern und verbessern).

Das Fehlen wohlwollender Spiegelung untergräbt die Selbstliebe, das Fehlen entwicklungsfördernder Kritik unterminiert die Motivation etwas zu leisten. Wer o.k. gefunden wird, ohne dass er etwas dafür tun muss, wird ein satter, selbstzufriedener, eitler Narr und wird sich nichts zutrauen.

Zutrauen kann ich entwickeln, indem ich die angestrebten Verhaltensweisen übe, d.h. im Geiste durchspiele und im Verhalten ausprobiere. Wichtig ist die radikale Anfänger-Einstellung: Ich will lernen, und ich tue es, bis ich es kann! Nicht das zögerliche ‹Ich versuche es mal›, sondern das entschlossene ‹Ich tu es!› ist gefragt. Fantasiertes und verhaltensmässiges, unablässiges Üben baut das Zutrauen auf. Erfolgreiches Üben führt zu einem erhöhten Zutrauen ins Lernen überhaupt. Wenn ich etwas erfolgreich lerne, wächst meine generelle Zuversicht, lernen zu können.

Widersprüche aushalten

Unsere schrecklichen inneren Widersprüche wie auch die fürchterlichen Ungereimtheiten des Lebens machen uns oft schwer zu schaffen. Manchmal möchten wir es am liebsten aus der Welt verbannen, all das Unklare, nicht Eindeutige, alle Unstimmigkeiten. Doch das Leben ist nicht geradlinig, eindeutig, klar. Ambiguitätstoleranz ist die kräftigende und Stress immunisierende Überzeugung, diesen Aspekt des menschlichen Lebens gut zu ertragen. Es gibt kein treffendes deutsches Wort dafür: Zweideutigkeit, Zwiespältigkeit, Widersprüchlichkeit, Doppelsinn ertragen.

Wer sich die Überzeugung erarbeitet, dass die Widersprüche und Zwiespältigkeiten des Lebens erträglich und zu bejahen sind, lebt gesünder. Er zerreisst sich nicht ständig in Konflikten, quält sich nicht dauernd mit der Unvereinbarkeit von Wünschen mit der Realität herum und stellt generell weniger hohe Ansprüche an sich, seine Mitmenschen und das Leben überhaupt. Wer ambiguitätstolerant ist, erträgt Unvorhergesehenes, das nicht ins eigene Lebenskonzept passt, besser (Scheitern, Lottogewinn, Kündigung, grosse Liebe u.a.m.).

Wer ambiguitätstolerant ist, erträgt das ‹Nichtwissen› und ‹Nichtverstehen› besser, laut dem Psychoanalytiker Bion eine grundlegende menschliche Fähigkeit, um mit der Verrücktheit des Lebens zu Rande zu kommen. Wer ambiguitätstolerant ist, muss nicht immer gleich handeln, wenn er in sich widersprüchliche und zwiespältige Gefühle entdeckt. Er kann Dinge auch in der Schwebe halten, bis sie sich klären. Wer ambiguitätstolerant ist, akzeptiert, dass es Situationen gibt, in denen es keine so genannten richtigen Lösungen gibt. Es gibt nur ein Bemühen um eine möglichst menschliche Lösung. Wer ambiguitätstolerant ist, kann auch die Tatsache besser ertragen, dass es weder ganz gute noch ganz böse Menschen gibt, sondern immer nur Menschen, die Gutes und Böses in typischen Mischungsverhältnissen in sich tragen. Wenn es beispielsweise um die Verarbeitung von Gewalttaten in einer Trauma-Psychotherapie geht, haben Opfer (aber auch Therapeuten) oft die fatale Tendenz, im Täter nur den Bösen und im

Opfer nur den Guten zu sehen. Dies ist – psychologisch verständlich – eine entlastende, unmittelbare Reaktion, die Eindeutigkeitsbedürfnissen und den Orientierungsbedürfnissen in einer überfordernden Situation Rechnung trägt. Aber sie vereinfacht die Welt unnötig, und vor allem macht sie paranoid, was ausgesprochen ungesund ist, weil es einen von zukünftigen Kraftquellen abschneidet.

Wer die Komplexität und Zwiespältigkeit des Lebens – und damit seine eigene Kompliziertheit und diejenige der Welt – erträgt, ist gegenüber den Erfordernissen des Lebens kräftiger und elastischer. Ambiguitätstoleranz ist eine Art seelische Elastizität. Statt innerlich starr zu sein und sich vom Leben brechen zu lassen, biegt man sich wie eine Gerte im Wind und richtet sich wieder auf, wenn der Sturm vorüber ist.

Manchmal haben wir den Wunsch, die Dinge schrecklich zu vereinfachen. Dies resultiert aus einem Gefühl der Verwirrung und Angst vor Überforderung, von dem wir uns nicht schrecken lassen sollten, die Dinge in ihrer verwirrenden und verrückten Vielfalt zu bejahen. Wer beginnt, geistig und gefühlsmässig zu vereinfachen, entlastet sich kurzfristig gefühlsmässig, nimmt sich damit aber mittel- und langfristig die Mittel aus der Hand, das Leben – das nicht einfach ist – erfolgreich zu bewältigen.

Ambiguitätstoleranz lässt sich üben. Eine grundlegende Übung ist der ‹Passivismus›, das ruhige Aushalten. Ich meine damit nicht ein fatalistisches, resigniertes Ertragen, sondern ein gelassenes An-sich-heran-kommen-Lassen des beständigen Irrsinns, dem wir tagtäglich ausgesetzt sind. Sich nicht daran aufreiben, sondern in einer die Verrücktheit des menschlichen Daseins durchschauenden Weise nicht daran zu Grunde gehen. Wachsam bleiben und seine Chancen im Auge behalten. Sich durch die Verrücktheiten des Lebens nicht verrückt machen lassen. In ihnen schwimmen, ohne unterzugehen.

Die andere Übung ist der Verzicht auf die Komplexitätsreduktion. Die Dinge in ihrer Komplexität zu ertragen, ohne sie durch

Vereinfachungen verzerren zu müssen, führt in die kreative Lebensbewältigung. Sich Zeit zu lassen, verrückte und widersprüchliche Verhältnisse zu studieren, ohne Eifer, sondern auch mit der Akzeptanz, nicht zu verstehen, führt langfristig zu einem durchdringenden Verständnis. Wer es aushält, nicht zu verstehen, wird auf lange Sicht mehr verstehen, heisst die paradoxe Aufgabe beim Lernen von Ambiguitätstoleranz.

Optimismus nähren

Der Psychoanalytiker und Traumaforscher Henry Krystal umschreibt eine grundlegende Fähigkeit, die uns innerlich stark genug macht, das Leben – insbesondere belastende Aspekte des Lebens – anzunehmen und zu ertragen, mit dem Begriff der ‹gesunden frühkindlichen Allmacht›.

Diese ist eine entscheidende gefühlsmässige Kraft und Energiereserve. Sie zeigt sich in der tiefen, unerschütterlichen Überzeugung von der eigenen Unverletzbarkeit und ist ein tief einprogrammiertes Sicherheitsgefühl, das seine Wurzeln in der sicheren Beziehung zu mindestens einem Elternteil hat. Wer als Kind genügend verlässlich geliebt und bewundert wurde, hat mit dem Optimismus in der Regel keine Probleme und kann in seelischen Belastungssituationen seinen Optimismus wahren und die Initiative behalten. Die gesunde Überzeugung von Allmacht, die nicht mit überhöhter irrealer Grandiosität zu verwechseln ist, liegt der optimistischen Erwartung zu Grunde, ‹bei anderen Menschen gut anzukommen› und die Dinge im eigenen Sinne beeinflussen zu können. Sie ist ein wichtiger seelischer Immunisierungsfaktor.

Martin Seligman hat diesen heilenden und immunisierenden Optimismus genauer untersucht und verschiedene Merkmale beschrieben. Er hebt als entscheidendes Merkmal eines realistischen gesundheitserhaltenden Optimismus hervor, wie ein Mensch positive und negative Ereignisse rückschauend interpretiert und bewertet. Optimistische Menschen lassen sich durch negative Ereignisse nicht unterkriegen, weil sie negative Ereignisse als Einzelfälle bewerten, positive Ereignisse hingegen verallgemeinern. Wenn ein optimistischer Mensch einen Erfolg verbucht, sieht er es als Beweis seiner Fähigkeiten; wenn er einen Misserfolg hat, interpretiert er es als aus der Situation und den Umständen (z. B. mangelnder Vorbereitung) resultierenden Einzelfall. Optimistische Menschen schreiben negativen Ereignissen auch eher spezifische Ursachen zu, während sie positiven Erfahrungen globale Ursachen zuordnen. So üben Optimisten in genauer und spezifischer Weise Selbstkritik (ich hätte mich nicht so verhalten dürfen in dieser Situation), während Pessimisten globale Selbstkritik anbringen (ich bin ein schlechter Mensch). Diese Art realistischer Optimismus hat nichts mit einer rosa Brille zu tun. Er ist realistisch und motivierend zugleich, weil er einerseits die Realität nicht beschönigt, andererseits positiv energetisiert, indem er eine positive Handlungsperspektive eröffnet.

Es gibt verschiedene Wege, den Optimismus zu nähren und gesunde Allmacht aufzubauen: Wieder ist systematische und sorgfältige Auseinandersetzung mit sich und der Welt die wichtigste Übung. Wenn ich zu pessimistischen Vorahnungen neige, sollte ich eine sorgfältige Analyse der Situation vornehmen und mich fragen: Was ist nun realistisch an meinen negativen Erwartungen, und was nicht? Wenn ich erkenne, dass ich systematisch negativ verzerrt Schlimmes erwarte, sollte ich mich fragen, welche Erfahrungen und negativen Schlussfolgerungen aus vergangenen Erfahrungen ich da in die Zukunft projiziere und verallgemeinere. Ich sollte diese negativen Verallgemeinerungen kritisch in Frage stellen und es wagen, mich unvoreingenommen auf gegenwärtige und zukünftige Situationen einzulassen.

Gerade Pessimismus hat eine fatale Eigenschaft, sich selbst zu bestätigen, weil er unbewusst im Verhalten eingebaut ist. Wer die pessimistische Erwartung hat, dass ihn andere Menschen nicht mögen, wird anderen Menschen eher verschlossen und skeptisch begegnen und damit möglicherweise Reserviertheit provozieren, die ihn in seinem Vorurteil, nicht gemocht zu werden, bestätigt.

Jegliche Veränderung muss deshalb innen anfangen, bei den eigenen inneren negativen Überzeugungen, durch intensive Auseinandersetzung mit den negativen Projektionen und deren mutige Überwindung.

- **Das Strömenlassen der inneren Lebenskräfte verändert das dynamische Gleichgewicht zu Gunsten eines langen, gesunden Lebens.**
- **Positive lebendige Gefühle und vitale Wünsche setzen gesund erhaltende innere Lebensenergie frei.**
- **Positive Lebensorientierungen sind Stress immunisierende Widerstandskräfte.**

6. Kapitel

Suchen und Öffnen äusserer Kraftquellen

Das gegenwärtige biomedizinische Paradigma lenkt die Aufmerksamkeit ganz auf das Verhalten von Erwachsenen, auf die Ernährung und vor allem auf die körperliche Fitness als vorrangige Determinante der Gesundheit; es lässt die grundlegende Rolle unserer Selbstachtung und unserer Fähigkeit, herzliche Beziehungen zu anderen einzugehen und uns für unser Leben verantwortlich zu fühlen, weitgehend ausser Acht. Diese Eigenschaften sind es, auf denen wahre Gesundheit beruht. *Leonard A. Sagan*

Die Welt ist nicht nur eine Quelle von Härten und Belastungen, sie ist auch ein Feld offen daliegender, viel öfter aber verborgener Schätze. Wie können wir uns die Lebenskräfte in unserer Umwelt erschliessen?

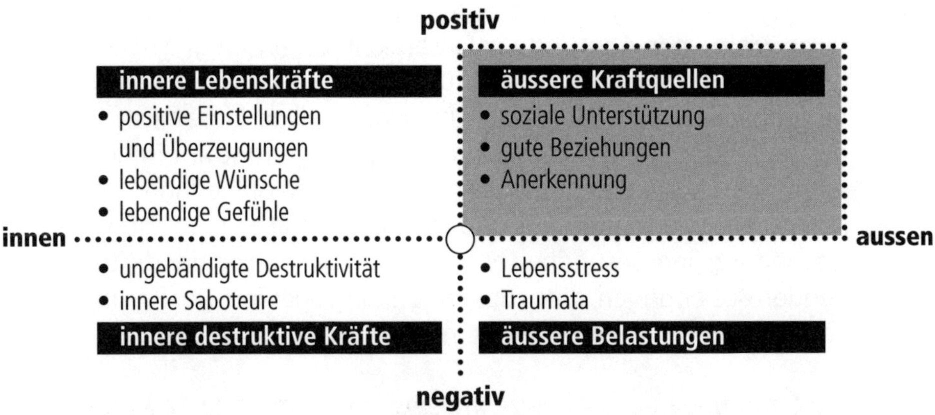

Wir wollen den Blick dafür schärfen, wo Schätze zu finden sind – damit wir uns nicht vergeblich lange Zeit am falschen Ort abmühen. Wir machen uns Mut für die Schatzsuche und sprechen das ‹Sesam-öffne-dich!› für die verschlossenen Pforten von Schatzhöhlen. Zur Erinnerung noch einmal das Kräftefeld des Lebens: Wir befinden uns jetzt im hervorgehobenen Feld rechts oben. Die Kraftquellen in unserer Umwelt wirken auf vielfältige Weise positiv: Sie befriedigen Grundbedürfnisse und Wünsche und sie entlasten uns von krank machendem Lebensstress. Wir können nicht alles alleine tun, wie Robinson auf der Insel, sondern sind im Leben aufeinander angewiesen, auch wenn wir uns dies nicht gerne eingestehen.

Die äusseren Kraftquellen lassen sich deshalb in drei Schatzhöhlen einteilen, in denen wir nach Schätzen suchen können:

- soziale Unterstützung
- gute Beziehungen
- Anerkennung

Ein Netz für den Alltag

Wir sind soziale Wesen und brauchen Kontakte und Beziehungen. Wir müssen das Gefühl haben, dazuzugehören und in Verbindung zu uns wichtigen Menschen zu sein. Fehlt uns dieses Gefühl, fallen wir in einen Abgrund von Einsamkeit. Vereinsamung ist eine grassierende Epidemie, die übertüncht wird durch vordergründige Fröhlichkeit und Kontaktsucht. Unfreiwillige Einsamkeit ist gesundheitsschädigend. Beziehungen, die tragen und auf Freundschaft und Loyalität gegründet sind, tragen zu Wohlbefinden und strukturellem Gehaltensein und damit zu unserer langfristigen Gesundung und Gesundheit entscheidend bei. Fehlen uns die tragenden Beziehungen, droht uns Erkrankung oder Tod. Der Psychoanalytiker Erich Fromm schreibt in ‹Die Kunst des Liebens›:

Die Erfahrung dieses Abgetrenntseins erregt Angst, ja sie ist tatsächlich die Quelle aller Angst. Abgetrenntsein heisst Abgeschnittensein ohne jede Möglichkeit, die eigenen Kräfte zu nutzen. Daher heisst Abgetrenntsein hilflos sein, unfähig sein, die Welt – Dinge wie Menschen – mit eigenen Kräften zu erfassen; es heisst, dass die Welt über mich herfallen kann, ohne dass ich in der Lage bin, darauf zu reagieren. Daher ist das Abgetrenntsein eine Quelle intensiver Angst (...). Das tiefste Bedürfnis des Menschen ist demnach, seine Abgetrenntheit zu überwinden und aus dem Gefängnis seiner Einsamkeit herauszukommen. Ein absolutes Scheitern bei diesem Versuch führt zum Wahnsinn.

Wir überstehen den Alltag nur unbeschadet, wenn wir nicht einsam sind. Im Grunde ist uns diese Lebenstatsache klar. Es ist klar, dass der Besuch von Verwandten und Bekannten im Krankenhaus die Genesung beschleunigt. Es ist klar, dass für Schulkinder die schlimmste Strafe ist, von den anderen getrennt und in die Ecke geschickt zu werden. Einzelhaft für Strafgefangene ist eine Tortur; Isolationshaft, welche jeglichen Kontakt zu den Mitgefangenen unterbindet, ist Folter, zerstört die Betroffenen.

Viele Menschen in der heutigen Welt sind einsam. Die soziologischen Fakten sprechen für sich: Jede dritte Ehe wird geschieden, Tendenz steigend. Immer weniger Kinder haben die Chance, mit beiden Elternteilen aufzuwachsen, immer öfter machen Kinder zwei oder mehr Scheidungen mit. Wir leben in einer Trennungskultur. Dadurch sind unsere Kraftquellen in der Umwelt bedroht. Familien- und Freundesbeziehungen werden ausgedünnt.

Kraftquelle Familie

Jeder Mensch hat eine Familie, mindestens seine Ursprungsfamilie. Die Stärke einer Familie zeigt sich in ihrer Kraft, wie sie in der Bewältigung von Lebensstress Unterstützung bietet. Nach dem amerikanischen Gesundheitssoziologen Leonard A. Sagan leistet die Familie Hilfe bei der Stressbewältigung durch sechs Mechanismen oder Funktionen:

1. Die Familie ist zunächst einmal Sammel- und Schaltstelle für Informationen über die Welt. Eltern geben ihren Kindern wichtige Informationen, wie sie sich im Leben zurechtfinden können,

sie geben ihnen Orientierungshilfen, Interpretationsmuster, Hilfe beim Verständnis der komplizierten Welt. Umgekehrt hält die jüngere Generation die ältere über neue gesellschaftliche Entwicklungen auf dem Laufenden. Damit fördert die Familie die kräftigende Überzeugung der ‹Begreifbarkeit des Lebens›.

2. Die zweite Funktion der Familie liegt in ihrer Rolle als Feedback- und Orientierungssystem. Man könnte die Familie auch als Resonanzkörper bezeichnen. Bei den Mahlzeiten tauschen die Familienmitglieder Informationen über die Ereignisse des Tages aus. Die Reaktionen der anderen Familienangehörigen erlauben es den Beteiligten, Meinungen im Rahmen einer freundlichen und verständnisvollen Selbsterfahrungsgruppe zu überprüfen. Damit erfüllt eine starke Familie gleich zwei wichtige Funktionen: Sie ist im psychoanalytischen Sinne ein ‹Container› – Behälter und Schutzraum – für unverarbeitete eigene Eindrücke und Gefühle. Der Psychoanalytiker Berthold Rothschild sprach in Anlehnung an Bernstein von der ‹dialektischen› Funktion der Familie: Die Familie ist nicht nur Transmissionsriemen gesellschaftlicher Anforderungen, sie ist auch Schutzraum gegen die gesellschaftlichen Anforderungen. Sie erlaubt ihren Mitgliedern, sich selbst sein zu können, ihre individuellen Gefühle und Gedanken zu akzeptieren und frei zu äussern.

Die zweite wichtige Funktion ist die korrigierende, triangulierende: Eine starke Familie ist kein unkritisches Echo, das einfach verstärkt, was ich hineinstecke. Sie erlaubt mir auch, mich zu überprüfen, ob ich mich möglicherweise mit meinen Gefühlen, meiner Neurose, meinen Ideologien verrenne. Sie ist ein kritischer Dritter, eine Realität, der ich mich stellen muss.

In einer Familie kann kein Mitglied einfach selbstbezogen seine Launen ausleben, sonst funktioniert sie auf lange Sicht nicht. Wohl verstanden gilt das hier Gesagte nur für starke Familien. Gestörte Familien können diese Funktion nicht hinreichend ausüben. Sie engen ihre Mitglieder ein, sie beschränken ihre Äusserungsmöglichkeiten, sie beschneiden die Entfaltung der einzelnen Mitglieder. Solche Familien wandeln sich für alle Beteiligten von der Kraftquelle zur psychischen Belastung, sie müssen sich wandeln oder auflösen.

3. Die dritte wichtige Funktion leistet die Familie als Quelle von Ideologien. In einer postmodernen Gesellschaft, in der ‹anything goes› – alles beliebig geht – und keine allgemein verbindlichen Werte mehr gelten, kann die Familie die Funktion eines Bezugspunktes, eines Lieferanten von Wertvorstellungen, an die man sich halten kann (aber nicht muss), übernehmen. Dies kann besonders wichtig sein in Situationen, in denen ein Familienmitglied mit Personen oder Gruppen in Konflikt steht und ideologische Rückenstärkung braucht. Auch dieser Punkt hat seine Kehrseite. Sind die Familienideologien zu starr, können sie die Mitglieder in ihrer Entwicklung hemmen.

4. Ein weiterer Unterstützungsmechanismus, den eine Familie für ihre Mitglieder bereitstellen kann, ist die ganz alltägliche Quelle praktischer Dienstleistungen und konkreter Hilfe. Grosseltern kommen gerne für ein paar Tage ins Haus, wenn die Eltern eine Auslandreise machen, und passen auf die Kinder auf. Umgekehrt bringen Besuche bei den Grosseltern diesen etwas Leben in die Bude. Die Grossmutter ist dank ihres Sohnes bestens über die neuen Entwicklungen auf dem Psycho-Bücher-Markt informiert; der Bruder des Schwagers legt einen neuen Parkettboden ins Haus, die Schwester bekommt die nicht mehr benutzten Kinderkleider der Kinder ihres Bruders usw. Familienmitglieder sind eine sichere, niederschwellige Quelle von Unterstützung. Familienmitglieder kann man immer um etwas bitten.

Psychoanalytisch betrachtet ist eine funktionierende starke Familie so etwas wie eine ‹gute Brust›, die potenziell zur Verfügung steht. Das Gefühl, mit einer gewissen Verlässlichkeit Zugang zur Befriedigung des Dazugehörens zu haben, ist laut dem Psychoanalytiker Leo Rangell der Kernbestandteil des Gefühls von Gelassenheit. Gelassenheit wiederum ist eine wesentliche Voraussetzung, um Stress zu ertragen und daran nicht zu erkranken.

Wenn wir das sichere Gefühl haben, uns in schwierigen Situationen immer an jemanden wenden zu können, kann uns der normale Lebensstress oder gar ein seelisches Trauma nicht umwerfen.

5. Die Familie ist auch Zufluchts- und Rückzugsort für Ruhe und Erholung. In schwierigen Zeiten ist eine tolerante, gewährende, permissive Umgebung mit wenig Anforderungen und hilfreichen Verwandten eine Stress immunisierende Kraftquelle. Normale Familien erlauben ihren Mitgliedern den Rückzug, erwarten von ihren Mitgliedern nicht permanente Beteiligung, sondern erlauben ein Gleichgewicht zwischen ‹Minimalbeteiligung› und Unterstützung der gemeinsamen Familienanliegen und individuellem Ausspannen im eigenen Bereich. Ideal ist natürlich, wenn jedes Familienmitglied – auch die Ehepartner! – sein eigenes Zimmer hat, seinen eigenen Binnenbereich, wo es sozusagen – geschützt von der Welt durch die Schutzzone der Familie – seinen eigenen individuellen Kokon haben kann.

6. Eine weitere Bedeutung der Familie als Schutzfaktor gegen krank machenden Lebensstress besteht in der Quelle und Bekräftigung von Identität: In Krisenzeiten, wenn Zweifel am Sinn der Existenz aufkommen und das Selbstvertrauen nachlässt, gibt die Familie neuen Mut und bestärkt den Einzelnen in seinen Entschlüssen. Die Familie kann Rückhalt geben bei der Suche nach der Antwort auf die Fragen, die wir alle uns immer wieder stellen: Wer bin ich? Was will ich? Wohin gehe ich? Ein starkes soziales System Familie, welches gleichermassen Unterstützung wie Freiheit zur Selbstentfaltung gewährt, hat erwiesenermassen einen gesundheitsfördernden Einfluss: Verheiratete Menschen haben niedrigere Sterberaten als Menschen gleichen Alters, die allein stehend oder verwitwet sind, und sogar nur halb so hohe wie Geschiedene.

Familien sind nicht die einzige Quelle sozialer Unterstützung.

Kraftspeicher Freundschaft

Es gibt verschiedene Arten von Freunden (nach der Einteilung der Psychologin Judith Viorst).

1. Gelegenheitsfreunde: Das sind die niederschwelligen und dennoch wichtigen Beziehungen. Das können Arbeitskollegen, Nachbarn oder Bekannte aus dem Sportverein sein. Wir sind immer freundlich zu ihnen, bitten sie gelegentlich um Hilfe, tauschen Informationen und Nettigkeiten aus, plaudern gerne mit ihnen, teilen aber keine tieferen Gefühle mit. Dennoch sind solche Beziehungen wichtig. Sie bilden den äussersten Kreis unseres sozialen Netzes, den äussersten Schutzwall gegen die Anonymität der Gesellschaft, wo der Konkurrenzkampf ‹jeder gegen jeden› beginnt. Sie sind auch ein soziales Reservoir: Gelegenheitsfreunde können in den Kreis der engen Freunde aufgenommen werden oder gar zu Liebespartnern werden, wenn die Beteiligten das wollen.

2. Interessensfreunde: Das sind Freunde, mit denen uns bestimmte Interessen oder Aktivitäten verbinden: Tennispartner, Partei-Freunde, Berufskollegen usw. Aber wir teilen mit ihnen ebenso wenig unsere Gefühle wie mit den Gelegenheitsfreunden. Auch dieser Freundeskreis ist sehr wichtig. Sie befriedigen unser Bedürfnis nach Zusammensein, nach gemeinsamen Aktivitäten. Sie geben uns ein Gefühl von Zugehörigkeit, gleichzeitig verlangen sie uns keine grosse Intimitätsleistung ab. Unsere Verletzlichkeit, unsere persönlichen Schwächen werden nicht einer Belastungsprobe unterzogen. Und doch sind wir nicht allein.

3. Freunde aus der Vergangenheit: Das sind Menschen, zu denen wir in einer Phase unseres Lebens eine enge und wichtige Beziehung hatten. Nachher ging man – aus was für Gründen auch immer – verschiedene Wege, ohne dass es zu einem Bruch der Beziehung gekommen ist. Man schreibt sich Karten, telefoniert gelegentlich und hält nostalgische Treffen ab.

C. und ich waren engste Freunde im Gymnasium. Wir gingen in verschiedene Klassen, aber wir hatten eine enge Beziehung, gingen zusammen in die Ferien, liebten eine Zeit lang die gleiche Frau, spielten zusammen in einer Rockband, bis sich dann die Lebenswege auseinander entwickelten. Heute gehen wir alle zwei Jahre an ein Fussballspiel, sehen uns kurz am 1. Mai, merken, wie unsere Kinder grösser werden. Durch unsere Treffen erinnern wir uns an eine Vergangenheit, die sonst möglicherweise verloren wäre.

Mitten in einer Lebenskrise traf ich ihn und sprach mit ihm über alles. Er sagte nicht viel, doch was er sagte, trug entscheidend zu meinem weiteren Weg bei. Ich fühlte klarer, dass ich einen Teil meiner Vergangenheit zu stark vernachlässigt hatte und wieder beleben musste, um nicht unglücklich zu werden.

4. Freunde aus anderen Generationen: Freundschaften aus verschiedenen Generationen können eng und intim sein, aber es sind oft sehr ungleiche Beziehungen. Der Ältere gibt Ratschläge, breitet seine Lebenserfahrung aus, der Jüngere bewundert und belebt. Diese Beziehungen erfüllen für beide eine quasi-familiäre Funktion des Austausches zwischen den Generationen.

Mein Freund R. ist sechzehn Jahre älter als ich und hat mich in entscheidenden Phasen meines Lebens tatkräftig unterstützt, durchs Zuhören und Erfahrungen-Mitteilen und durch das Erteilen von Ratschlägen. Er geniesst meine Zuneigung und Bewunderung und hat in mir einen freien und kritischen Gesprächspartner, bei dem er keine Geschäftsrücksichten zu nehmen braucht.

5. Enge Freunde: Wenn wir von Freunden sprechen, denken wir meist zuerst an diesen innersten Kreis von langjährigen Freunden, denen wir hundertprozentig vertrauen. Es sind in der Tat die wichtigsten. Es sind diejenigen Freunde, mit denen wir am häufigsten zusammenkommen und uns aussprechen, auf deren Rat und Vertrauen wir den grössten Wert legen. Diese intimen Freundschaften sind selten, besonders unter Männern.

Freunde tragen auf vielfältige Weise zu unserer Gesundheit bei. Freundschaft baut auf der ‹philia›, auf Sympathie, auf leidenschaftsloser Liebe, auf dem Einander-Mögen. In der Gegenwart des Freundes oder der Freundin fühlt man sich wohl. Grundsätzlich nimmt man einander an, wie man ist. Insofern können Freundschaften sogar die bessere Waffe gegen Einsamkeit sein als Familien, da sie auf einer Wahl beruhen. Sie sind auch weniger durch Idealisierung und kindliche Ansprüche kontaminiert. Die Familienmitglieder hingegen sucht man sich nicht aus – mit Ausnahme des Ehepartners. Freundschaften stehen unter geringerem Alltagsdruck, das Gefühl der Sympathie wird weniger durch Kleinkram strapaziert und gestört.

Glücksforscher Csikszentmihalyi betont den wertvollen entwicklungsfördernden Aspekt von Freundschaften:

Im Idealfall sind Freundschaften nie statisch: Sie liefern ständig neue Anregungen für Herz und Verstand, sodass die Freundschaft nicht verblasst und in Langeweile oder Apathie übergeht. Wir probieren neue Dinge, Tätigkeiten und Abenteuer aus, entwickeln neue Einstellungen, Ideen und Wertvorstellungen und lernen unsere Freunde tiefer und näher kennen.

Während viele Flow-Aktivitäten nur kurzfristig Vergnügen bereiten, weil ihre Herausforderungen bald erschöpft sind, bieten uns Freundschaften das ganze Leben hindurch potenziell unendliche Anregungen und vervollkommnen unsere emotionalen und geistigen Fähigkeiten.

Wir verbringen etwa einen Drittel unserer Wachzeit allein. In Berufen mit hohem sozialem Kontakt ist diese Rate geringer, in einsamen Berufen und bei Menschen mit wenig privaten sozialen Kontakten höher. Dies verlangt von uns zwei entgegengesetzte Fähigkeiten: die Fähigkeit, sich ein soziales Netz von Familienmitgliedern und Freunden aufzubauen und zu erhalten, und auch die Fähigkeit, über gewisse Strecken ohne dieses Netz – gewissermassen einsam – funktionieren zu können.

Die beiden Fähigkeiten bedingen sich gegenseitig: Wer gute und tragende Beziehungen hat, kann auch allein sein, weil er in Zeiten des Alleinseins nicht mit Gefühlen der Verlassenheit und des Abgetrenntseins konfrontiert wird, sondern sich einigermassen geborgen fühlt.

Eine weitere Quelle von Schutz gegen Vereinsamung sind die Zugehörigkeit zu Gruppen, Gemeinschaften (wie z. B. Kirchen) oder Mensch-Tier-Beziehungen. In Gemeinschaften besteht ein Eintrittspreis auf Kosten der Individualität, weswegen sie heute immer weniger geschätzt werden. Mensch-Tier-Beziehungen beschränken sich in unserem verstädterten Milieu oft auf Kontakte zu bestimmten Haustieren. Wer sich auf eine Mensch-Tier-Beziehung einlässt, kann daraus tiefe emotionale Befriedigung schöpfen. Hasen, Katzen, Hunde und Pferde sind sehr beziehungsfähig und gehen intensive Beziehungen zu Menschen ein.

Ich bin einsam – was tun?

Menschen, die unter gesundheitsgefährdender Vereinsamung und mangelnder Unterstützung im Alltag leiden, d.h. keine oder zu wenig tragende Familien- und Freundesbeziehungen haben und die ihr Unterstützungs- und Zugehörigkeitsbedürfnis auch nicht in Gruppen oder in der Beziehung zu Tieren befriedigen können, sollten sich im Interesse ihrer Gesundheit dafür einsetzen, ihre Einsamkeit aufzubrechen und ein soziales Netz aufzubauen, das sie in schwierigen Zeiten hält. Zunächst ist nach den Ursachen der Vereinsamung zu fragen. Liegen sie in der Wahl falscher Gewichtungen bei den Lebensprioritäten, in zu wenig entwickelten sozialen Fähigkeiten oder in seelischen Konflikten?

Falsche Lebensprioritäten

Viele Menschen setzen bewusst oder unbewusst falsche Lebensprioritäten, sie leben an den grundlegenden Lebenstatsachen vorbei. Wir brauchen gute Menschen, wir haben Grenzen, wir leben nicht ewig. Menschen, die nur Leistung, Arbeit, Prestige und Geld im Kopf haben, vergessen, dass auch bei ihnen Grundbedürfnisse nach vertrauensvollen Beziehungen existieren. Allerdings vernachlässigen sie diese Bedürfnisse, weil sie ihnen bei der Verfolgung der anderen Lebensprioritäten gewissermassen im Weg zu sein scheinen. Die unterdrückten Bedürfnisse rächen sich aber spätestens dann, wenn sie – z. B. in schwierigen Zeiten – akut werden und das entsprechende soziale Netz fehlt.

Es ist wie in Lafontaines Fabel ‹Die Grille und die Ameise›: Die Grille sang die ganze Zeit, legte aber keine Vorräte an. Als der Winter hereinbrach, hungerte sie, während die Ameise von ihren Vorräten zehrte.

Wer keinen Vorrat an Beziehungen anlegt, die ihn im Alltag tragen, und wer in diese Beziehungspflege nichts oder zu wenig investiert, hungert in Krisenzeiten nach den notwendigen Unterstützungskontakten.

Fehlende soziale Fähigkeiten

Gewisse Menschen sind extrem schüchtern. Ihnen fehlen elementare Fähigkeiten, zu anderen Menschen Kontakt aufzunehmen. Sie lassen Gelegenheiten zur Kontaktaufnahme ungenutzt oder vermeiden Situationen, in denen Chancen zur Beziehungsaufnahme bestehen (Feste, Versammlungen, belebte Lokalitäten usw.). Die sozialen Hemmungen können sich auch darin ausdrücken, dass kein Gespräch – und sei es ein noch so banal alltägliches – geführt werden kann. Smalltalk ist notwendig, um eine Beziehung anzubahnen, einen ersten Kontakt zu etablieren und eine entspannte Situation herzustellen. Wer diese Fähigkeit nicht besitzt, scheitert gewissermassen schon im Vorzimmer einer Beziehung, er kommt gar nicht dazu, den für eine persönlichere Beziehung nötigen Boden zu legen.

Soziale Fähigkeiten können geübt werden. Begrüssen, sich vorstellen, Gespräch über Alltägliches, zuhören und antworten können, dem anderen in die Augen schauen, sich interessieren können, persönliche Dinge einfliessen lassen sind die Bausteine des alltäglichen Kontakts.

Der Abbau sozialer Hemmungen ist oft eine harte Sache, weil nicht nur die nötigen Verhaltensweisen zu wenig entwickelt wurden, sondern auch innere Konflikte bezüglich des Kontakts mit Menschen bestehen.

Seelische Konflikte

Es gibt auch viele Menschen, die auf Grund seelischer Konflikte einsam sind, weil sie sich nicht auf die für tragende Beziehungen notwendige Verbindlichkeit und Nähe einlassen können.

Nähe verlangt einiges. Man muss aushalten, dass der andere Mensch nicht so ist, wie man ihn vielleicht haben will. Frustrationen und Kränkungen sind unvermeidlich. In einer Beziehung bekommt man nicht nur etwas, sondern muss auch etwas geben und sich für die Wünsche und Gefühle der anderen interessieren. Diese Fähigkeiten sind oft durch innere Konflikte so blockiert, dass der Aufbau von Beziehungen erschwert oder gar verhindert wird.

Wenn jemand z. B. in seinen frühen Eltern-Kind-Kontakten schwer enttäuscht und in seinen primären Liebeswünschen stark verletzt wurde, sind Beziehungen dadurch belastet. Für einen solchen Menschen ist eine Beziehung immer ein Dilemma: Soll er sich heraushalten, eine gewisse Reserve an den Tag legen, sich nicht öffnen und einsam bleiben, oder soll er sich preisgeben mit dem Risiko, wieder verletzt zu werden mit der ganzen Wucht der alten Verletzungen, die mitklingen? Menschen, die als Kind unter Entbehrung und Verletzung gelitten haben, entwickeln oft auch eine ansprüchliche Haltung, so als müsste ihnen jede erwachsene Beziehung Entschädigung für die frühen Enttäuschungen geben, als wären sie durch ihre Kindheit gewissermassen legitimiert, viel zu verlangen und Schwächen bei ihren Mitmenschen nicht zu tolerieren. Verletzte und in ihren Liebeswünschen enttäuschte Menschen reagieren in Beziehungen auf vermeintliche oder wirkliche Kränkungen und Frustrationen oft übertrieben aggressiv und provozieren unbewusst erneute Zurückweisung. Dies wiederum kann ihr Dilemma verschärfen. Sie ziehen sich von Kontakten zurück, vereinsamen, was ihre ungestillten Beziehungswünsche erneut strapaziert und den Konflikt noch mehr zuspitzt. Einen Ausweg aus solchen unbewussten Verstrickungen zu finden, ist oft schwierig und nur mit Hilfe psychotherapeutischer Unterstützung möglich.

Ein Netz für die Befriedigung

L'enfer, c'est les autres – die Hölle, das sind die anderen, schrieb der französische Philosoph Jean Paul Sartre, Protagonist des Existenzialismus, und stellte den Horror menschlicher Beziehungen im Theaterstück ‹Huis clos› (Hinter verschlossenen Türen) dar.

Nur in der Beziehung zu anderen kann ich mich realisieren, sagen im Gegensatz dazu die Existenzialphilosophen, welche die Begegnung zwischen Ich und Du, die Kommunikation als den Angelpunkt und die Erfüllung menschlichen Seins begreifen.

Zwischen diesen Standpunkten liegt die ganze Bandbreite menschlicher Beziehungserfahrung: auf der einen Seite der Single, dem der Wunsch nach Distanz und seine *Freiheit von Beziehungen* das Wichtigste ist – auf der anderen Seite der Beziehungsmensch, der in der lebendigen Kommunikation *in Beziehungen* und in der Begegnung mit dem anderen die Befriedigung und Erfüllung findet.

Betrachten wir die beiden Pole genauer. Die Menschen in Jean Paul Sartres Theaterstück sind in einem verschlossenen Raum zusammengezwungen. Sie erleben die Beziehung nicht als frei gewählt. Sie sind in das Zusammensein mit anderen Menschen hineingeworfen. Dies ist ein zentraler Aspekt unserer menschlichen Existenz. Wir können uns nicht aussuchen, mit anderen Menschen zusammenzusein. Wir sind von Geburt bis Tod mit anderen zusammen; unsere Freiheit, die Anwesenheit, die Zumutung anderer Menschen zu begrenzen ist gering. Vom ersten Atemzug an sind wir anderen Menschen und ihrer Einwirkung auf uns ausgesetzt. Nicht nur wir haben Wünsche an die anderen, zu deren Befriedigung wir sie brauchen, sondern diese auch an uns. Von Anbeginn unseres Lebens ist eine Beziehung ein Kampf um den Raum in einer Beziehung, in der ich mich selber mit meinen Wünschen,

Gedanken, Gefühlen in der Differenz zu den Wünschen, Gedanken und Gefühlen des anderen definieren kann.

Beziehungen, in denen ich diesen Raum nicht habe, sind ungesunde Beziehungen.

Valeria kämpfte in ihren Beziehungen ständig um die Abgrenzung. Sie hatte grosse Mühe, im Kontakt mit anderen – z. B. mit ihrem Ehemann – genau zu spüren und zu vertreten, was sie fühlte, dachte und wollte. Sie erlebte sich ständig bedroht durch die Anwesenheit anderer. Wenn ihr Mann einen Wunsch äusserte, erlebte sie sich unter Druck. Sie meinte sich anpassen zu müssen und hatte das Gefühl, nicht mehr frei zu sein, um herauszufinden, was sie eigentlich wollte. Sie erlebte den anderen stets als aufdringlich und gefährlich für ihre Selbstbestimmung. Für sie war jeder Kontakt ein potenzieller Übergriff, gegen den sie sich schützen musste. Sie konnte nur in der extremen Zurückgezogenheit überhaupt ein eigenes sicheres Gefühl ihrer selbst haben. Sie war als Kind extremen Traumatisierungen und seelischer Gewalt ausgesetzt gewesen.

Auch in der Therapie musste sie sicher sein, jederzeit den Kontakt abbrechen zu dürfen. Erst als sie übezeugt war, dass ich ihre Grenzen respektierte, konnte sie sich etwas öffnen und ihre Angst vor Nähe überwinden.

Raum für die eigene Entwicklung

Eine wichtige Kraftquelle ist der Raum, den eine gute Beziehung für die eigene Entwicklung zur Verfügung stellt. Eine echte Beziehung gibt mir Raum für Entfaltung: Sie ist der sichere Boden, das Netz, das mich hält.

Wenn die Beziehung mich einerseits sicher macht und ich in ihr einen Schutz vor den Widrigkeiten des Lebens, einen Verbündeten im Ringen mit dem Lebensstress habe, bin ich nicht mehr völlig allein ins Leben geworfen. Und wenn diese Beziehung mir gleichzeitig genügend Raum für die eigene Entwicklung gibt, ist sie eine unermessliche Kraftquelle. Wenn ich weiss, dass ich ich selber sein kann, ohne dass die Beziehung auf dem Spiel steht, kann ich viel wagen im Leben, mutig und offen sein für viele Risiken.

Wie viele Probleme in Paarbeziehungen belegen, ist es leichter, in einer Beziehung Raum für die eigene Entwicklung zu beanspruchen als dem anderen Raum für seine Entwicklung zu geben. Die gute Beziehung zeichnet sich dadurch aus, dass sie beiden Entwicklungsräume lässt und sich die Beziehungspartner nicht gegenseitig in ihrer Entwicklung behindern.

Dem anderen die Freiheit zu lassen, selber die eigene Freiheit zu leben und gleichzeitig in Beziehung zueinander zu stehen, das ist die Kunst einer lebendigen, entwicklungsfördernden Beziehung.

Der Raum fängt beim Umgang miteinander an.

Wird die Kommunikation zum Gerangel um die Durchsetzung der eigenen Wünsche, der eigenen Beziehungsdefinition? Oder haben beide Platz in der Beziehung?

Kann ich den anderen ‹sein› lassen, d.h. ihn in seinem So-Sein akzeptieren und respektieren? Oder bin ich ständig daran, ihn einem Bild, das ich mir von ihm mache, anzugleichen?

Kann ich meine subjektive Gewalt, mir ein Konzept vom anderen zu machen und ihm dieses Bild von mir überzustülpen, erkennen und so weit im Zaume halten, dass eine faire Kommunikation möglich wird? Oder zwinge ich dem andern ständig eine Entscheidung, Handlungen, Gedanken auf, die mit meiner inneren Verfassung zu tun haben?

Die Psychoanalyse befasst sich mit Übertragungen, Projektionen eigener Bilder und Zustände auf andere Menschen. Gesund sind Übertragungen, wenn sie flexibel und reversibel sind, d. h. wenn ich sie erkennen und in mich zurücknehmen kann: Eigenes projiziere ich in den anderen hinein, finde es dort wieder und nehme es in mich zurück.

Ich kann z. B. in einen Liebespartner unbefreite Selbstanteile projizieren, dort auch wiederfinden, in gemeinsamen Erfahrungen erleben und in mich zurücknehmen, indem ich diesen Anteil in mir selber entdecke und befreie. Wenn ich mit meiner sexuellen Freizügigkeit Probleme habe und verklemmt bin, kann ich in einem Liebespartner, der sexuell freier ist, meinen unbefreiten ungezügelten lustvollen Selbstanteil entdecken, in gemeinsamen ekstatischen Erfahrungen befreien und durch die Introjektion dieser Erfahrung mich selber ein Stück befreien und verändern.

Gesund ist eine solche Übertragung, weil sie Raum gibt für die Entwicklung und den andern nicht in eine Rolle zwingt und dort festhält, sondern ihm auch Raum lässt, er bzw. sie selber zu sein, ausserhalb meiner Übertragungen. Die gesunde Übertragung ist nicht total, sondern nur partiell. Je starrer und irreversibler sie ist, desto belastender und krank machender ist sie. Raum für die Entwicklung ist in einer Beziehung nur möglich, wenn beide Partner ihre Übertragungsneigung im gesunden flexiblen und lebendigen Bereich halten können und sich nicht in ungesunden starren Übertragungen lähmen und terrorisieren.

Eine Beziehung ist dann eine Kraftquelle, wenn sie mich unterstützt, mein wahres Selbst zu entdecken und zu leben. Der englische Psychoanalytiker Donald Winnicott schrieb: «Das falsche Selbst wird auf der Grundlage von Gefügigkeit aufgebaut.» Wenn in einer Beziehung Gefügigkeit erwartet wird, um den Projektionen des anderen zu entsprechen, ist die Beziehung ein Hemmschuh, keine Kraftquelle.

Anwesenheit

Eine weitere Kraftquelle, die eine Beziehung zur Verfügung stellen kann, ist Anwesenheit. An-Wesenheit meint ‹am Wesen des anderen teilnehmen›. An-Wesenheit hat eine körperliche und eine seelische Dimension. Wenn zwei Menschen sich im gleichen Raum oder in der gleichen Wohnung aufhalten, müssen sie nicht ausdrücklich miteinander kommunizieren, sie sind füreinander im räumlich-körperlichen Sinne anwesend. Auch wenn kein gewollter seelischer Kontakt stattfindet, ist eine elementare Anwesenheit gegeben. Die Anwesenheit eines anderen Menschen schafft einen Hintergrund für meine Aktivitäten, sie zerstreut des Gefühl des Alleinseins.

Es gibt verschiedene Qualitäten von Anwesenheit. ‹Einfach da sein› umschreibt am ehesten die gesundheits- und entwicklungsfördernde Weise des Anwesend-Seins: weder aufdringlich sich dem anderen aufzuzwingen (übergriffiges Anwesend-Sein), noch emotional abwesend zu sein (Pseudo-Anwesenheit). Gute Anwesenheit lässt den anderen in Ruhe, und man ist doch da. Als ‹Hintergrundsanwesenheit› könnte man diese Form von Anwesenheit auch umschreiben. Es ist eine Art von Anwesenheit, die sehr diskret ist, nicht auffällt, aber einem sehr viel geben kann. Sie entspricht der Anwesenheit eines Elternteils, der den Kindern freien Raum zur Entfaltung lässt und doch ansprechbar und verfügbar ist, wenn man ihn braucht.

Sie ist auch vergleichbar mit der schweigenden Anwesenheit eines Psychoanalytikers, der sich nicht mit Fragen aufdrängt, sondern hinhört – auch auf das Unbewusste, Ungesagte – und innerlich beteiligt bleibt.

Spiegelung

Spiegelung ist eine weitere Energiequelle: Der andere nimmt mich wahr und teilt mir diese Wahrnehmung mit. Ich kann ihn als Spiegel meiner selbst nutzen und mich durch ihn hindurch sehen.

Wir können uns nur beschränkt selber spiegeln. Wir brauchen Beziehungen, in denen wir wahrgenommen und mit dieser Wahrnehmung konfrontiert werden, um ein vollständiges Bild unseres Selbst zu bekommen. Wir bestehen nicht nur aus dem Gefühl, das wir haben, wenn wir ‹ich› sagen und uns selbst als Zentrum und Initiator unserer Gedanken, Gefühle und Handlungen erleben. Wir bestehen auch aus den verinnerlichten Fremd-Wahrnehmungen, aus den verinnerlichten Spiegelungen. Diese generalisierten Wahrnehmungen der anderen werden zu einem Teil unseres Selbstbildes.

Der Reichtum dessen, was sich in der Begegnung von mir mit der Welt, d.h. an der Grenze zwischen mir und anderen Menschen, mit denen ich im Kontakt stehe, abspielt, ist unermesslich. Leben ist die Art, wie wir in der Welt stehen, den Kontakt zur Welt, zu den anderen Menschen gestalten und wie wir diese Kontakt-Grenze erleben. Spiegelung ist eine Möglichkeit der Aktivität einem anderen Menschen gegenüber. Ich kann den anderen Menschen in seinen Eigenschaften wahrnehmen und ihm zeigen, dass und was ich wahrnehme. Damit gebe ich ihm die Möglichkeit, meine Wahrnehmung von ihm – wenn sie ihm bekömmlich ist – zu verinnerlichen, zu einem Teil des Bildes von sich selbst zu machen. Gute Spiegelung ist entwicklungsfördernd, sie ist Selbst-Erfahrung. So wie andere Menschen mich wahrnehmen und mir dies mitteilen, erfahre ich, was ich mit meinen Worten und Handlungen bewirke.

Ich kann z. B. merken, dass meine Worte und Taten nicht zusammenpassen, aber auch – was zum Teil schmerzlich und unangenehm ist – realisieren, dass das Bild, das ich von mir habe, nicht mit dem Eindruck, den andere von mir haben, übereinstimmt. Wenn das Bild von mir mehr auf negativen oder positiven Verzerrungen beruht, erfahre ich durch die Spiegelung eine Korrektur. Ich werde gezwungen, mich mit mir zu befassen.

Anerkennung

Anerkennung ist eine grundlegende Kraftquelle. Sie hat eine andere Qualität als Spiegelung. Der Berliner Sozialpsychologe und Psychoanalytiker Axel Honneth betont, dass Menschen drei Arten von Anerkennung brauchen: die Anerkennung ihrer Grundrechte als Mensch (rechtliche Anerkennung), die Anerkennung ihrer Leistung (soziale Anerkennung) und die Anerkennung ihrer Person in Liebe und Freundschaft (private Anerkennung).

Wir kämpfen unser ganzes Leben um Anerkennung. Bekommen wir sie nicht, sind wir unglücklich; das Gleichgewicht unseres Selbstgefühls erleidet einen schweren Schlag. Wenn uns die Anerkennung unserer Grundrechte verwehrt bleibt, ist unsere Würde und Selbstachtung grundlegend angegriffen; wenn wir keine Anerkennung für unsere Leistung finden, leidet unser Selbstgefühl ebenfalls massiv. Haben wir keine Freunde und Liebespartner, die uns wertschätzen und achten, sind wir einsam und von lebenswichtigen Kraftquellen abgeschnitten.

Wer den Eindruck hat, zu wenig Anerkennung zu bekommen, kann eine Bestandesaufnahme machen: Werden die Arbeit und das soziale Engagement geschätzt? Wenn nicht, woran liegt es? Liegt es an der Leistung, am Engagement? Oder bin ich tüchtig, aber stelle mein Licht unter den Scheffel? Oder verweigern mir andere Menschen aus Neid, Gleichgültigkeit oder Boshaftigkeit die Anerkennung, die ich brauche?

Wie steht es um den engeren Kreis? Habe ich Freunde, die mir private Wertschätzung und Achtung entgegenbringen? Oder erfahre ich von bestimmten Menschen in meinem Umfeld Verächtlichkeit und Gleichgültigkeit? Woran liegt das? Sorge ich selber dafür, dass andere Menschen von mir enttäuscht sind und sich innerlich abwenden? Oder suche ich mir die ‹falschen› Freunde, die mehr von mir profitieren wollen, als dass sie sich ehrlich für mich interessieren?

Für das Anerkennungsgleichgewicht gilt die 50-50-Regel: Beide Seiten müssen das gleich starke Interesse an einem fairen Austausch haben. Ungleichgewichtige Beziehungen in Bezug auf Anerkennungswünsche sind eine Last und keine Kraftquelle.

Unterstützung

Unterstützung gibt Kraft: Ich stütze einen anderen, ein anderer stützt mich. Dort, wo ich unterstützt werde, bin ich entlastet. Wenn ich finanziell weniger beschlagen bin und mich ein Freund, der Banker ist, in meinen Finanzangelegenheiten berät, ist das nicht nur eine Entlastung und eine Kompensation eines eigenen Mangels, sondern eine handfeste Stärkung in der Bewältigung meiner Lebensaufgaben. Wenn ich Freunde, Bekannte, Familienmitglieder habe, die mich in der Bewältigung von Lebensaufgaben und -belastungen wirksam unterstützen, so ist das eine Widerstandsquelle gegen den Lebensstress. Ich bin potenziell krank machendem Stress nicht ausgeliefert, sondern durch gute Lebenskräfte geschützt. In unserer westlich-kapitalistischen Kultur, vor allem in den nördlichen Ländern, wird der Wert der sozialen Unterstützung geringer veranschlagt als ausserhalb der traditionellen kapitalistischen Welt. Der homo oeconomicus des westlichen Kapitalismus legt Wert auf möglichst grosse Eigenkontrolle des Geschehens, d. h. er zieht es vor, die Schätze im eigenen Besitz zu haben, in Form von Fähigkeiten oder Kapital. Er verlässt sich nicht gern auf die Unterstützung anderer Menschen. Dadurch erreicht er zwar eine grössere Autonomie – oder auch nur ein stärkeres, oft illusionäres *Gefühl* der Autonomie –, aber er ist auch viel verletzlicher, wenn seine persönlichen Kraftquellen durch Schicksalsschläge angegriffen werden.

Der Aufbau und die Pflege eines Netzes von sozialer Unterstützung ist für die langfristige Gesundheit unerlässlich. Unterstützung auf der Handlungsebene ist eine äusserst wertvolle gesundheitsfördernde Kraftquelle. Hegen und pflegen Sie alle Menschen, die Ihnen so zugetan sind, dass sie etwas für Sie tun. Wir brauchen alle emotionale Unterstützung. Stellen Sie sich vor, Sie erfahren von Ihrem Arzt die Diagnose einer schweren Erkrankung und verlassen die Arztpraxis wie betäubt vom Schock. Wen können Sie anrufen? Wie viele Menschen fallen Ihnen ein, denen Sie ohne Umschweife davon erzählen können, die Ihnen zuhören, Halt und Trost geben und Ihnen wieder Mut machen? Stabile, unterstützende Beziehungen beruhen auf Gegenseitigkeit. Was können Sie in die Waagschale werfen? Was sind Ihre Stärken, die Sie attraktiv machen? Können Sie gut zuhören? Dann können Sie emotionale Unterstützung geben. Sind Sie lebenserfahren? Dann sind Sie ein idealer Berater in schwierigen Lebenslagen. Können Sie begeistern? Dann sind Sie ein guter Coach. Haben Sie aussergewöhnliche Fähigkeiten in bestimmten Bereichen, in denen Sie anderen Menschen etwas beibringen können? Machen Sie Tauschgeschäfte. Bauen Sie Unterstützungsbeziehungen langfristig auf.

Gespräch

Dialog stärkt durch das Erlebnis gegenseitigen Verstehens. Ein Gespräch muss jedoch bestimmte Qualitäten erfüllen, damit es den Charakter einer Ressource und nicht den einer Zeitverschwendung oder gar einer Belastung hat.

Es gibt den illusionslosen Standpunkt, dass einander Zuhören ein unnatürliches Verhalten ist. Wir sind in unserem Innersten Egozentriker, die vor allem gerne drauflosreden und wollen, dass man ihnen zuhört und sie versteht, die aber Mühe haben, anderen zuzuhören und diese zu verstehen. Entwicklungspsychologisch gesehen stimmt dieses Argument. Am Anfang des Lebens sind wir in der passiven egozentrischen Position, wir fühlen uns nicht in unsere Umgebung ein, sondern diese fühlt sich in uns ein. Wir erhalten diese kindliche Anspruchshaltung oft ein Leben lang aufrecht. Nur die Einsicht, dass wir damit langfristigen erwachsenen Interessen schaden, zum Beispiel eben den Aufbau guter Beziehungen verhindern, kann uns dazu verführen, bestimmte Aspekte des Gesprächs zu kultivieren, sodass der Dialog stärkende Wirkung hat.

Folgende Spielregeln sind zu beachten:
Worte sind Brücken, nicht Waffen: In vielen Beziehungen entgleist das Gespräch in einer Weise, dass Worte die ihnen zugedachte Funktion der Verständigung nicht mehr erfüllen. Worte werden zu Waffen, mit denen man sich gegenseitig verletzt, diagnostiziert, entwertet, beleidigt, erniedrigt, umschmeichelt, verführt, schlägt usw. Worte werden zu Handlungen statt zu Mitteilungen. Verlieren die Worte ihre Rolle als Träger von Mitteilungen und werden zu Waffen, mit denen man gewaltsam bestimmte Ziele zu erreichen versucht, so entgleist die Beziehung. Es findet ein offener oder versteckter Machtkampf statt; Worte sind nicht mehr Brücken des Verstehens, sondern Herrschaftsinstrumente, mit denen man in der Beziehung die Oberhand zu erlangen versucht.

Worte sind Mitteilungen, nicht Manipulationen: Das Gespräch ist für beide eine bereichernde Erfahrung, wenn jeder von sich spricht, d. h. mit seinen Aussagen etwas über sich mitteilt. Unbefriedigend ist es, wenn die Worte nur auf den andern einzuwirken, an ihm herumzuzerren versuchen. In Gesprächsübungen bestimmter psychotherapeutischer Methoden oder in Beziehungs- oder Management-Seminaren wird z. B. eingeübt, ‹Ich-Aussagen› zu machen. Statt zu sagen: «Du machst mich unglücklich!», sollte man sagen: «Ich fühle mich unglücklich, wenn du nicht mit mir redest!»

Die erste Aussage versucht im anderen Schuldgefühle zu induzieren, sie ist manipulativ. Die zweite macht eine präzise Mitteilung über einen eigenen Zustand und eine damit verbundene Wahrnehmung. Sie lässt den anderen in seinen Grenzen intakt, überlässt ihm Raum, eigene Schlüsse zu ziehen.

Zuhören und Reden sind im Gleichgewicht: Ein Gepräch besteht aus Reden und Zuhören. Beides will geübt und gerecht verteilt sein. Wenn in einer Beziehung immer nur einer spricht und der andere zuhört, oder wenn beide zwar gleich viel reden und zuhören, einer aber nicht interessiert zuhört, gerät der Dialog in eine Schieflage.

Die spontane Gestaltung des Gesprächs führt in diesem Bereich oft zu Ungerechtigkeiten, weil ein Partner immer zuerst und viel mehr redet und dem anderen keinen Raum lässt. Spontaneität ist nicht immer ein positiver Wert. Wenn sich im spontanen Austausch ein Gesprächsungleichgewicht hergestellt hat und sich das wiederholt, ist es angezeigt, Spielregeln einzuführen, welche die Symmetrie sicherstellen.

Mit einer langjährigen Berufskollegin und Mitarbeiterin führe ich jede Woche ein halbstündiges Telefonat. Wir halten uns eisern an diese halbe Stunde pro Woche, in der wir uns über unsere kreativen Projekte austauschen und dem anderen mit Rat, Anregungen und Kritik zur Seite stehen. Wir achten darauf, dass die eine eine Viertelstunde und der andere eine Viertelstunde zur Verfügung hat. Damit sichern wir die Symmetrie, die bei einem spon-

tanen Gesprächsverlauf zu Lasten meiner Kollegin führen würde, weil ich redefreudiger bin. Das Aushandeln von Gesprächsspielregeln hat die Beziehung zu dieser Kollegin gefestigt. Und ich habe gelernt, mich zurückzunehmen, um der langfristigen Beziehungsgerechtigkeit willen.

Der Dialog ist von echtem gegenseitigem Interesse getragen: Gespräche sind hohl, wenn sie nicht von gegenseitigem echtem Interesse getragen werden. Interesse ist eine wichtige Komponente eines guten Gesprächs. Es ist die Fähigkeit der Gesprächspartner, von sich selbst zu abstrahieren und sich ehrlich mit den Themen des anderen zu befassen, sich gleichsam beiseite zu lassen, um sich ganz in den anderen hineinzufühlen und hineinzudenken.

Interesse ist eine eigenständige psychische Motivation. Im Grunde interessieren wir uns für die Welt um uns, die anderen Menschen, die Natur, die Politik. Wenn wir uns für nichts interessieren oder für nichts ausserhalb unserer selbst, sind wir selbstfixiert, unbezogen. Die Selbstfixiertheit und Unbezogenheit, die das blockierte gesunde Interesse widerspiegelt, ist nicht – wie oft angenommen wird – ein Ausdruck von zu grossem Egoismus. Sie ist nicht übertriebene Selbstliebe. Vielmehr ist sie mangelnde Selbstliebe, weil erst das Interesse am anderen auch das Interesse an einem selbst mit sich bringt. Interesse an sich selber und Interesse am anderen bedingen sich gegenseitig. Selbstfixierte Menschen interessieren sich im Grunde für nichts, sie beschäftigen sich weder mit sich selber noch mit anderen im Sinne einer Auseinandersetzung, sondern sie sind voll damit beschäftigt, ein gutes Gefühl von sich selbst herzustellen.

Sie basteln an einem Wunschbild von sich selbst und versuchen so ihre Selbstachtung zu stabilisieren, sogar um den Preis von Illusionen über sich selbst. Der Umgang mit eigenen Charakterschwächen beispielsweise gehört zu diesem Thema: Selbstfixierte Menschen können sich von Beziehungspartnern oft schlecht Klagen über ihre problematischen Charaktereigenschaften – z. B. Unzuverlässigkeit – anhören, weil sie in ihrem Innern beständig mit dem Bild, toll sein zu müssen, beschäftigt sind. Wer aber immer toll sein muss, um sich nicht nichtig zu fühlen, kann sich nie für die Realitäten in einer Beziehung interessieren. Er muss ständig seine fragile Selbstachtung polieren. Echte Auseinandersetzung und Interesse an den Dingen, an sich selbst und anderen kratzen kurzfristig am Selbstwertgefühl, sie führen womöglich nicht unmittelbar zu guten Gefühlen, sondern eher zu Ärger und Verstimmung. Der Lohn für das echte Interesse hingegen ist die langfristige realistische Beziehung, der Aufbau echter und stabiler Beziehungsgrundlagen. Echtes Interesse führt immer dazu, dass man sich selbst und die Welt besser durchdringt und versteht. Und wer sich und die anderen besser versteht, ist gegenüber Stress und Belastung besser gerüstet.

Wünsche und Gefühle statt Vorwürfe: Vorwürfe schaffen ein ungemütliches Klima, töten die Lust und verstopfen Kraftquellen. Der Vorwurf ist der Einsatz der eigenen Aggression und des eigenen Gewissens gegen den anderen. Der andere soll sich schuldig und schlecht fühlen. Das ist ungesund. Es ist hilfreicher, Vorwürfe in Selbstaussagen über Gefühle und Wünsche zu übersetzen. Statt anklagend zu sagen: «Nie hilfst du im Haushalt!», ist salutogenetisch besser: «Ich fühle mich verarscht, wenn du nicht im Haushalt hilfst! Ich will, dass du den Müll ungefragt rausträgst!»

Sich gehen lassen können

Der Soziologie-Professor Erwin Scheuch wurde befragt, warum erfolgreiche Manager einen engen Kreis von ein paar Leuten um sich herum brauchen. Er sagte: «Damit sie sich gehen lassen können.»

Wünsche nach freiem Ausdruck der Gefühle kommen in den Beziehungen bei den meisten Menschen in unseren kontrollierten westlichen Kulturen zu kurz. Gefühlsausdruck ist gesund, er führt Energie ab und reinigt (kathartischer Effekt). Jede und jeder braucht Beziehungen, in denen sie bzw. er sich nicht kontrollieren und zusammenreissen und nicht Angst vor Bewertung haben muss. Menschen, in deren Gegenwart Sie sich wohlfühlen, in deren Gegenwart Sie bemerken, wie Sie auftauen, wie sich Ihre Zunge lockert, sind Befreier Ihrer positiven Energien. Es sind meist Menschen, die sich selbst frei ausdrücken, nichts Strenges verkörpern, die eine akzeptierende, spielerische Art haben.

Wunschbefriedigung: Liebe, Zärtlichkeit, Sexualität

Freud war der Ansicht, dass der Bereich der Wunschbefriedigung der wichtigste Inhalt von ‹Objekt-Beziehungen› sei. Seine etwas mechanistische Sicht liess ihn die Beziehung als eine Art Vehikel sehen, in dessen Rahmen Triebbefriedigungen gelebt werden. Er war der Ansicht, das Objekt sei das Austauschbarste an der Triebbefriedigung. Etwas überspitzt ausgedrückt: Die Menschen kommen und gehen, die Triebwünsche bleiben dieselben.

Diese illusionslose, nüchterne Sicht hat neben der Gefahr, dass sie andere Beziehungsschätze etwas vernachlässigt, den Vorteil, dass sie hilft, Beziehungsansprüche nicht zu überhöhen, und den Einzelnen für das Schicksal seiner Wünsche in die Verantwortung nimmt. Nicht die bösen anderen Menschen sind schuld, wenn ich frustriert bin, sondern ich selber bin verantwortlich, meine Triebwünsche zu kennen und dafür zu sorgen, dass ich Menschen finde und Beziehungen zu ihnen pflege, die mir diese Wünsche befriedigen. Beziehungen können meine ganz persönlichen Liebeswünsche, Zärtlichkeitswünsche, sexuellen Wünsche nur befriedigen, wenn ich diese Wünsche auch kenne, und zwar genau. Erst dann kann ich sie – wie der etwas abgegriffene, aber treffende Ausdruck besagt – erfolgreich ‹in eine Beziehung einbringen›. Ich trage auch die Verantwortung, zwischen unerfüllbaren kindlichen und erwachsenen realistischen Wünschen zu unterscheiden.

Gerade im Bereich der gefühlsmässigen und der körperlichen Liebe sind wir oft Blindflieger, wenn wir unsere gefühlsmässigen und körperlichen Liebeswünsche nicht kennen. Wie und wo werde ich gerne von wem angefasst, welche Berührungen verschaffen mir Lust, welche sinnlichen Erfahrungen liebe ich? Das sinnliche und erotische Wunsch-Universum in mir ist unendlich, und ich entscheide, welchen Teil davon ich als nicht erfüllbare Fantasie abschreibe und welche Wünsche ich in einer Beziehung zu realisieren versuche. Oft erstarren Beziehungen, weil sie zwar einen leidlichen Boden an Bindung und vertrauter Emotionalität aufweisen, aber hinsichtlich des Einbringens und Lebens von Wünschen stagnieren. Einen Wunsch, den ich hege, in eine Beziehung einzubringen und mich damit zu exponieren, ist mutig und birgt immer das Risiko, dass der Partner dem Wunsch unbefriedigend, verständnislos, ja gar ablehnend gegenüber steht. Dies ist umso eher ein Risiko, wenn der Wunsch den gemeinsamen Erfahrungsbereich ausdehnt.

Ein Ehepaar kam in eine Paartherapie, weil die Sexualität stagnierte. Sie beklagte sich über ‹Null-acht-fünfzehn-Sex›, immer der gleiche Ablauf, die gleiche Stellung, zur gleichen Zeit: keine Variation, wie wenn man tagein tagaus Spaghetti essen würde. Er fühlte sich angegriffen, verteidigte sich. Es stellte sich heraus, dass es ihm ähnlich ging und dass er Fantasien hatte, mit anderen Frauen würde der Sex aufregender, abwechslungsreicher. Sie hatte ähnliche Fantasien, dachte an ihren Ex-Freund und stellte sich aufregende Szenen mit ihm vor.

Als ich sie fragte, ob sie schon mal darüber nachgedacht hätten, warum Sex mit anderen aufregender und spannender sein müsste als der eheliche, wurden sie nachdenklich. Sie konnten es nicht sagen, oder es kamen lapidare Sätze wie: «Aber er reagiert doch immer gleich», «Sie ist doch etwas verklemmt, da kann man gar nichts machen.»

Bald stellte sich im Gespräch heraus, dass beide Hemmungen hatten, eingefahrene Geleise zu verlassen, und dass eine grosse Hemmung darin bestand, neue sexuelle Handlungen in die Beziehung einzubringen und sich dem anderen Partner gegenüber zu exponieren. Nachdem wir vereinbart hatten, dass auf das Äussern von Wünschen keine Negativäusserungen kommen dürfen – Wünsche sind heilig, ihre Befriedigung hingegen ist keine Pflicht –, hatten die beiden mehr Mut, einander ihre Wünsche preiszugeben.

Der Sex wurde auf eine rührende und be-rührende Weise erkundet. Neue Wege wurden ausprobiert. Das Paar fand eine Sprache für die körperlichen Teile und Handlungen, die man in keinem Lehrbuch finden kann. Es wurde wieder spannend und erregend.

Gemeinsame Interessen

Interesse ist ein vernachlässigter psychologischer Begriff. Ein Säugling, der auf die Welt kommt, bringt der Welt Interesse entgegen. Er schaut Menschen und Dinge an, wählt aus, was ihn interessiert. Interesse kommt aus dem Lateinischen und bedeutet dabei sein, dazugehören. Wenn wir uns interessieren, gehören wir bereits dazu, wir nehmen Anteil. Wir wählen aus, woran wir Anteil nehmen, wo wir dabei sein wollen. Das Interesse ist eine Motivation für sich, es verweist nicht auf andere Wünsche. Ich kann mich für eine Sache, für eine Idee, für einen anderen Menschen interessieren, und dies ist schon in sich befriedigend.

Jeder Mensch entwickelt bestimmte Gebiete, Ideen, Personen, Aktivitäten, für die er ein besonderes Interesse empfindet, auf die er neugierig ist und über die er immer noch mehr wissen will. Dies können Wissensgebiete, Freizeitbeschäftigungen, ein anderer Mensch, eine Idee sein, die ihn packen und nicht mehr loslassen.

Wenn sich zwei Menschen in gemeinsamen Interessen finden, ist das eine starke Befriedigung und ein starker Bindungsfaktor in einer Beziehung. So kann ein Paar im Grossziehen der Kinder ein gemeinsames Interesse haben, gemeinsam reisen oder gemeinsam berufliche Ziele verfolgen. Das sind wichtige positive Energiequellen. In Beziehungen, in denen gemeinsame Interessen fehlen, leiden beide Partner: Es gibt kaum Verbindungspunkte. Man ist zwar zusammen, aber es gibt keine spontane gemeinsame Bewegung auf etwas zu. Der Beziehung fehlen sinnhafte, zielgerichtete energetische Orientierungen. Sie läuft Gefahr, in einer Flaute zu enden, weil ihr die ‹Beziehungsaufgaben› ausgehen.

Beziehungen müssen wie einzelne Menschen in Bewegung und Entwicklung sein. Sonst sterben sie ab.

- **Soziale Kraftquellen sind für die langfristige Gesundheit unerlässlich.**
- **Herzliche, unterstützende, verlässliche Beziehungen sind die wichtigste äussere Gesundheitskraftquelle.**

7. Kapitel

Bändigen und Überwinden innerer destruktiver Kräfte

Die eigentliche Manifestation des Todestriebs aber ist der Abzug der Besetzung. — *André Green*

In diesem Kapitel geht es um die menschliche Destruktivität, d. h. die negativen, lebensfeindlichen inneren Kräfte im Kräftefeld des Lebens.

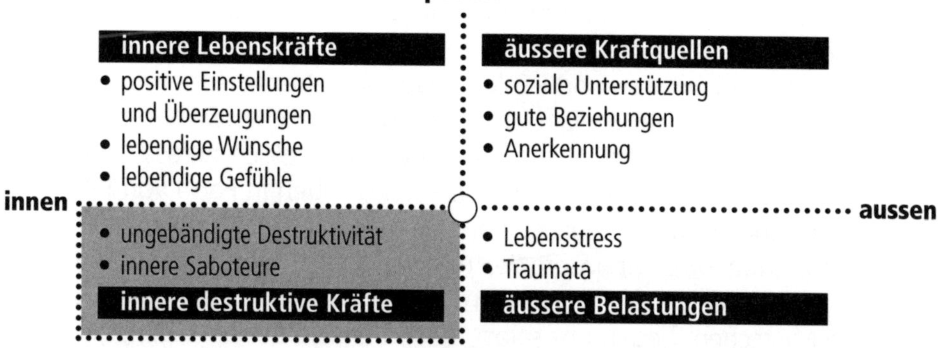

Unsere Destruktivität, die mit der Selbstdestruktivität zusammenhängt, ist ein Bereich, mit dem wir uns nicht gerne befassen. Und doch ist diese Auseinandersetzung lebenswichtig: Wenn wir unsere selbst-sabotierenden und selbst-destruktiven Kräfte nicht kontrollieren und einigermassen in den Griff bekommen, belasten wir unser eigenes Leben und greifen unsere Gesundheit an.

Das Selbst-Destruktive in unserem Inneren ist aus zwei Gründen schwer zu fassen: Erstens schmeichelt uns die blosse Existenz negativer Kräfte in uns selbst nicht gerade, wir wollen sie nicht wahrhaben. Und zweitens sind die selbstzerstörerischen Kräfte in uns zu einem grossen Teil unbewusst. Ihr zerstörerisches Wirken ist still und unsichtbar. Wenn wir diesen Bereich also unschädlich machen oder den Schaden zumindest in Grenzen halten wollen, stehen wir vor einer doppelt schwierigen Aufgabe: Wir müssen uns für Unangenehmes in uns selbst interessieren, es bewusst machen und dann bändigen!

Das Selbstdestruktive in uns stammt aus zwei Quellen, es hat analog zu den positiven Lebenskräften einen spontanen triebhaften Anteil und einen erlernten verinnerlichten Anteil.

Spontane triebhafte Zerstörungskräfte

In unserem Seelenleben sprudeln zwei Energiequellen: die erotischen Lebenstriebe und die destruktiven Todestriebe. Wenn wir keinen inneren Kontakt zu diesen Kraftquellen haben, das heisst in unserem Denken und Fühlen davon abgetrennt sind, müssen sich diese Energien in Handlungen oder körperlichen Symptomen eine Ausdrucksform suchen. Sind sie aber seelisch gefasst, gut eingebunden in unser inneres seelisches Leben in Form von Bildern und Gefühlen, sind sie Energien, die wir nutzen können. Es ist wichtig, dass wir unsere destruktiven Kräfte überhaupt spüren und begreifen, sonst richtet sich die Zerstörungskraft gegen andere Menschen, gegen uns selbst, gegen unsere Beziehungen, gegen innere gute Bilder, gegen unsere Fähigkeiten, gegen unsere lebendige Besetzung der Realität.

Seelische Tiefe und echte Meisterung der unbewussten destruktiven Triebenergien und der von ihnen abstammenden lebendigkeits- und bindungszerstörenden Kräfte ist möglich, wenn der Kontakt zu diesen tiefen Seelenschichten ausgehalten und ertragen wird.

Den Besuch bei Hubert im Spital habe ich in Kapitel 1 beschrieben. Warum musste Hubert in dem Moment massiv erkranken, als er sich entschloss, erneut eine Therapie zu machen? Er war noch nicht in der Lage, seine destruktiven Triebenergien zu bin-

den. Was diesen chronisch frustrierten, resignierten Mann in der Tiefe umtrieb, war seelisch nicht in Form von Wunschvorstellungen, Fantasien gehalten. Sie hätten trauer- oder handlungsleitend sein können. Seine seelische Fassungskraft war noch zu wenig entwickelt, um mit all der aggressiven Erregung, welche die Hoffnung auf eine Lebensveränderung bei ihm hervorgerufen hatte, umzugehen. Es gab für ihn vorläufig keine andere Möglichkeit als zu somatisieren.

Wir Menschen handeln immer auf zweierlei Weise, entweder indem wir uns auf die eine oder andere Art verhalten (agieren) oder indem wir den Körper unbewusst als Darstellungsraum benutzen (psychosomatisch erkranken). Beides gibt ein Gefühl der Kontrolle, wenn andere Kontrollmöglichkeiten fehlen. Hubert hatte eine Lebensgeschichte mit schwerer seelischer und körperlicher Vernachlässigung und Misshandlung. Massive Traumatisierungen führen immer zu Hilflosigkeit im Umgang mit grossen Gefühls- und Erregungsmengen. Solche Energiequanten können nicht permanent hilflos ertragen werden. Die Möglichkeit, sich impulsiv zu verhalten oder den Körper als Ausdrucksmittel zu benutzen, vergrössert in der subjektiven Vorstellung den kontrollierten Raum und reduziert damit subjektiv die Hilflosigkeit.

Langfristige Gesundheit kann nur erhalten werden, wenn man seine eigene, gegen sich selbst gerichtete Destruktivität bändigt. Dazu ist es zunächst nötig, diese Destruktivität nicht zu leugnen, sondern sie als einen Bestandteil, als Faktum zu anerkennen und sich auf dieser Basis mit ihr auseinander zu setzen.

Der französische Psychoanalytiker Didier Anzieu hat ein interessantes Konzept entwickelt, das uns beim Verständnis dieser Thematik helfen kann: das ‹Haut-Ich›. Er konzipiert sich unser Ich, das heisst unsere seelische steuernde und regulierende Instanz, als eine Haut, als eine Grenze zwischen unserer Innenwelt der Gefühle, Wünsche, Gedanken, Impulse, und dem, was von aussen als Reize auf uns einwirkt. Diese Seelenhaut muss seiner Auffassung nach durchlässig, stark genug und flexibel sein, damit sie dem Ansturm der von innen gegen sie anprallenden Energien standhält, aber auch gegen die Einwirkungen von aussen schützt, wie die körperliche Haut.

Eine körperliche Haut, die zum Beispiel rissig ist, schützt den Körper zu wenig bei Bewegungen und inneren Spannungen. Eine Haut, die nicht schwitzen kann, schützt den Körper zu wenig bei innerer Hitze und Anspannung. Eine Haut, die zu spröde, zu dünn ist, schützt den Körper zu wenig bei Aussenreizungen.

Das Gleiche gilt für die seelische Haut. Eine gute Seelenhaut hält die seelischen Spannungen, Gefühle und Energien auch bei starken inneren aggressiven Spannungen zusammen, bricht nicht auf, hält die Destruktivität zu einem grossen Teil innen oder sorgt dafür, dass sie in verträglicher Weise nach aussen abgeleitet wird. Sie ist also undurchlässig und durchlässig zugleich. Ein Weg, um unsere spontanen trieb- und gefühlshaften destruktiven Kräfte zu bändigen, ist der Aufbau einer starken und elastischen seelischen Haut, d.h. einer flexibel funktionierenden Persönlichkeit, welche die destruktiven Energien in sich bergen, fassen und in produktive Bahnen lenken kann.

Es genügt nicht, unsere destruktiven Kräfte nur zu fühlen, wir müssen sie auch mit Bildern und Gedanken verbinden, d. h. symbolisieren können. Sie alle kennen die Situation, wenn Sie ein wütender Erregungssturm erfasst und Sie keine Worte finden, vielleicht nur noch losschreien oder um sich schlagen möchten. Wenn Bilder und Worte Ihnen zur Verfügung stehen, um diesen Zustand auszudrücken, stehen Sie weniger unter Druck, unkontrolliert zu handeln. Wenn diese seelische Fähigkeit zu wenig entwickelt ist oder aus bestimmten Gründen nicht zum Tragen kommt, kann sich die aggressive Trieb- oder Gefühlsenergie direkt gegen andere oder gegen den eigenen Körper entladen. Aggressive psychosomatische Erkrankungen oder Unfälle sind die Folge.

Fred kam mit 46 Jahren zu mir in die Analyse. Er litt seit seiner Kindheit an chronischen somatischen Beschwerden, vor allem an

Neurodermitis, einer entzündlichen Hauterkrankung, aber auch an Herzrhythmus-Störungen, Darmerkrankungen, Asthma. Zusätzlich war er seit zwanzig Jahren süchtig nach Marihuana. Er war in den Gesprächen ein freundlicher, offener, herzlicher Mensch. Er erzählte freimütig aus seinem Leben, von seinen Beziehungen, seiner Familiengeschichte. Ich hatte den Eindruck, einen aufgeschlossenen, lebensfrohen Menschen vor mir zu haben.

Erst nach längerem Kontakt und bei genauerem Zuhören merkte ich, dass in seinen Schilderungen immer etwas fehlte: Beschreibungen von Gefühlszuständen und Bildern, wie es ihm ging. Vor allem wie es ihm ging, wenn Dinge nicht so liefen, wie er sich das wünschte.

In solchen Momenten realisierte ich, dass ich selber gereizt und wütend war, dass von ihm eine düstere Traurigkeit ausging. Ich hatte auch Bilder von einer tickenden Zeitbombe. Die genaue Befragung ergab, dass Fred sich nie an Träume erinnern konnte, dass er nie Gedichte las, weil sie in ihm keine Bilder auslösten, dass er im Alltag auch nie Bilder im Kopf hatte, sondern sich immer nur irgendwie gut oder nicht so gut fühlte.

Einmal kam er eine Stunde zu früh in die Therapie und musste eine geschlagene Stunde auf seinen Termin warten. In der Stunde selber sagte er nur, seine Hände würden jucken. Er wäre gerne schwimmen gegangen, aber das Schwimmbad sei geschlossen gewesen.

Ich fragte, ob er nicht irgendwelche Gedanken gehabt habe wegen des Wartens, dass dies doch mühsam sei, eine Frustration. Er verneinte dies, es sei ihm nichts durch den Kopf gegangen.

Offensichtlich sei in ihm aber doch etwas passiert, eine Form von Erregung oder Anspannung, sagte ich, sonst hätte er ja nicht das Jucken in den Fingern. Er wirkte ratlos, meinte, das könne so sein. Er habe selten Gedanken. Nur der Gedanke, einen Joint zu rauchen, sei ihm in den Sinn gekommen, aber das sei im Wartezimmer ja nicht gegangen.

Freds Fähigkeiten, innere Destruktivität zu erleben, zu fühlen und produktiv zu gestalten, waren noch zu wenig entwickelt. Er musste sie erst erlernen. Die wütenden, zerstörerischen Gefühle zeigten sich nicht in wütenden Gedanken und Impulsen, sondern blieben buchstäblich im Körper stecken. Er konnte nur ein dringendes Verlangen, die Spannung mit körperlicher Bewegung oder Drogenkonsum wegzumachen, wahrnehmen, aber nicht die Spannung als seelische Erfahrung und als inneres Bild.

Das Ziel in dieser Therapie bestand in einer Art symbolisierender ‹Nach-Erziehung›. Fred musste neben seinem körperlichen Wahrnehmungssystem für innere Spannung noch ein seelisches Wahrnehmungssystem entwickeln, um innere Zustände auch seelisch fassen und verarbeiten zu können. Dies geschah auf dem Wege klassischer Übersetzungsarbeit. Körperliche Zustände wurden aktiv mit seelischen Äquivalenten verknüpft. Ich schlug Fred vor, seinen körperlichen Zustand auch als Ausdruck eines ärgerlichen Gefühls und Gedankens zu verstehen und gemeinsam nach einer Bedeutung zu suchen.

Eine weitere Form, Destruktivität nicht in sich verarbeiten zu müssen, ist, sie in gewalttätiger Art nach aussen abzuleiten: in direkter gewalttätiger Form oder in der indirekten provokativen Form, sodass andere durch das eigene Verhalten zu aggressiven Zuständen provoziert werden. Dies ist keine geglückte Lösung, da sie die Lebensbelastung vergrössert.

Noch eine weit verbreitete Ableitung aggressiv-destruktiver Energie ist die Depression (siehe Kapitel 10).

Hier wird die Aggression nicht gegen die anderen Menschen gerichtet und nicht in Körpersymptomen ausgedrückt, sondern in die eigene Selbstkritik investiert. Alle drei Formen der Kanalisierung von Aggression – Somatisierung, Aggressivierung von Beziehungen, Depression – sind problematische Lösungen, weil sie einen Mehraufwand an Lebensbelastung und Energieaufwand verursachen. Der einzige produktive Weg, destruktive Energie zu verwenden, ist, sie zu binden und in den Dienst positiver Lebensinteressen zu stellen.

Destruktive Energie für positive Anliegen einsetzen

Wie wir die eigenen destruktiven Energien in sozialverträglicher Weise für unsere eigenen Interessen verwenden können, lässt sich vielleicht am besten am Beispiel des Ärgers illustrieren.

Ärger ist ein Gefühl, das uns anzeigt, dass wir nicht zufrieden sind, dass wichtige Wünsche und Anliegen unberücksichtigt sind. Wie sollen wir mit dem Ärger umgehen? Zuerst müssen wir ihn überhaupt spüren.

Gérard ist ein 36-jähriger Mann, der mir von seinem Hausarzt wegen Beziehungsproblemen und chronischem Bluthochdruck zur Psychotherapie überwiesen worden war. Es zeigte sich deutlich, dass er Ärger überhaupt nicht spüren konnte. Er wirkte ständig irgendwie geladen und gestaut auf mich – befragt, was er fühle, antwortete er: «Nichts», «Mir geht es gut», allenfalls «Ich bin etwas müde.» Im Laufe der Therapiestunden erzählte er mir regelmässig Vorfälle aus seinem Berufs- und Privatleben, die unerfreulich und jeder für sich allein genommen ein Anlass für Ärger waren. So liess eine Freundin z. B. kurzfristig den gemeinsamen Urlaub platzen, Lieferanten hielten wiederholt ihre Fristen nicht ein. Er erzählte das mit äusserlich stoischem Gleichmut. Wenn ich ihn damit konfrontierte, dass dies doch alles recht ärgerlich sei, er werde in seinen Wünschen und Gefühlen übergangen, reagierte er verständnislos. Er ärgere sich nie, sagte er.

An dieser Situation in der Therapie änderte sich nichts, bis ich mich zu ärgern begann. Er kam immer häufiger zu spät zu den vereinbarten Therapiestunden, manchmal erschien er überhaupt nicht, immer mit nachvollziehbaren geschäftlichen Gründen und immer sich korrekt entschuldigend. Ich machte das eine Weile mit, dann sagte ich ihm: «Ich ärgere mich, weil Sie nie zur Zeit kommen und weil ich mit Ihnen eine gute Therapie machen und Ihnen helfen möchte, aber das geht nicht, wenn alles andere wichtiger ist als die Therapiestunden.» Er war erstaunt und nachdenklich und erzählte, dass er auch die Menschen in seinem Privatumfeld schlecht behandle, seine Freundin, seine Sportkollegen; man müsse immer auf ihn warten.

«Könnte es sein, dass Sie die anderen ärgerlich machen wollen, weil Sie Ihren eigenen Ärger nicht spüren möchten?», gab ich ihm zu bedenken. Von diesem Moment an begann er, über belastende und beschämende Situationen zu berichten und über seine schlimme Kindheit, in der er sich benachteiligt und im Stich gelassen gefühlt hatte. Langsam gab er Stück um Stück seines aufgestauten Berges von Eifersucht, Groll, Verlassenheit und Enttäuschungswut preis. Im gleichen Umfang wie er seine Gefühle spürte, reduzierte sich sein hoher Blutdruck.

Die Wahrnehmung aufgestauten Ärgers bereitet den Weg, die in ihm steckende Energie für die Durchsetzung eigener Anliegen als Antrieb zu verwenden. Eine Möglichkeit ist, den Ärger auszudrücken und sich Luft zu verschaffen. Auf den Tisch zu hauen, wenn man wütend ist, verschafft Erleichterung, es wird Erregung abgeführt. Dies ist nicht immer klug. Nicht jede Person erträgt es, wenn man ihr die Gefühle ungefiltert ins Gesicht sagt, und wir schaden mit einem hilflosen Gefühlsausbruch möglicherweise eigenen langfristigen Beziehungsanliegen. Gérard sagte seinem chronisch unzuverlässigen Lieferanten: «Ich ärgere mich über dich, weil du die Fristen nie einhältst. Ich erwarte von dir, dass du dich ab sofort daran hältst, ohne Wenn und Aber.» Dies ist eine gute Form, den Ärger auszudrücken und ihn gleich noch für die Vertretung seines eigenen Anliegens zu nutzen. Wenn der Lieferant von Gérard kein Musikgehör hat und sich auch nach mehrmaligen Aussprachen um die berechtigten Anliegen seines Kunden foutiert, kann Gérard seinen Ärger als Energiequelle für eine Strategie nutzen, seinen mühsamen Lieferanten loszuwerden.

Die Umwandlung destruktiver Energien in konstruktive Aktionen ist hohe Lebenskunst. Sie führt über mehrere Stufen der Energietransformation: Zuerst die destruktive Kraft wahrnehmen und begreifen, dann sie auf ein höheres Energieniveau heben und sie in der Gestalt von Bildern und Gedanken bündeln. Die dritte Stufe besteht in der Bemächtigung der Energie und ihrer gezielten Verwendung für eigene positive Anliegen.

Innere Saboteure loswerden

Innere Saboteure sind innere destruktive Kräfte, die auf Erfahrungen mit anderen Menschen – meist in der Kindheit – beruhen. Der Begriff ‹innerer Saboteur› stammt vom schottischen Psychoanalytiker Ronald Fairbairn. Er bezeichnete damit negative verinnerlichte Objekte, d. h. andere Menschen, die einem nicht gut gesinnt sind. Warum lieben und verinnerlichen wir Menschen, die unseren Wünschen und Gefühlen gleichgültig oder gar feindselig gegenüberstehen? Der aus Erwachsenenlogik unvernünftige und selbstschädigende Vorgang ergibt einen Sinn, wenn wir darin einen Versuch erkennen, Hilflosigkeit zu ertragen. Wir brauchen – in besonderem Ausmass als Kinder – Anerkennung und Liebe. Einem Menschen gegenüber, von dessen Liebe wir abhängig sind und der uns diese nicht in hinreichendem Masse gibt, sind wir hilflos. Wenn wir hilflos sind, neigen wir zur Unterwerfung. Die am weitesten gehende Form der Unterwerfung ist die Verinnerlichung. Gleichzeitig hat diese auch den kurzfristigen psychologischen Vorteil, dass wir durch Verinnerlichung die fantasierte Illusion von Kontrolle über den anderen Menschen haben. Wir tragen ihn in der Vorstellung mit uns herum, wir meinen, ‹verschluckt› kann er uns nichts mehr antun.

Die ganze Gewissensbildung des Menschen beruht auf diesem Verinnerlichungsprinzip. Wir unterwerfen uns den Regeln, die die Eltern setzen, und verinnerlichen sie. Erst als Heranwachsende sind wir gross und stark genug, sie in Frage zu stellen und die verinnerlichten Regeln kritisch zu überprüfen. Diese Verinnerlichungen können gutartig und fördernd sein oder den Charakter sabotierender innerer Feinde haben, welche eigene Lebenswünsche und Interessen bekämpfen, uns mit ihren Einflüsterungen erniedrigen und demoralisieren.

Machen Sie einmal den Test ‹24 Stunden in Gesellschaft meines inneren Saboteurs›.

Schreiben Sie einen ganzen Tag lang alles auf, was Ihnen Ihr innerer Saboteur im Laufe eines Tages einzuflüstern versucht. Tragen Sie einen kleinen Block und einen Schreibstift auf sich und notieren Sie jeden negativen, gegen sich selbst gerichteten Gedanken.

Achten Sie auf die Formulierungen und Gemeinheiten ihrer inneren Stimme, schreiben Sie jede Bosheit genau auf. Achten Sie auf alle Perfidien des Einflüsterers. Diese Übung ist von grossem therapeutischem Wert, weil sie den inneren Saboteur ernst nimmt und damit hervorlockt, ihn gleichsam mit allen Ehren begrüsst und durchs Aufschreiben seiner Gemeinheiten gleichzeitig Distanz schafft. Den inneren Saboteur wird man nämlich nicht los, indem man ihn einfach ignoriert, sondern indem man sich mit ihm auseinander setzt und sich von ihm trennt.

Wenn Sie gerade an einer Arbeit sitzen oder das Leben geniessen, kommt sicher der innere Saboteur und versucht, Sie schlecht zu machen und Ihnen das Leben zu vermiesen. In solchen Situationen ist es wichtig, dass man kurz und entschlossen zuschlagen und dem inneren Saboteur entgegentreten kann. Er sagt: Du bist ein fauler Versager! Schon wieder liegst du an der Sonne statt zu arbeiten! Sie entgegnen: Du lügst! Das stimmt nicht! Ich erhole mich, nachher arbeite ich! Ich bin weder faul noch ein Versager!

Aktiv widerlegen und dann wegscheuchen ist die kurzfristige Technik, um sich nicht ständig vom inneren Saboteur fertig machen zu lassen. Dies wird den inneren Saboteur auf lange Sicht nicht stören. Er wird sich gekränkt in eine Ecke verziehen, einen neuen Moment abwarten, wieder aus der Ecke kommen und Sie erneut belästigen. Es ist wie mit einem feindseligen und gleichzeitig verführerischen Lebenspartner. Solange Sie unter einem Dach wohnen, werden Sie keine Ruhe haben. Vielleicht konnten Sie ihn bisher zurechtweisen und in sein Zimmer schicken oder vorübergehend aus dem Haus jagen. Grundsätzlich wird sich Ihr

Leben jedoch erst verbessern, wenn Sie die innere Verbindung gelöst, d.h. sich von ihm äusserlich wie innerlich getrennt haben.

Das Gleiche gilt für den inneren Saboteur. Gehen Sie davon aus, dass er eine alte Liebe ist, an die Sie noch heute gebunden sind. Sie wollen seine Wertschätzung und Liebe immer noch, und deshalb können Sie sich nicht ganz trennen. Diese Klebrigkeit stammt aus unserer Kindheit, in der wir keine Alternativen hatten: lieber schlecht behandelt als mutterseelenallein.

Erst wenn Sie ihren Liebes- und Beziehungswunsch aufgeben, d.h. ohne diese gnadenlose, vielleicht manchmal verführerisch nette, aber Ihnen gegenüber im Grunde lieblos eingestellte Figur leben können, werden Sie den inneren Saboteur in die Wüste schicken. Sie werden ihn aus dem Keller Ihres Unbewussten holen, seine Gemeinheiten aufdecken, im Wohnzimmer mit ihm streiten und ihn dann zum Haupteingang Ihrer Wohnung hinauswerfen. Und ihn nicht mehr brauchen, wie ein altes Kleidungsstück, das nicht mehr zu Ihnen passt. Aber Achtung: Ein Saboteur gibt niemals auf und versucht immer wieder von neuem, sich bei Ihnen einzunisten und sein Unwesen zu treiben. Mit der Zeit jedoch werden Sie eine gewisse Übung darin erlangen, seine Tricks zu durchschauen und ihn von sich fern zu halten.

- **Innere destruktive Kräfte greifen das Lebendige und Gute an.**
- **Destruktive Kräfte können in gute Kanäle gelenkt werden.**
- **Trennen Sie sich von inneren Saboteuren.**

8. Kapitel

Gesunder Umgang mit Belastungen

Ich bin überzeugt, dass wir uns alle im gefährlichen Fluss des Lebens befinden und niemals sicher am Ufer stehen.

Aaron Antonovsky

Das Leben ist für jede und jeden von uns voller Anforderungen, die uns nicht krank machen. Gefährlich sind die potenziell krank machenden Belastungen. Im Kräftefeld des Lebens ist es derjenige Bereich, auf den wir den geringsten Einfluss haben.

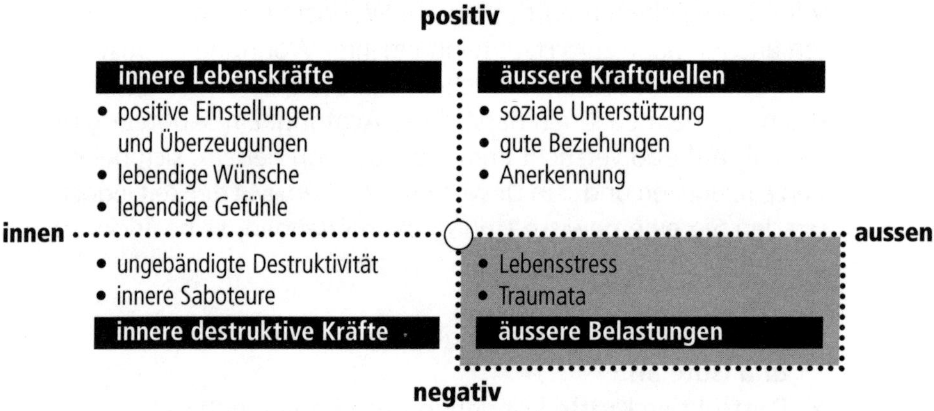

Die negativen und potenziell krank machenden Lebenseinflüsse lassen sich in zwei Bereiche einteilen, die fliessend ineinander übergehen, je nach Intensität der seelischen Reaktion, die sie auslösen: Lebensstress und Traumata.

Lebensstress erkennen und reduzieren

Lebensstress sind jene Belastungen, die quantitativ über die gewöhnlichen Lebensanforderungen hinausgehen, auf die wir oft keinen oder nur einen beschränkten Einfluss haben. Es ist das subjektive ‹Zuviel›: zu viel Arbeit, zu viele Konflikte, zu viele Sorgen, zu viel Ärger, zu viel Angst, zu viel Frustration. Lebensstress bemisst sich daran, ob die Belastungsmenge die persönlichen Grenzen der Fassungs- und Verarbeitungskraft übersteigt. Der gesundheitsfördernde Umgang mit Belastungen muss sich auf zwei Ziele konzentrieren: die Belastungsmenge den Kräften anpassen und die unvermeidbare Belastung auf gesunde Weise bewältigen, d. h. die Verarbeitungskräfte optimal einsetzen. Wie können wir den Umfang der Lebensbelastung auf das richtige Mass beschränken?

Die erste Voraussetzung dafür ist, die eigenen Belastungsgrenzen realistisch einzuschätzen. Der zweite Schritt ist, die Belastungsmenge so zu steuern, dass sie diese Grenze im Normalfall nicht überschreitet. Dazu ist es nötig, eine nüchterne Belastungsbilanz zu erstellen. Belastungen kommen aus verschiedenen Bereichen des Lebens.

Beziehungen können eine wichtige Ursache von Belastungen sein. Ihre Bedeutung als Kraftquellen habe ich im sechsten Kapitel erläutert. Beziehungen sind belastend, wenn sie mehr an den Kräften zehren statt sie zu nähren. Folgende Faktoren in einer Beziehung kosten Kraft: chronische Frustration wichtiger Wünsche, tödliche Routine, Kommunikationslosigkeit und Unverständnis, Grenzverletzungen und Übergriffe, ‹Einsamkeit zu zweit›, Gleichgültigkeit, chronische offene Feindseligkeit und ständiger Streit, mangelnder Freiraum.

Erstellen Sie eine nüchterne Beziehungsbilanz und wägen Sie den Beziehungsstress und die Energie, die Ihnen eine Beziehung gibt, gegeneinander ab. Wenn die Belastungen überwiegen, ist die Beziehung als Gesamtes ein Stressfaktor. Seien Sie schonungslos in Ihrer Beziehungsanalyse, lassen Sie nur die heutige Realität gelten und nicht die Hoffnungen auf eine bessere Zukunft. Hoffnungen in die Zukunft können nur in die Bilanz eingehen, wenn beide Partner realistische Veränderungsschritte an die Hand nehmen und die Hoffnung sich nicht in Wunschträumen erschöpft.

Den Belastungen am Arbeitsplatz widme ich das 12. Kapitel. Dieses Thema gewinnt zusehends an Bedeutung. Die postmoderne Gesellschaft gliedert sich immer mehr in eine Zweidrittelgesellschaft. Ein Drittel ist arbeitslos oder ‹working poor›, d. h. lebt unter dem oder hart am Existenzminimum und ist von sinnvoller, befriedigender und anständig bezahlter Arbeit fern gehalten. Dies ist für die Betroffenen eine chronische kumulative Traumatisierung, da wir über die Arbeit einen grossen Teil unseres Selbstgefühls aufbauen. Die zwei anderen Drittel erleben einen immer gnadenloser verschärften Konkurrenzkampf. Es gibt keine Fangnetze mehr, jeder ist sein eigener Unternehmer und muss sein Knowhow zu Markte tragen und verkaufen. Das Ausmass an krank machendem Stress und Zukunftsunsicherheit hat ein für viele Menschen unerträgliches Mass überschritten. Die grosse Menge der Arbeitenden fühlt sich immer häufiger ausgepresst wie eine Zitrone. Die chronischen inneren Spannungen entladen sich in steigenden Erkrankungsraten und in zwischenmenschlicher Destruktivität wie beispielsweise Mobbing. Der Einzelne oder die Einzelne tun gut daran, ihr Verhältnis zur Arbeit und ihre gegenwärtige Arbeitssituation aufmerksam einer Belastungsanalyse zu unterziehen. Was ist für mich an meiner Arbeit und Arbeitssituation erhebend, kräftigend, stärkend? Was ist deprimierend, selbstwertangreifend, stressend? Wenn krank machender Stress ein Ausmass erreicht hat, dass Sie Symptome eines posttraumatischen Belastungssyndroms entwickeln, müssen Sie die Notbremse ziehen und Ihre Lebensführung grundlegend ändern, sonst droht der totale Burnout.

Dem können Sie vorbeugen, indem Sie erste Anzeichen richtig lesen, sich sofort akut entlasten und mittel- und langfristige organisatorische Änderungen in Ihren Prioritäten vornehmen, um langfristig vor chronischer unproduktiver Überlastung geschützt zu sein.

Burnout-Symptome sind:

- Schlaflosigkeit
- Gedankenkreisen
- Lustlosigkeit

- Gereiztheit
- diffuse körperliche Beschwerden
- Konzentrationsprobleme
- Gefühlslabilität (Wutausbrüche z. B.)
- Überforderungsgefühle und Überforderungsängste

Wenn Sie diese Anzeichen erkennen, beginnen Sie als Notfallmassnahme sich sofort zu entlasten. Übergeben Sie Arbeiten an andere Mitarbeiter, delegieren Sie, notfalls lassen Sie sich krankschreiben und spannen zwei Wochen aus oder gehen in die Ferien. In dieser Zeit gilt es, die Arbeits- und Lebenssituation grundlegend zu überdenken.

Analysieren Sie: Wie viel sind Sie pro Woche womit beschäftigt? Wenn Sie feststellen, dass Sie hoffnungslos überlastet sind, z. B. über sechzig Stunden in der Woche arbeiten, denken Sie darüber nach, welche organisatorischen Änderungen nötig sind, um Ihre Arbeitsbelastung auf höchstens fünfzig Stunden zu senken. Wenn Sie den Eindruck haben, unersetzlich zu sein, so ist Ihre Firma fehlorganisiert (Stellvertretung!), oder Sie können aus subjektiven Gründen nicht loslassen und *müssen* aus inneren Gründen alles selber machen. Aber niemand ist unersetzlich.

Wenn es Ihnen in zwei Wochen Akutentlastung nicht gelingt, ein reduziertes Arbeitsprogramm hinzukriegen, ziehen Sie einen Psychotherapeuten oder Coach bei, der Sie berät.

Beziehen Sie auch kritisch Ihre gesamte Lebenssituation in die Analyse ein. Sind Sie ein Workaholic, weil andere Lebensbereiche frustrierend sind? Schätzen Sie sich falsch ein? Haben Sie Musse, Liebe, Freundschaft, Kulturgenuss, Spass? Wenn es in diesen Bereichen fehlt, müssen Sie dringend ein neues Zeitbudget erstellen, in dem die Bereiche Arbeiten, Geniessen und Beziehungen ausgewogen verteilt sind.

Wenn Sie einmal einen totalen Burnout erlebt haben, ist es viel schwieriger, wieder auf die Füsse zu kommen und das Leben umzuorganisieren. Denken und handeln Sie deshalb bei den ersten Anzeichen.

Gelingen Ihnen trotz guten Vorsätzen und treffender Analyse die nötigen Umstellungen in Ihrem Arbeitsleben und Ihrer gesamten Lebenssituation nicht, so liegt Ihr Problem tiefer. Unbewusste innere Gründe sind dafür verantwortlich, dass Sie sich überarbeiten, überfordern und ausbrennen. Vielleicht müssen Sie ein schwaches Selbstgefühl kompensieren, vielleicht leiden Sie an überhöhtem Pflichtbewusstsein, oder Sie sind ein zwanghafter Perfektionist und müssen alles immer fantastisch machen. In einem solchen Fall ist ein tiefer greifender Wandel Ihrer Lebenseinstellungen und Ihrer Persönlichkeit nötig. Arbeiten Sie an sich, wenn nötig mit professioneller Hilfe!

Ein wesentliches Hindernis bei der Reduktion vermeidbaren Lebensstresses ist die Verleugnung. Wir nehmen gar nicht wahr oder wollen nicht wahrhaben, was uns in krank machender Weise belastet, und unterdrücken die Wahrnehmung der Stress-Signale, meist aus Angst, schwach zu erscheinen oder Anforderungen nicht zu genügen. Wenn wir langfristig gesund bleiben wollen, müssen wir unsere Wahrnehmung schärfen, welche Belastungen aus unserer Lebensumwelt kommen, und die Belastungsmenge reduzieren.

Ein in dieser Hinsicht unterschätzter Bereich ist das Wohnen. Die Wohnverhältnisse sind ebenfalls ein Teil des Kräftefelds in unserem Leben. Unsere Wohnqualität kann entweder eine Kraftquelle oder eine Belastung sein. Es erstaunt immer wieder, wie wenig Architektur und Wohlbefinden in Beziehung zueinander gesetzt werden. Fast bei jedem neuen grösseren Bauwerk muss heute eine Umweltverträglichkeitsprüfung gemacht werden. Leider ist die Seelenverträglichkeitsprüfung bei Wohnbauten nicht Vorschrift.

Die Wohnbedürfnisse sind subjektiv, und es ist für das dynamische Überwiegen der Lebenskräfte sehr wichtig, dass sie befriedigt werden. Die Wohnung soll ein Zuhause, ein Refugium, ein Entspannungsort, ein Raum für Privatheit sein. Ein Ort, wo unbelebte geliebte Objekte – Bücher, Bilder, Gegenstände – und belebte Objekte – Tiere, Pflanzen, Menschen, die einem wichtig sind und mit denen man zusammenlebt – ihren Platz haben können. Wenn die Wohnverhältnisse diesen Zweck nicht oder nur unzureichend erfüllen, werden sie zur Belastung. Ständiger Lärm beispielsweise oder zu wenig Platz sind ein chronischer Stressfaktor. Die Umgebung des Wohnorts sollte ebenfalls gefallen und keine Ursache ständiger unangenehmer Erfahrungen sein (z. B. dauernde Immissionen wie Flug- oder anderer Verkehrslärm, Kriminalität usw.).

Was für die Wohnung gilt, gilt auch für das weitere soziale Umfeld. Wenn ich an einem Ort lebe, wo ich mich nicht wohl fühle, nicht dazugehöre, mich in unerträglicher Weise fremd und verlassen fühle, bin ich einer massiv belastenden Erfahrung ausgesetzt. Eine solche Situation muss ich ändern, wenn ich nicht krank werden will.

Immunisierung gegen unvermeidlichen Stress

Es lassen sich nicht sämtliche Stressquellen reduzieren oder eliminieren. Es gibt potenzielle krank machende Lebensbelastungen, die auszuhalten sind. Zwei Grundhaltungen helfen, dem unvermeidlichen Lebensstress so zu begegnen, dass wirksam Gegenkräfte gesetzt werden.

Gegengewichte setzen

Gegengewichte zum Lebensstress sind Gefühle, die Kraftquellen freisetzen. Sorgen Sie aktiv dafür, dass Sie genügend Raum und Zeit für das Anzapfen der inneren Lebenskräfte haben (siehe Kapitel 5). Machen Sie Dinge, die Ihnen Freude machen, die Sie zum Lachen bringen, nehmen Sie sich genügend ‹voraussetzungsfreie› Zeit, in der Sie nichts tun, keine Pläne und keine Pflichten haben. Die Kreativitätstrainerin Julia Cameron empfiehlt, ‹Künstlertreffs› abzuhalten: sich zwei Stunden Zeit nehmen pro Woche und den ‹inneren Künstler› nähren, durch Besuche von Ausstellungen, Hören von Musik, intensives Betrachten und Erleben eines Bauwerks, Sich-Vertiefen in einen Film. Machen Sie eine persönliche Liste aller Tätigkeiten, die Ihnen Freude machen, und organisieren Sie sich Ihre Woche so, dass Sie pro Tag mindestens eine dieser Tätigkeiten ausüben. Überwinden Sie die anfängliche Hemmung, durchbrechen Sie den Alltagstrott.

Auch das Üben von Entspannungstechniken ist ein wichtiges Element Ihres persönlichen Anti-Stress-Programms. Üben Sie die progressive Muskelentspannung nach Jacobson, indem Sie nacheinander alle Muskelpartien Ihres Körpers einzeln stark anspannen – 7 Sekunden – und dann wieder loslassen. Praktizieren Sie autogenes Training. Legen Sie sich auf den Rücken, denken Sie an ein schönes Bild, stellen Sie sich eine grüne Wiese vor, auf der Sie entspannt in den blauen Himmel schauen. Atmen Sie tief ein und aus, in den Bauch. Lassen Sie pro Tag zehn Minuten los. Vielleicht machen Sie auch einen Spaziergang, lassen dabei Ihre Gedanken zweckfrei durch die Gegend schweifen und die Seele baumeln. Betrachten Sie.

Sich geistig und gefühlsmässig immunisieren

Die zweite wichtige Anti-Stress-Strategie besteht aus dem Aufbau von Stress abbauenden und Stress verhindernden Grundüberzeugungen.

Die aus den positiven Überzeugungen des Kohärenzgefühls resultierende Sicht der Dinge sieht die Welt klar, zusammenhängend und vertraut auch in schwierigen Situationen optimistisch auf die gebündelte Kraft, die belastenden Herausforderungen des Lebens anzunehmen und zu meistern.

Das Gefühl der Begreifbarkeit immunisiert gegenüber Lebensstress dadurch, dass die Dinge, die einem zustossen, verstanden werden und man sich dadurch weniger ausgeliefert fühlt.

Das Gefühl der Handhabbarkeit schützt gegen krank machenden Stress durch die gelassene entschlossene Haltung, die es fördert: Ich kann es schon irgendwie packen!

Das Gefühl der Sinnhaftigkeit reduziert Stress durch den Abbau des unnötigen Haders mit den unvermeidlichen Widerfahrnissen des Lebens.

Wie können wir seelische Widerstandskraft gegenüber stark belastenden Erfahrungen entwickeln?

Seelische Widerstandskraft zeigt sich als innerer Schutzschild, der den Kern der Person vor Verletzungen schützt. Mit einem inneren seelischen Schutzschild verkraften wir Schicksalsschläge und Extremerfahrungen leichter, besser, schneller. Der italienische Schauspieler und Komiker Roberto Benigni hat in seinem oscargekrönten Film ‹La vita è bella› einen Menschen dargestellt, der im Konzentrationslager einen inneren Schutzschild um die Seele seines Kindes aufbaut, sodass das Kind die Erfahrungen im Lager übersteht. Der innere Schutzschild besteht aus der unerschütterlichen Überzeugung, dass die Dinge gut ausgehen können, und der unzerstörbaren Vorstellung, eine liebenswerte und wertvolle Person zu sein.

Seelische Widerstandskraft zeigt sich schon in der ersten unmittelbaren Reaktion auf negative Ereignisse. Wer eine geringe Widerstandskraft hat, lässt sich niederdrücken, identifiziert sich mit dem Ereignis und sagt sich: «Das musste ja mir passieren, das kann gar nicht anders sein!», oder «Die Welt ist schlecht, immer stösst einem wieder was zu!», oder «Ich schaffe es einfach nicht, ich habe immer Pech!» Diese Aussagen verallgemeinern die negative Erfahrung, lassen Sie offene Türen einrennen und das verletzliche Selbst attackieren, statt einen inneren Schutzschild zu mobilisieren.

Ein hohes Mass an Widerstandskraft drückt sich darin aus, dass auf ein schlimmes Ereignis realistisch reagiert wird: «Das ist schlimm, aber jetzt ist es eben passiert, ich muss und werde damit fertig werden, kein Grund zur Hoffnungslosigkeit, es werden wieder bessere Tage kommen!»

Vertrauen in das Vorbeigehen schlimmer Zeiten, Zukunftsglauben, ist ein wesentlicher Aspekt von Widerstandskraft. Der Psychoanalytiker Henry Krystal berichtete, wie jene Insassen von Konzentrationslagern, welche sich in irgendeiner Form vorstellen konnten, dass der Horror vorbeigehen und es ein Leben ‹danach› geben würde, die schwersten Belastungen überstehen konnten.

Der nie verlöschende Hoffnungsschimmer ist ein essenzieller Bestandteil von Widerstandskraft. Wer diesen Hoffnungsschimmer hat und ihn immer wieder entfachen kann, sieht eine Depression, eine schwere Erkrankung oder eine schlimme Lebensphase als eine vorübergehende Sache an, selbst wenn sie dauern mag. *Alles geht einmal vorbei.* Gerade in Zuständen äusserster Verzweiflung zeigt sich Widerstandskraft darin, den gegenwärtigen Zustand relativieren zu können. Wer das Gefühl der Zeitlichkeit verliert, verabsolutiert sein momentanes Befinden und neigt zu Kurzschlusshandlungen (Selbstmord bei Jugendlichen).

Humor ist ebenfalls eine Komponente der Widerstandskraft. In den Interviews, die im Rahmen der Forschungen der Spielberg-Stiftung durchgeführt wurden, zeigte sich deutlich, dass jene Menschen, die den Holocaust überlebten, über ein beträchtliches Mass an Humor verfügten.

Wie entwickelt sich Humor? Kaum in Humorseminarien und Lachübungen. Humor ist mehr als Lustigsein. Humor ist gelungenes transformiertes Leiden und amüsierte Selbstdistanz. Humor ist, wenn man trotzdem lacht, er wächst aus dem Schmerz, der Belastung, und hat viel mit dem Aufgeben von Idealansprüchen an sich selbst und andere zu tun. Die Versöhnung mit dem Nicht-Perfekten, das Annehmen von sich selbst als begrenztem Individuum bilden den Nährboden. Ich mag mich und die anderen, gerade weil sie nicht perfekt, sondern menschlich sind.

Humor ist reif verarbeitete Enttäuschung und Desillusionierung.

Eine andere Immunisierungsstrategie ist, Ereignisse, die einem zustossen, in seelisch aufbauender Weise zu interpretieren und die richtigen Handlungsfolgen abzuleiten.

Seligman hat drei Ebenen der Interpretation von Ereignissen auseinander gehalten: die Dauer, die Wirkung, die Ursache. Die interpretative Begrenzung von Dauer, Wirkung und Ursache unerfreulicher und belastender Lebenserfahrungen ist eine wichtige Immunisierung gegen den krank machenden Stress.

Wenn ein negatives Ereignis, z. B. ein beruflicher Misserfolg, eintritt, kann ich die Dauer so interpretieren, dass ich gerade jetzt und heute Misserfolg habe (punktuelle Dauer) oder dass ich generell ein Versager bin (ewige Dauer). Die punktuelle Verarbeitung von aussen kommender negativer Ereignisse ist stressimmunisierend, weil sie den Stress kognitiv begrenzt. Die verallgemeinernde Interpretion der Dauer ist belastend und zusätzlich stresserzeugend, weil sie aus einer begrenzten Stressquelle eine generelle Stressquelle macht.

Die Interpretation der Wirkung kann ich begrenzen: Entweder ich denke, dass sich der berufliche Misserfolg auf meine momentane seelische Verfassung und die Finanzen nur in diesem Jahr auswirkt, oder ich bin der Überzeugung, dass er mein ganzes Leben zerstört. Entweder ich lasse ein Ereignis mein Leben nur an bestimmten Punkten beeinträchtigen, oder ich lasse zu, dass es mein ganzes Leben vergiftet.

Die dritte Ebene der Interpretation besteht in der Lokalisierung der Ursache: Sehe ich mich selber als alleinige Ursache des belastenden Ereignisses (Stress erhöhend), oder sehe ich es als aus der Situation heraus verständlich und so meinen eigenen Beitrag als begrenzt (Stress mindernd)?

Umgang mit Traumata

Während Lebensanforderungen im Bereich normaler integrierbarer Erfahrung liegen und durch ihre Häufung potenziell krank machend sein können, ist ein Trauma eine die Normalität sprengende Erfahrung, die in unser alltägliches Erleben einbricht, alle unsere normalen Handlungen unterbricht und unsere Verarbeitungskapazität überfordert. Nicht jeder Lebensstress, nicht jede Frustration, nicht jeder Schicksalsschlag ist traumatisch. Die Inflation des Begriffs verstellt den Blick auf die echten, oft unerkannten Traumatisierungen. Charakteristisch für ein Trauma ist die Erfahrung einer Diskrepanz, eines Risses, eines Bruchs mit der Normalität.

Wir unterscheiden zwischen der traumatischen Situation, der traumatischen Reaktion und dem traumatischen Prozess. Die traumatische Situation besteht darin, dass etwas Unfassbares geschieht: ein Verkehrsunfall, ein Wohnungseinbruch, der plötzliche Tod einer geliebten Person, eine lebensbedrohliche Situation, der wir nur knapp entrinnen, ein Gewaltakt, den wir erleiden.

Denise führte bis anhin ein vitales, befriedigtes Leben. Sie ist braun gebrannt, eine leidenschaftliche Berggängerin, hat zwei Kinder grossgezogen und lebt mit ihrem Ehemann, einem pensionierten Manager, in einem schönen Haus auf dem Land. Weil sie gerne noch etwas Geld verdient und unter Leute kommt, arbeitet sie aushilfsweise auf der kleinen Postfiliale im Dorf. Sie ist 62 Jahre alt.

Eigentlich hatte sie keine Schicht an diesem Mittwochmorgen, aber ihre Kollegin war krank, rief an, ob sie kurzfristig ihren Dienst übernehmen könne. Denise, unkompliziert und herzlich, sagte zu. Sie wurde im Morgengrauen beim Betreten der Postfiliale von zwei Tätern brutal überfallen, niedergeschlagen, getreten und verletzt. Sie erlitt mehrere Rippenbrüche. Seither leidet sie unter Albträumen, kann sich auf nichts mehr konzentrieren, zittert oft am ganzen Leib, ist plötzlich wie weggetreten und spürt überhaupt nichts mehr. Sie hat die Symptome eines posttraumatischen Belastungssyndroms (PTBS).

Das PTBS ist eine normale Reaktion auf eine abnormale Situation. Es zeigt sich in folgenden Symptomen:

1. Wiederkehrende und eindringliche belastende Erinnerungen an das traumatisierende Ereignis (flashbacks).
2. Wiederkehrende belastende Träume von dem Ereignis.
3. Halluzinationen oder Illusionen, dass das traumatische Ereignis wiederkehrt.
4. Massiver emotionaler Stress oder körperliche Reaktionen, wenn Aussenreize oder Gedanken an das traumatisierende Ereignis erinnern.

5. Vermeidungsverhalten: Vermeiden von Aktivitäten, Orten, Menschen, die Erinnerungen an das Trauma wachrufen könnten.
6. Gefühle der Entfremdung von anderen.
7. Zustände des Nichts-Fühlens (gefrorene Gefühle).
8. Zustände von Hypererregtheit, Schreckhaftigkeit, Konzentrationsschwäche, Reizbarkeit, Schlaflosigkeit.

Selbsttherapie: Was tun?

Wir alle haben – in unterschiedlichem Ausmass – natürliche Traumaverarbeitungsfähigkeiten. Das PTBS als traumatische Reaktion ist bereits ein Bestandteil des natürlichen Verarbeitungsprozesses. Dadurch, dass der ‹Film› immer wieder abläuft, wird die Grundlage dafür geschaffen, dass das noch unverarbeitete Ereignis, das in der Seele wie ein Fremdkörper sein Unwesen treibt, in das Erleben des Betroffenen als schlimmes Ereignis eingebettet werden kann. Der traumatisierte Mensch hat eine ‹Scheibe›, fühlt nichts und schützt sich so vor der Überwältigung durch zu intensive Gefühle. Wenn er in Zustände extremer Erregung kommt, kann etwas von der gefühlsmässigen Überschwemmung abgeführt werden. Durch die Vermeidungstechniken schützt sich ein Mensch vor erneuter Überflutung.

Der natürliche Traumaverlauf ist durch die folgenden drei Phasen gekennzeichnet:

1. Schockphase: Verwirrtheit, Unfähigkeit, sich an wichtige Informationen (z. B. die eigene Telefonnummer) zu erinnern. Die Schockphase kann von einer Stunde nach dem Trauma bis hin zu einer Woche dauern. Generell gilt: zuerst allfällige nötige medizinische Massnahmen, z. B. Kreislaufstabilisierung, dann psychologische Hilfe.

2. Einwirkungsphase: An die Schockphase schliesst sich die Einwirkungsphase an, die bis zu zwei Wochen andauern kann. Die stärkste Erregung ist zwar abgeklungen, die Betroffenen sind

jedoch von den Ereignissen völlig in Anspruch genommen, sie müssen – wie unter Zwang – immer wieder von den Vorfällen berichten. Depressionen, Hoffnungslosigkeitsgefühle, Einschlafstörun- gen treten auf. Oft erscheint solchen Menschen, auch wenn sie vorher fröhlich und optimistisch waren, das Leben sinnlos, sie klagen sich dauernd wegen eigener Fehler an, leiden an Übererregbar-keit, Schreckhaftigkeit, Gedächtnisstörungen, Alpträumen.

3. Erholungsphase: Vierzehn Tage, manchmal erst vier Wochen nach dem traumatischen Ereignis beginnen die Betroffenen sich zu erholen. Ereignen sich in dieser Zeit jedoch weitere Traumatisierungen, kann dies die Erholung verzögern oder ganz behindern. Deshalb ist es besonders wichtig, nach einem Trauma konsequent weitere Traumatisierungen zu vermeiden und die Betroffenen in einer sicheren Umgebung zu schützen. Das Interesse am normalen Leben nimmt wieder zu; das Trauma kann auch genützt werden, um über das Leben grundsätzlich nachzudenken und eine Reifung durchzumachen.

Wenn die Verarbeitung des Traumas so abläuft, besteht keine Gefahr für die langfristige Gesundheit. Gezielte selbsttherapeutische oder fachliche psychotherapeutische Arbeit ist nötig, wenn die Erholungsphase ausbleibt und ein krank machender traumatischer Prozess einsetzt.

Um ein Trauma langfristig zu bewältigen, ist ein längerer Prozess der Integration des Traumas nötig. Das Trauma war im Moment des Ereignisses zu viel, es musste in einem anderen Modus des Bewusstseins abgespeichert werden. Dort ist es zwar abseits des üblichen Alltagsbewusstseins zwischengelagert und als solches bewusst nicht spürbar, aber es zerrüttet durch die von ihm ausgehende Spannung – analog zwischengelagerten Giftabfällen – das gesamte seelische Gleichgewicht und damit die langfristige Gesundheit.

Erst wenn das Trauma in einer guten Weise zu einem schlimmen, aber begrenzten Teil der eigenen Lebensgeschichte gemacht worden ist, wenn die traumatische Erfahrung wieder ins eigene Leben zurückgeholt, eingebaut und verdaut worden ist, verliert es seinen namenlosen Schrecken. Die schlimmen abgespaltenen Gefühle müssen schrittweise und dosiert durchlitten, ausgedrückt und verarbeitet werden, damit die traumatische Erfahrung zwar nicht ungeschehen gemacht und vergessen, aber immerhin ad acta gelegt wird.

Manchmal gelingt diese Integration nur mithilfe psychotherapeutischer Begleitung. Wer sich in das Thema vertiefen will, lese das Buch ‹Neue Wege nach dem Trauma› von Gottfried Fischer.

- **Belastungen und Stress gehören unvermeidbar zum Leben.**
- **Belastungen und Stress sind potenzielle Krankmacher.**
- **Wir können Belastung und Stress zur persönlichen Entwicklung nutzen, wenn wir unsere Widerstandskräfte aufbauen und stärken.**

9. Kapitel

Langfristiges Gesundsein – Übungen für den persönlichen energetischen Wandel

Dass dein Eigenes du findest, so weit es auch ist. *Hölderlin*

Was können wir tun, um unsere inneren Lebenskräfte mehr strömen zu lassen, äussere Kraftquellen zu öffnen und zu nutzen, die inneren Saboteure zu überwinden und uns gegen krank machende Belastungen zu schützen? Vier Lebenstechniken fördern Ihre Gesundheit langfristig von innen her:

1. Machen Sie regelmässig Ihren Lebens-Checkup!

Wer dem alten Gesundheitsverständnis huldigt, sieht Krankheit als Zustand, der durch Ärzte und Medikamente wieder behoben werden kann. Er lokalisiert die Krankheit isoliert im Symptom und unabhängig vom Gesamtorganismus, von der Seele, von seiner Art zu leben, mit sich und anderen Menschen zu sein.

Das erweiterte energetische und dynamische Gesundheitsverständnis sieht Gesundheit hingegen als positive Bewegung. Diese positive Bewegung wird durch ein Übergewicht der lebendigen seelischen, körperlichen und sozialen Kräfte gegenüber den inneren und äusseren negativen Belastungen erzeugt.

Wenn Sie sich einem medizinischen Checkup unterziehen, werden alle Körperfunktionen untersucht. Sie werden – wie es so schön heisst – auf Herz und Nieren geprüft. Es wird untersucht und gefragt: Was macht das Herz? Was macht die Niere? Was macht die Verdauung? Was machen die Gelenke? Der klassische medizinische Checkup beantwortet die Frage nach Ihrem Gesundheits*zustand*. Er gibt keine Antwort auf die wichtigen Fragen nach Ihrer ganzheitlichen Gesundheit als Verhältnis zwischen positiven gesundheitsfördernden Lebenskräften und potenziell krank machenden Belastungsfaktoren. Der Lebens-Checkup hingegen gibt Aufschluss darüber, wie es Ihnen als ganzem Menschen geht und nicht nur Ihren einzelnen Organen.

Im Rahmen des Lebens-Checkups stellt sich die Frage: Wie geht es Ihnen? Er erfasst das gegenwärtige energetische dynamische Gleichgewicht zwischen inneren und äusseren Lebenskräften und inneren und äusseren Belastungen und zeigt Ihre momentane Lebenskräftebilanz. Er gibt Aufschluss darüber, ob die Kräftebilanz positiv oder negativ ist, ob Sie sich positiv Richtung Gesundheitspol oder negativ Richtung Krankheitspol bewegen.

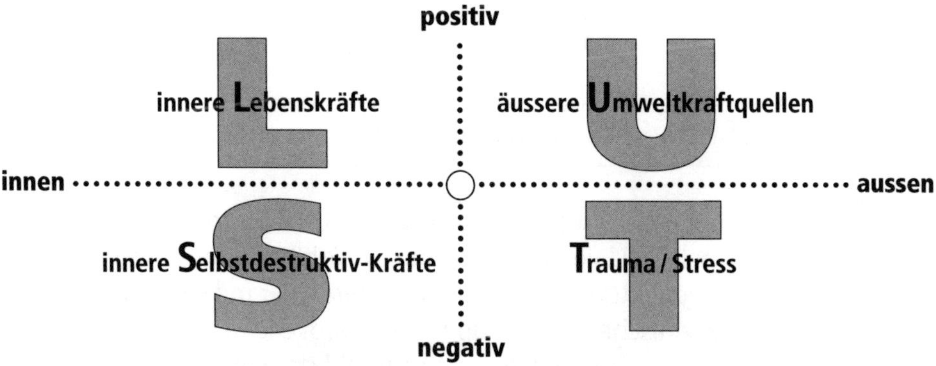

Als arithmetische Gleichung formuliert:

$$G = L + U - S - T$$

dynamische Gesundheit = innere Lebenskräfte
plus Umweltkraftquellen
minus innere Selbstdestruktiv-Kräfte
minus Trauma / Stress

Da die Lebenskräfte und die Umweltkraftquellen mit positivem Vorzeichen, die inneren destruktiven Kräfte und die Belastungen und Traumata subtraktiv gewichtet in die Gleichung eingehen, ist klar, dass die dynamische Gesundheitsbewegung dann positiv ist, wenn Lebenskräfte und Umweltkraftquellen die inneren destruktiven Kräfte und äusseren Belastungen in quantitativ energetischer Hinsicht überwiegen. Wenn die energetische Dynamik positiv ist, besteht eine Bewegung des Organismus hin zum Lebens- und Wohlbefindenspol, bei negativer Kräftebilanz tendiert sie zum Krankheits-/Todespol.

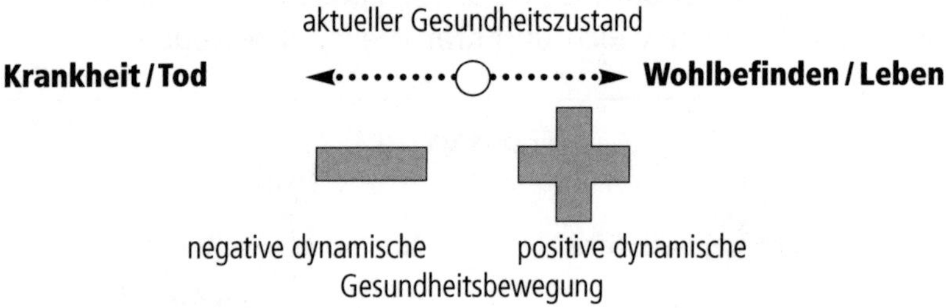

Wir befinden uns zu jedem Zeitpunkt des Lebens irgendwo auf der gestrichelten Linie des Krankheits-/Wohlbefindenskontinuums. Das ist der aktuelle Gesundheitszustand, der mit einem klassischen medizinischen Check-up erfasst wird. Die aktuelle negative oder positive Kräftebilanz im Kräftefeld des Lebens zeigt die gegenwärtige Gesundheitsbewegung an und ist auch prognostisch von Bedeutung. So kann jemand in einem medizinischen Check-up einen einwandfreien Gesundheitszustand haben; im Lebens-Check-up zeigen sich hingegen bereits Erkrankungsrisiken, weil auf Grund des Überwiegens der Belastungen und der inneren destruktive Kräfte gegenüber den Lebenskräften und Kraftquellen eine negative Gesundheitsbewegung festzustellen ist.

Sie können Ihre gegenwärtige Lebenskräftebilanz und energetische Gesundheit nun selber einschätzen (siehe Abbildung). Bestimmen Sie für jedes der vier Felder des Lebenskräftefelds die gegenwärtige energetische Intensität: 1. Die Stärke der inneren Lebenskräfte (L), 2. das Ausmass der äusseren Kraftquellen (U), 3.

die Stärke der inneren destruktiven Kräfte (S), 4. das Ausmass der äusseren Belastungen (T). Sie erfassen die energetische Intensität der vier Kraftfelder und das gegenwärtige Energie-Ungleichgewicht mittels einer Rangskala. Natürlich ist diese Einschätzung grob und auch von Ihrer Tagesform abhängig. Sie will Ihnen lediglich Denkanstösse geben.

Im Feld ‹Lebenskräfte› (L) können Sie maximal sechs Plus-Punkte vergeben: zwei für die Stärke lebendiger Wünsche, zwei für die Kraft positiver Gefühle, zwei für die Energie aus positiven Überzeugungen.

Die Stärke lebendiger Wünsche

0 Punkte Sie spüren keine lebendigen Wünsche, fühlen sich lustlos, gleichgültig und freudlos.

1 Punkt Sie spüren zwar lebendige Wünsche (z. B. nach Zärtlichkeit, Sexualität), haben aber den Eindruck, dass Sie die Energie aus diesen Lebenswünschen nicht vollumfänglich zur Verfügung haben und nur eingeschränkt energetisiert sind.

2 Punkte Sie stehen mit Ihren Wünschen in kontinuierlichem, gutem und lebendigem Kontakt, fühlen sich motiviert, warm, energetisch aufgeladen.

Die Kraft positiver Gefühle

0 Punkte Sie empfinden keine oder nahezu keine positiven Gefühle wie Lust, Freude, Neugier, Erregung, Ausgelassenheit, können z. B. nicht lachen.

1 Punkt Sie empfinden zwar in bestimmten Situationen positive Gefühle wie Freude, Lust, Erregung, erleben diese aber eingeschränkt und haben manchmal gar keinen Zugang zu ihnen.

2 Punkte Sie erleben jeden Tag einige starke, positive, freudige, lustvolle, erregende Gefühle und fühlen sich durch diese gestärkt und gekräftigt.

Energie aus positiven Überzeugungen und Einstellungen

0 Punkte Sie sehen mehrheitlich schwarz, haben den Eindruck, Ihr Leben weder zu durchschauen noch erfolgreich handhaben zu können. Sie gewinnen den Lebensanforderungen keinen Sinn ab.

1 Punkt Sie sind nicht gerade optimistisch, sehen aber auch nicht rabenschwarz in die Zukunft. Ihre Einschätzung ist zwiespältig und schwankend. Manchmal trauen Sie sich zu, die Welt zu verstehen, Ihr Leben handhaben und Sinn daraus ziehen zu können, manchmal wieder nicht. Wenn Sie optimistische Phasen haben, bleiben diese nicht stabil.

2 Punkte Sie sind stabil realistisch und optimistisch. Sie haben den Eindruck, dass Sie Ihr Leben verstehen, handhaben und ihm Sinn abgewinnen können, was immer Ihnen auch zustossen kann.

Addieren Sie nun das Zwischentotal für das Feld ‹L› und notieren Sie die Summe, z. B. L = 5.

Die Stärke der äusseren Kraftquellen (U wie Umwelt) können Sie mit maximal sechs Punkten einschätzen: zwei für Unterstützung im Alltag, zwei für gute Beziehungen, zwei für Anerkennung.

Stärke der Unterstützung im Alltag

0 Punkte Sie haben in der Bewältigung des Alltags keinerlei Unterstützung durch Freunde, Partner oder Familienangehörige.

1 Punkt Sie geniessen Unterstützung durch andere Menschen, diese ist aber unzureichend und fehlt an wichtigen Stellen.

2 Punkte Sie sind sozial gut eingebettet in ein Freundes- bzw. Familiennetz und werden kräftig und wirksam unterstützt.

Kraft aus guten Beziehungen

0 Punkte Ihre Beziehungsbilanz ist desolat. Sie haben keine oder nur minimale Beziehungen, die Ihnen Befriedigung, Raum für Entwicklung und Wertschätzung bieten, von zärtlicher und sexueller Befriedigung ganz zu schweigen.

1 Punkt Sie haben in den Beziehungsbereichen Freunde, Lebenspartner, Familie insgesamt mindestens zwei Beziehungen, die gut und befriedigend sind.

2 Punkte Sie leben in fester und befriedigender Lebenspartnerschaft, haben gute Freunde, einen vielfältigen Bekanntenkreis und intakte Familienbeziehungen.

Ausmass der Anerkennung

0 Punkte Sie leiden unter fehlender beruflicher und privater Anerkennung. Ihre Arbeit wird nicht geschätzt (oder Sie sind arbeitslos). Als Person fehlt Ihnen die Achtung und Wertschätzung anderer Menschen.

1 Punkt Sie sind mindestens in einem der beiden Bereiche – Anerkennung der Leistung oder private Anerkennung – zufrieden.

2 Punkte Sie geniessen sowohl privat als auch hinsichtlich Arbeit und Leistung Anerkennung und Wertschätzung im engeren wie im weiteren Kreis Ihres sozialen Netzes.

Addieren Sie jetzt alle Punkte in diesem Feld und notieren Sie die Zwischensumme, z. B. U = 4.

Die Macht der inneren destruktiven Kräfte können Sie ebenfalls mit sechs Punkten erfassen (S wie Selbstzerstörung und Sabotage): je maximal zwei Punkte für die Stärke der ungebändigten emotionalen Destruktivität, für die negative Macht innerer Blockaden und die Intensität der Selbstkritik.

Stärke ungezähmter emotionaler Destruktivität

0 Punkte Sie bändigen ihre Destruktivität. Sie spüren sie, aber binden und bündeln sie in produktiver Weise. Sie verwenden sie für Ihre eigenen Interessen, Sie drücken die negativen Gefühle in einigermassen verträglicher und produktiver Form aus.

1 Punkt Sie haben Mühe mit der Bändigung Ihrer Destruktivität. Ihre destruktiven Impulse und Gefühle brechen manchmal durch: Sie greifen sich selbst oder andere an, belasten damit Situationen und Beziehungen.

2 Punkte Sie haben Ihre Aggressionen nicht unter Kontrolle. Sie richten sie gegen sich selbst, d. h. Sie haben mittelschwere bis schwere Depressionen, kämpfen mit aggressiven selbstschädigenden Erkrankungen, rasten regelmässig aus, beschädigen und zerstören Beziehungen.

Die Mächtigkeit innerer Blockaden

0 Punkte Sie sind spontan und ungehemmt, fühlen sich im Ausdruck und im Verhalten frei und in keiner Weise durch selbstschädigende Hemmungen in der Entfaltung Ihrer Persönlichkeit eingeschränkt.

1 Punkt Sie sind in einzelnen Bereichen innerlich blockiert durch Ängste, Hemmungen und Verbote. Dies hindert Sie manchmal daran, sich völlig frei zu entfalten und effizient und lebendig für Ihre Anliegen einzutreten.

2 Punkte Sie sind in praktisch allen Bereichen des Lebens durch innere Blockaden und gegen die lebendige Entfaltung ihres Potenzials gerichtete Hemmungen gelähmt. Sie können Ihre Fähigkeiten, sofern Sie diese überhaupt spüren, weder privat noch beruflich entfalten und zur Geltung bringen.

Die Intensität und Grausamkeit der Selbstkritik

0 Punkte Sie sind frei von grausamer Selbstkritik, können sich angemessen und sachgerecht bewerten.

1 Punkt Ihr innerer Einflüsterer kritisiert Sie oft und treibt Sie mit Vorwürfen und Beschimpfungen an. Sie haben aber auch Bereiche, in denen er Sie in Ruhe lässt.

2 Punkte Sie sind ein Ausbund an Gemeinheit sich selber gegenüber. Sie können kein gutes Haar an sich selbst lassen.

Addieren Sie alle Werte, für den Bereich ‹S›, z. B. S = 6.

Den Bereich der äusseren Belastungen schätzen Sie ebenfalls mit maximal sechs Punkten (höchste Belastung) ein: maximal drei Punkte für den Umfang der alltäglichen Lebensbelastungen und drei Punkte für die Stärke der Belastung durch traumatische Erfahrungen.

Umfang des Lebensstresses

0 Punkte Minimaler Lebensstress, Sorgenfreiheit, Glücklichsein, völlige Entspanntheit.

1 Punkt Leichte Lebensbelastung durch Sorgen und alltägliche Belastungen.

2 Punkte Starker Lebensstress, grosse Sorgen, grosse Anspannung; Gefühl, dass alles gerade noch knapp zu bewältigen ist.

3 Punkte Maximaler akuter Lebensstress in vielen oder allen Lebensbereichen; Gefühl, dass einem alles über den Kopf wächst, Überforderungs- und Panikzustände.

Traumata

0 Punkte Sie leiden unter keinerlei Trauma-Folgen.

1 Punkt Sie leiden leicht unter den Folgen eines Traumas, sind aber im Alltag in der Regel nicht eingeschränkt.

2 Punkte	Sie leiden mittelschwer an den Folgen eines Traumas und haben Symptome eines PTBS.
3 Punkte	Sie leiden schwer unter Traumafolgen und sind massiv eingeschränkt durch ein PTBS.

Addieren Sie die Punktwerte und notieren Sie den Wert, z. B. T = 3.

Zählen Sie nun L + U zusammen und subtrahieren Sie von diesem Zwischentotal S und T. Sie erhalten das Schätz-Score für Ihre dynamische Gesundheit: L + U – S – T! Der Wert bewegt sich zwischen minus 12 und plus 12.

Auswertung

- Minus 12 bis minus 1 Punkte:
  In Ihrem Kräftefeld des Lebens überwiegen die Belastungen gegenüber den Lebenskräften. Ihre dynamische Gesundheit tendiert in Richtung Krankheitspol.
- 0 Punkte:
  Die Lebenskräfte und ihre Gegenspieler sind im Gleichgewicht.
- 1 bis 12 Punkte:
  Die Lebenskräfte überwiegen energetisch, Ihre dynamische Gesundheitsbewegung ist positiv, Sie bewegen sich Richtung Wohlbefindenspol.

Beispiel

Bereich L	Wünsche 2 / Gefühle 2 / Überzeugungen 1 = 5
Bereich U	Soziale Unterstützung 2 / Beziehungen 1 / Anerkennung 1 = 4
Bereich S	Destruktivitätsbändigung 1 / Innere Blockaden 1 / Selbstkritik 1 = 3
Bereich T	Lebensstress 2 / Traumata 1 = 3
Total	L + U – S – T = 5 + 4 – 3 – 3 = +3.

Der Wert für die Lebenskräftebilanz ist +3 und zeigt an, dass die aktuelle Gesundheitsbewegung positiv ist.

Der Lebens-Checkup ist keine exakte Untersuchung, sondern eine Selbsteinschätzung der dynamischen Gesundheit. Der Lebens-Checkup nach dem erweiterten ganzheitlichen, energetischen und dynamischen Gesundheitsverständnis öffnet Ihnen die Augen für mögliche Änderungen Ihrer Lebensweise. Sein Wert ist ein selbstdiagnostischer und selbsttherapeutischer. Sie halten sich den Spiegel Ihrer energetischen Lebenssituation vor und geben sich Anhaltspunkte, etwas zu verbessern. Die Person im Rechenbeispiel hat verschiedene Ansatzpunkte. Zum einen beim Bereich T Lebensstress, und zum anderen im Bereich S Destruktivitätsbändigung. Da sie auf der Seite der mobilisierten Lebenskräfte recht gut abschneidet, sollte sie sich darauf konzentrieren, die Seite der destruktiven Kräfte besser in den Griff zu bekommen, ihre selbstschädigenden Tendenzen und Belastungen abzubauen.

2. Setzen Sie sich lebendig mit sich und der Welt auseinander!

Gesundheit ist nicht die Abwesenheit von Einschränkungen, Symptomen oder Krankheiten, sondern sie ist die Funktion der Wechselwirkung der einzelnen Person mit ihrer inneren und äusseren Umwelt. Sie ist die ständig sich verändernde Auseinandersetzung des Organismus mit sich selbst und der Umgebung. Wir pendeln zwischen der Wahrnehmung von Innenwelt und Aussenwelt hin und her. Wir öffnen uns mal den Gedanken und Gefühlen und achten dann wieder auf die Signale aus der Umgebung. Dieser beständige Blickwechsel zwischen Innen-Schau und Aussen-Schau, zwischen Subjekt-Analyse und Objekt-Analyse, ist die spannende, pulsierende Auseinandersetzung mit dem Leben in seiner ganzen Fülle.

Dieses Oszillieren ermöglicht Selbstwerdung und Teilnahme am Leben anderer – zwei zentrale Voraussetzungen langfristiger Gesundheit. Ich muss ich und in Begegnung mit anderen sein, dann habe ich die persönlichen und sozialen Kraftquellen für meine langfristige Gesundheit zur Verfügung. Das Pendeln zwischen der Achtsamkeit auf die eigene innere Welt und der Achtsamkeit gegenüber der Aussenwelt ist die Basis für erfolgreiches Einbringen der eigenen Wünsche und Anliegen.

Gelingt Subjekt- und Objektanalyse nicht oder nur unvollständig, sind wir schlecht gerüstet im Strom des Lebens. Wem die lebendige Oszillation zwischen Innen-Schau und Aussen-Schau nicht gelingt, weil er nur in sich hineinschauen, sich nur mit sich und seinen eigenen Zuständen befassen kann, wird Schwierigkeiten damit haben, die Chancen und Gefahren in der Umgebung wahrzunehmen und zu nutzen.

Wer das lebendige Pulsieren zwischen Subjekt-Analyse und Objekt-Analyse nicht schafft, weil er sich mit der Wahrnehmung nur in der Aussenwelt orientieren kann und blind für die eigenen inneren Zustände und unbewussten Tiefen ist, wird sich in seinem Lebensvollzug selbst verfehlen.

Die selbstfixierten Narzissten, die sich von der sie verstörenden Aussenrealität abschotten, schneiden sich vom vollen Zugang zu den Lebenskraftquellen ebenso ab wie die aussenfixierten Macher, die sich von den sie beunruhigenden inneren seelischen Vorgängen abwenden.

Nur wer nach beiden Seiten, d. h. für die eigenen seelischen Realitäten und für die äusseren Gegebenheiten offen ist, findet in der ständigen lebendigen Auseinandersetzung und Konfrontation von eigenen Wünschen und Realitätsanforderungen kreative Lösungen.

Sich auseinander setzen mit der inneren und der äusseren Welt ist nicht nur lustvoll. Es konfrontiert uns oft mit wenig Schmeichelhaftem und Schmerzhaftem in uns selbst, z. B. mit peinlichen Einsichten, unangenehmen Gefühlen und desillusionierenden und enttäuschenden Wahrheiten. Es fällt uns manchmal schwer, uns selbst nicht zu verklären, und es ist oft nicht leicht, die Welt so wahrzunehmen, wie sie ist.

Wenn wir in uns selbst erkennen, dass wir neben unseren guten und edlen Eigenschaften auch böse, grausam, hinterhältig, gierig, neidisch, eifersüchtig, ungeduldig und rachsüchtig sind, regt sich Widerstand. Wir schämen uns für vieles und fühlen uns schuldig. Lieber hätten wir nur die guten Eigenschaften. Die Auseinandersetzung mit uns selbst konfrontiert uns aber nicht nur mit unseren Schokoladeseiten, sondern auch mit unseren ungeliebten Aspekten, dem so genannten Schatten.

Ein wichtiger seelischer Kunstgriff, um die Lust an der selbstkonfrontierenden Auseinandersetzung – trotz Schmerz, Scham, Schuld und Enttäuschung – anzufachen und sie zu erhalten, ist die Befriedigung der Neugier, des Forschungs-Interesses und des Wahrheitsdurstes. Wenn Sie zum Beispiel einmal das Gefühl kennen gelernt haben, einen Traum verstanden und ein seelisches Aha-Erlebnis erarbeitet zu haben, wissen Sie um die Befriedigung der Selbsterkenntnis. Wahrheit über sich selbst befreit und energetisiert. Wenn Sie einmal verschleierte Verhältnisse in der Umgebung durchdrungen und verstanden haben, spüren Sie das gute Gefühl – der Nebel lichtet sich.

Klarheit über die Verhältnisse in der Umgebung zu haben mobilisiert und stärkt. Lebendige Auseinandersetzung mit sich selbst und der Umgebung ist wie ein Musikinstrument, auf dem immer wieder zu üben ist. Und man wird belohnt durch ein lebendiges seelisches Funktionieren, ein reiches Innenleben, bessere Beziehungen, mehr Befriedigung, einen guten Kontakt zur Realität und zu sich selbst.

Der innere Rahmen der lebendigen Auseinandersetzung

Jede Tätigkeit braucht einen geistigen Rahmen, in dem sie ausgeübt wird. Der geistige Rahmen ist die Vorstellung über den Gegenstand der Tätigkeit. Der Gegenstand der lebendigen Auseinandersetzung ist das eigene seelische Innenleben und die Beziehung zur Welt. Der innere Rahmen der lebendigen Auseinandersetzung wird durch drei Fragen aufgespannt:

1. Wer bin ich? – Die Frage nach dem Selbst
2. Was fehlt mir? – Die Frage nach den Wünschen
3. Wo will ich hin? – Die Frage nach den Objekten

Wer bin ich? Was fehlt mir? (Subjektanalyse)

Selbst ist hier beschreibend und umfassend verstanden. Das Selbst umfasst alles, was ich seelisch-geistig bin: das, was vital zu mir gehört, wie meine Triebe, Wünsche, Gefühle. Das, was ich via Erfahrungen verinnerlicht habe im Laufe meiner Lebensgeschichte: mein Gewissen, meine Selbstvorstellungen, meine Ideen über Beziehungen, meine Erwartungen. Das, was ich an selbstständigen Fähigkeiten habe: Wahrnehmung, Denkfähigkeit, Urteilsbildung, Steuerung. Ein grosser Teil meines Selbst ist genuin unbewusst – war noch nie bewusst, oder sekundär unbewusst –, verdrängt. In der Auseinandersetzung mit mir selbst versuche ich, so viel des Selbst wie möglich der Wahrnehmung und dem Nachdenken zugänglich zu machen.

Unser Selbst ist ein Geflecht, man könnte auch sagen, ein Teppich von Vorstellungen über uns selber, im Laufe unseres Lebens geknüpft. Es beinhaltet verschiedene einzelne Ideen, die wir über uns haben: wie wir uns sehen, uns einschätzen, uns in den Augen anderer vorkommen. Alle unsere inneren Aussagen über unseren eigenen Wert, unsere Überzeugungen, wie liebenswert wir sind, welche Eigenschaften wir haben, umfasst es.

Der Psychoanalytiker Christopher Bollas spricht von ‹self management› – Selbst-Handhabung. Wir bleiben gesund, wenn wir mit unserem Selbst liebevoll, fürsorglich, entwicklungsfördernd umgehen, ihm Nahrung zuführen. Ein gesundes Selbst lebt von stimulierenden Erfahrungen, liebenden Bezugspersonen, Räumen für die Entwicklung.

Julia Cameron, die New Yorker Kreativitätstrainerin, nennt unser Selbst, das sich entwickeln, sich ausdrücken, sich in Beziehungen und in der Arbeit realisieren will, das ‹Künstlerkind› in uns, dem wir eine gute Behandlung geben müssen, damit es sein Eigenes lustvoll entfalten und ausdrücken kann.

Das Selbstgefühl braucht auch Spiegelung, wohlwollende Bestätigung durch bedeutsame Beziehungspersonen. Nur wenn das, was wir tun und ausdrücken, auch wahrgenommen und gut aufgenommen wird, entwickelt sich ein gesundes Selbstgefühl. Wir brauchen ein Leben lang ‹gute Spiegel›, nicht nur als Kinder. Gelingende Selbst-Handhabung besteht unter anderem darin, sich selber eine Umgebung zu schaffen, in der man geliebt, gespiegelt und entwicklungsfördernd kritisiert wird.

Vom Selbst gehen Wünsche aus. Wir Menschen sind Wunschwesen, ja, Wunschmaschinen, die ständig Wünsche produzieren. Wünsche sind individuell, idiosynkratisch wie Fingerabdrücke. Nicht zwei Menschen haben gleiche Wünsche. Wünsche sind seelische Gebilde, die aus einem Verlangen nach einer bestimmten Befriedigung bestehen, welche man sich vorstellen kann. Wir haben ganz persönliche unverwechselbare Triebwünsche (Sexualität, Aggression, Bemächtigung), allgemeine Selbsterhaltungsbedürfnisse (Durst, Hunger, Luft- und Lichtbedürfnisse), die nach Sättigung, und Gefühle (Zärtlichkeit, Liebe, Wut usw.), die nach Kommunikation drängen. Diese Energetik, die von uns ausgeht, werfen wir in die Welt der Objekte, d. h. der unbelebten Gegenstände oder der anderen Lebewesen, meist Menschen, und suchen dort günstige Partner für Befriedigung und Kommunikation. Individuelle Wunschvorstellungen können wir verfolgen und so alle Hebel in Bewegung setzen, die zum Befriedigungserlebnis führen.

Wünsche können erfüllbar oder unerfüllbar sein. Lebenskunst besteht darin, sich die subjektiven Wünsche bewusst zu machen, unerfüllbare Wünsche von den erfüllbaren zu unterscheiden, auf die Befriedigung illusionärer Wünsche zu verzichten und die Befriedigung erfüllbarer Wünsche durchzusetzen.

Wünsche halten uns ständig auf Trab, sie energetisieren uns. Deshalb ist es so wichtig, dass wir Zugang zu ihnen haben. Wünsche sind unser Lebenselixier.

Einer meiner Analysanden ertrug diese menschliche Ur-Situation nicht, dass man immer wünscht und für viele Wünsche auf das Mitspielen von Beziehungspersonen angewiesen ist. Er wollte wunschlos sein, um der Abhängigkeit von anderen Menschen und der permanenten Verstörung und Unruhe durch Gefühle des Verlangens nicht ausgeliefert zu sein. Er lebte daher so, dass er alles, was er tat, aus einem Gefühl der Verpflichtung, des Müssens heraus machte. Dies ersparte ihm, den Zustand des Begehrens und die damit verbundenen Risiken und Gefahren ertragen zu müssen. Er ächzte lieber unter dem Joch von eingebildeten und selbstauferlegten Pflichten als im Zustand spannungsvollen Wünschens zu sein. Leider entging ihm mit dieser Lösung auch die Chance möglicher Befriedigungen.

An unseren Wünschen führt kein Weg vorbei, wenn wir nicht unglücklich sein wollen.

Wir leben in einer Zeit, in der viele Menschen ihrem Selbst und vor allem seinem Zentrum, dem Unbewussten, gegenüber eine ambivalente Einstellung haben. Einerseits ist die Existenz des Unbewussten seit den Entdeckungen von Sigmund Freud kulturelles Allgemeingut geworden; niemand, der etwas auf sich hält, bestreitet ernsthaft, dass es ein Unbewusstes gibt. Andererseits schwindet im offiziellen kulturellen Diskurs das Interesse an der inneren unbewussten Welt. Das Innere wird abgewertet, vernachlässigt, oft gar negiert. Nur das schnelle, messbare Resultat, der Output, zählt. Man ist fixiert auf die äussere, materiell fassbare Realität. Es kommt nur noch darauf an, vor dem Publikum zu bestehen. Diese Tendenz zeigt sich auf vielen Ebenen im Leben der einzelnen Menschen wie auch in der Gesellschaft.

Der Anfang jeder produktiven Auseinandersetzung mit dem eigenen Leben ist deshalb die Entscheidung, sich für das eigene Unbewusste, für das eigene Selbst zu interessieren und einen inneren Rahmen als Raum für diese Selbstanalyse zu schaffen. Dieser Entscheid darf nicht nur ein Lippenbekenntnis intellektueller Art sein, sondern muss sich in der Lebensrealität ausdrücken. Lebendige Selbstanalyse heisst, dass Sie Ihre Sicht auf sich selbst weiten und vertiefen. Lernen Sie Gesundheit als etwas zu betrachten, das ein viel weiteres Feld ist als das, was Sie bisher angenommen haben. Wenn Sie bisher dachten, Gesundheit sei eine Frage körperlicher Ertüchtigung, gesunder Ernährung, Vermeidung bzw. gekonnten Handlings von Stress, ist es an der Zeit, Ihren Blick zu weiten.

Gesundheit berührt den unbewussten Kern Ihrer Persönlichkeit. In diesem Kern werden wichtige Weichen gestellt, ob Sie einen destruktiven oder einen gesundheitsfördernden Lebensstil pflegen, ob Sie sich Sorge tragen oder nicht, ob Sie Ihre inneren und äusseren Kraftquellen nutzen, um ein gesundes und langes Leben zu leben.

Interessieren Sie sich für Ihr Selbst als Zentrum Ihrer Person, in dem Lebenskräfte und hemmende Kräfte miteinander ringen. Versuchen Sie, dieses innere Kräftespiel kennen zu lernen und zu gestalten, ohne die Aussenwelt zu vernachlässigen.

Das Selbst und sein inneres Kräftespiel entdecken

Gesundheit kommt von innen, aus Ihrem eigenen Selbst. Sie wird erzeugt durch eine gelassene, interessierte und offene Einstellung zum Leben und seinen verschiedenen Aspekten: zur Realität, zu sich selbst, zu den anderen.

Das gesunde Mit-sich-selbst-Sein ist für uns Menschen keine Selbstverständlichkeit, weil unser Selbst nicht ein harmonisches, homogenes Ganzes voller inneren Friedens ist. Im Gegenteil: Unser Inneres ist eine Bühne, auf der sich Tragödien im antiken Sinne des Wortes abspielen. Unsere lebendigen, vitalen Anteile in unserem Inneren, das so genannte Gute, liefern sich einen Kampf mit dem so genannten Bösen, den hemmenden, ja, auf Blockade oder gar Vernichtung zielenden Kräften. Das gute Verhältnis zu unseren Lebenskräften, unseren gesunden Wünschen nach Selbstrealisierung und Verbindung mit anderen Menschen wird gestört durch schlimme Erfahrungen in unserer Lebensgeschichte, die uns aggressivieren und Gegenkräfte gegen das Lebendige mobilisieren. In unserem Selbst spielt sich ein ständiges Ringen um unsere Gesundheit ab: Siegen die aufbauenden lebendigen Kräfte oder die hemmenden, blockierenden, gegen das Leben gerichteten?

Ein gutes Verhältnis zu sich selbst ist ein Kernbestandteil gesunden Lebens und zeigt sich darin, wie wohlwollend man mit sich umgeht und wie man über sich nachdenkt. Oft ist der negative Umgang mit sich selbst, das Dominieren einer selbstfeindlichen und lebensfeindlichen Einstellung, nicht auf Anhieb erkennbar. Die Selbst-Beziehung zeigt sich vielmehr in unsichtbarer Weise im ‹inneren Zwiegespräch›, in den inneren Stimmen, die man dann hört, wenn man mit sich selbst allein ist.

Die inneren Stimmen, psychoanalytisch ausgedrückt die Introjekte, sind Verinnerlichungen von Erfahrungen, die wir unser ganzes Leben lang machen. Die Eigenschaften unserer Introjekte, ob sie autoritär, gütig, tolerant, grausam oder fanatisch sind, prägen, wie wir mit uns selber sind. Wenn wir eine grausame Figur introjiziert haben, drückt sich dies in permanenten sadistischen Kommentaren aus, die diese innere Stimme unseren lebendigen, spontanen Seiten gegenüber macht.

Peter litt unter grosser Lustlosigkeit und unter Arbeitsstörungen. Er hatte viele Ideen, aber sobald er sich an den Schreibtisch setzte, befiel ihn ein Gefühl der Lähmung, des Desinteresses, und er war unfähig, auch nur einen Satz zu Papier zu bringen. Wir besprachen sorgfältig, was in ihm vorging, und es zeigte sich, dass immer dann, wenn er sich voller Lust ans Realisieren eines Gedankens machte, eine innere gleichgültige Figur auftauchte, die ihm zu verstehen gab, dass sie kein Interesse an seiner Arbeit hatte und auch nicht an einen Erfolg glaubte. Sie zeigte keinerlei Resonanz, war aber in seiner Nähe. Diese gleichgültige innere Figur war durch nichts zu begeistern, durch nichts zu einer Reaktion zu bewegen, und sie vermittelte meinem Analysanden die entmutigende Erfahrung, dass «es sowieso nicht klappen wird» und seine Arbeit letztlich nicht von Bedeutung sei.

Erst als diese innere gleichgültige, wortkarge Figur, die meinen Patienten nur schon mit ihrer Anwesenheit erdrückte, greifbar wurde, war es möglich, sich von ihren Botschaften – «Was auch immer du tust, es hat keine Wirkung» – zu emanzipieren. Erst als er die innere Figur greifbar machen, be-greifen konnte, konnte er sich auch von ihr lösen, sie aus sich hinauswerfen und sich ihr nicht mehr unterwerfen.

In unserer westlichen patriarchalen Kultur ist die Vater-Imago eine mächtige Ideal-Figur, welche die meisten von uns mit sich herumtragen. Sie ist das Bild eines idealen, mächtigen Mannes, sie entspricht dem Bild, das wir uns als Kind von unserem Vater und von dessen idealen Qualitäten gemacht haben. Es ist eine mächtige, starke Gestalt, die alles kann, alle Probleme löst und alles beherrscht. Paul Parin schreibt in ‹Der Traum von Ségou›: «In welcher Gestalt auch immer diese Vater-Imago auftritt, sie bleibt das Ideal und wird auf den Mächtigsten projiziert.»

Diese innere Figur vertritt immer bestimmte Werte, die den eigenen lustvollen Anteilen entgegenstehen. Wer mit dieser allmächtigen, unterdrückenden Vater-Imago identifiziert ist, strampelt sich ab, grossartig, beherrschend, aussergewöhnlich zu sein. Die eigenen Gefühle, die Sexualität, die eigenen Wünsche, das eigene Selbst kommen dabei immer unter die Räder. Die Frage ist, ob wir diese verinnerlichte allmächtige Ideal-Figur wirklich brauchen. Können wir uns nicht emanzipieren von diesem Wunsch, uns einer Autorität zu unterwerfen und ihr die Erfüllung unserer Sehnsüchte nach Schutz und gutem Leben zu delegieren? Ein gesundes Mit-sich-selbst-Sein ist jedenfalls eher möglich, wenn wir die idealisierte Vater-Imago loswerden. Dazu müssen wir uns ihrer bewusst werden und sie in einem Verzichts- und Desillusionierungsprozess verabschieden.

Den Einfluss bösartiger Introjekte, d.h. jener inneren Figuren, die unsere Lebendigkeit, Kreativität, das Spontane und Gute in uns angreifen, zu neutralisieren, ist ein wichtiger Schritt zu langfristiger Gesundheit.

Solange wir im Griff bösartiger Introjekte sind, können wir es mit uns allein nie gut haben. Sobald Ablenkung fehlt, überfallen uns diese bösen Stimmen. Wir sind dann viel zu abhängig von äusseren Objekten, weil diese dauernd ein Gegengewicht zu den bösen Introjekten bilden müssen. Wir überfordern damit unser Umfeld und schaden uns selbst.

Wie also kann ich meine negativen Introjekte loswerden?

Wahrnehmen der Einflüsterungen

Die Wahrnehmung der krank machenden bösen Einflüsterungen unserer bösartigen Introjekte ist nicht einfach. Wir sind oft derart mit den gemeinsten dieser inneren Stimmen identifiziert, dass sie uns vertraut vorkommen und wir sie als Teil unserer selbst erleben. Sie kommen uns vor als unsere Gedanken. Oder wir merken den Einfluss der bösen Einflüsterer nicht an bestimmten Gedanken, die wir denken, sondern erst als die Folgen dieser Gedanken, durch unangenehme Gefühle, Verstimmung, Gereiztheit, Wut.

Selbstwahrnehmung, In-sich-hinein-Spüren, -Hören sind wichtige Voraussetzungen, um die langfristige Gesundheit zu pflegen und zu erhalten. Achten Sie also in Zeiten, in denen Sie nicht durch wichtige Aktivitäten absorbiert sind, auf das, was in Ihnen vorgeht. Lesen Sie z. B. im Tram nicht Zeitung, sondern achten Sie darauf, was Sie gerade denken und fühlen. Interessieren Sie sich für die negativen Einflüsterungen. Und machen Sie nun den paradoxen Trick, dass Sie eine negative Einflüsterung – ‹Du schaffst es nicht› oder ‹Das ist schlecht, was du da machst› – nicht wegschieben. Hören Sie den Unverschämtheiten, die Sie sich selber an den Kopf werfen, genau zu. Studieren Sie so Ihren inneren Feind, um ihn besser bekämpfen und loswerden zu können. Machen Sie die 24-Stunden-Übung (siehe 7. Kapitel).

Es wird Sie etwas Mühe kosten, sich mit den Gemeinheiten, die Sie sich selbst antun, zu befassen, weil Sie sich dabei schlecht fühlen. Aber es ist therapeutisch ein ganz wichtiger Schritt.

Erstens ist die Wahrnehmung der negativen Introjekte die Voraussetzung für deren Überwindung, und zweitens verschafft Ihnen diese Übung die wichtige Erkenntnis, dass es kaum einen Menschen gibt, der gemeiner zu Ihnen ist als Sie selbst. Das bringt auch Entspannung in Ihre Beziehungen, weil wir es oft darauf anlegen, andere dafür zu missbrauchen, unsere bösen Introjekte zu repräsentieren. Ein unsicherer Mann z.B. wählt sich eine aggressive Ehefrau, die seine inneren Feinde perfekt repräsentiert. Statt sich mit seinen selbstfeindlichen Anteilen zu befassen, kann er nun über seine böse Frau klagen.

Haben Sie erst einmal Kontakt zu den Einflüsterungen Ihrer negativen Introjekte, so ist die Voraussetzung für Ihre Gesundung geschaffen. Jetzt liegt es nämlich in Ihrer Hand, ob Sie Ihren Introjekten widersprechen oder ob Sie ihnen weiterhin brav zustimmen.

Sie werden feststellen, dass energisches Widersprechen gar nicht so leicht ist und Sie solidarisch an Ihren inneren Sadisten gebunden sind. Sie wollen ihn nicht noch mehr verärgern durch Widerspruch und wollen ihn auch nicht verlieren, denn immerhin ist er ein treuer, wenn auch reichlich unangenehmer Begleiter.

Fangen Sie trotzdem an, ihm zu widersprechen. Wenn Ihre fiese innere Stimme bei der Besprechung eines für Sie wichtigen Projekts kommentiert: «Das schaffst du doch nicht», zögern Sie nicht, ihr gedanklich unverzüglich zu entgegnen: «Erzähl keinen Quatsch. Ich schaff das!»

Und gehen Sie sofort daran, zur Liste der inneren Negationen eine passende Liste der widersprechenden Affirmationen zu kreieren. Sie müssen lernen, diese zu denken, zu denken und nochmals zu denken. Was Sie hundert Mal gedacht haben, schleift sich ein und wird zu einer echten Konkurrenz gegen Ihre eingeschliffenen Negationen. Setzen Sie gegen die Negation ‹Das schaffst du nicht› die Affirmation ‹Ich schaffe es›. Setzen Sie gegen die Negation ‹Ich bin dumm› die Affirmation ‹Ich bin klug›. Setzen Sie gegen die Negation ‹Ich bin schwach› die Affirmation ‹Ich bin stark› oder ‹Ich bin potent›. Auf jeden Fall setzen Sie den Negationen der bösen Introjekte Widerspruch entgegen. Fangen Sie an, gegen den Terror der bösen Introjekte Subversion zu üben. Noch heute.

Der nächste Schritt der Auseinandersetzung und Überwindung böser innerer Einflüsterungen besteht in der Ursachenforschung und Loslösung. Denken Sie darüber nach, woher diese bösen inneren Stimmen kommen. Erinnern sie Sie an Sätze bestimmter Personen? Sind es verdichtete Erfahrungen? Sind es eigene Erklärungen für schlimme Erfahrungen?

Einer meiner Patienten fiel als Dreijähriger die Treppe hinunter und trug schlimme Kopfverletzungen davon. Er musste mehrere Wochen im Kinderspital liegen und erlebte den Unfall und die folgende Zeit der Trennung von der Familie als traumatisch. Der Patient hat heute Mühe, sich zu etwas zu entschliessen. Er zögert und verpasst oft günstige Gelegenheiten. So bekam er jüngst ein Angebot einer anderen Firma, konnte sich aber innerhalb der Bedenkfrist nicht entscheiden, eine Zusage zu geben, und der Deal platzte. Beim genauen gemeinsamen Untersuchen stellte sich dann heraus, dass eine innere Stimme ihm einflüsterte: «Sei nicht unvorsichtig, sonst passiert wieder was!»

Er hatte den Unfall mit einem Selbstvorwurf verarbeitet, warf sich selber vor, unvorsichtig gewesen zu sein, und war nun generell zögerlich, wenn er etwas Neues wagen sollte.

Es ist möglich, sich von einem solchen Satz loszulösen, indem er mit der Erfahrung verknüpft wird, in welcher er ‹erfunden› wurde. Oft sind die gemeinen Sätze wie ein verdichteter Chor, der wiederkehrende negative Erfahrungen der Kindheit zusammenfasst. «Ich bin nicht liebenswert» ist so ein Satz. Wenn ein Kind oft die Erfahrung macht, dass über seinen Kopf hinweg verfügt wird und sich niemand für es interessiert, zieht es daraus die Schlussfolgerung, es liege an ihm, nicht an der Umgebung. Es schützt die böse Umgebung und setzt sich selbst ins Unrecht, um der Hilflosigkeitserfahrung zu entgehen. Wenn es nämlich selbst schuld ist, kann es etwas tun. Z. B. kann es sich noch mehr bemühen, brav zu sein, und wird vielleicht dann von den Grossen geliebt.

Schlimme Einflüsterungen mit lebensgeschichtlichen Erfahrungen verknüpfen, um sich dann von ihnen zu lösen, das kann man durchaus selber an die Hand nehmen.

Es ist nicht zwingend nötig, einen Psychoanalytiker aufzusuchen, um lebendige Auseinandersetzung mit sich selbst zu betreiben. Ob Sie einen Analytiker zu Rate ziehen oder nicht, hängt davon ab, in welchem Umfang Sie mit Ihrer Selbstanalyse alleine vorwärts kommen, oder ob Sie punktuelle oder kontinuierliche Unterstützung brauchen. Manche blinden Flecken können wir beim besten Willen nicht selber erkennen. Dann ist es keine Schande und nur weise, einen Analytiker beizuziehen. Gesund ist, das zu tun, was einem optimal gut tut. Wenn der Selbsterkenntnisprozess stockt, wäre es ungesund, auf Hilfe zu verzichten.

Wo will ich hin? (Objektanalyse)

Der innere Rahmen für die Tätigkeit der Selbstanalyse ist erst vollständig, wenn er neben dem Selbst und den Wünschen auch die Welt der Objekte, die Um-Welt, mit einbezieht. Paul Parin schreibt: «Wer kein inneres Bild davon hat, was von Menschen zu erwarten ist, kann kaum enttäuscht werden, hat es aber auch leichter, Freunde zu finden.»

Die Eigenschaften der Objekte sind ganz entscheidend für unser seelisches Gleichgewicht. Darum ist Objekt-Analyse und Weltanalyse genauso wichtig wie Subjekt-Analyse, Selbst- und Wunschanalyse. Objekte können unsere Wünsche befriedigen, dann sind es ‹gute Objekte›, oder sie können uns frustrieren, verletzen, traumatisieren. Dann sind es ‹schlechte› Objekte – nicht in einem moralischen Sinn, sondern funktional im Hinblick auf unsere seelische Gesundheit.

Eine wichtige Voraussetzung für diese Unterscheidung ist präzise und unverzerrte Objektanalyse. Die Welt der Objekte besteht nicht nur aus Menschen, die uns nahe stehen. Wir leben in Gruppen und gehören zu einem politischen Gemeinwesen. Die gute Sicht auf die Welt, die realistische Wahrnehmung der gesellschaftlichen Verhältnisse gehört zur lebendigen Auseinandersetzung mit sich und der Umgebung.

Mit welchen Menschen will ich mich zusammentun? Welche will ich meiden? Wohin will ich meine Gefühle, Sehnsüchte, mein

Verlangen, meine Interessen, meine Wünsche und Bedürfnisse richten? Die Wahl der Um-Welt, die Wahl der geeigneten Objekte ist entscheidend: Das Leben gelingt umso mehr, als Selbst, Wünsche und Objekte zusammenpassen. Wenn ich meine innersten Selbst-Eigenschaften, meine Wünsche, Vorstellungen und Gefühle kenne, wenn ich meine inneren Gegner, mein Gewissen, meine negativen Erwartungen und endlich auch die Eigenschaften der Menschen kenne, dann bin ich gut gerüstet, mir Menschen und Umgebungen zu suchen, mit denen ich innere und äussere Realität in eine gute Wechselbeziehung bringen kann.

Die Methode des freien Assoziierens

Es gibt bestimmte Methoden, welche die lebendige Auseinandersetzung mit sich selbst und der Umgebung erleichtern. Eine davon ist die von Sigmund Freud entdeckte und praktizierte Methode des freien Assoziierens. Ein Psychoanalytiker fordert seine Patienten auf, einfach alles zu sagen, was ihnen durch den Kopf geht, ohne sich durch die innere Zensur («Das ist unanständig, das ist unwichtig, das ist peinlich usw.») beirren zu lassen. Die Grundregel ist der Ankerpunkt der psychoanalytischen Idee der Veränderung: Alles, was im Bewusstsein ist und ausgesprochen wird, erzeugt einen energetischen Sog, sodass noch mehr ins Bewusstsein rückt. Bildlich könnte man an einen Knäuel Wolle denken, der abgespult wird. Durch das freie Reden, das Abspulen des Fadens, kommt man unweigerlich ins Zentrum der Probleme. Der natürliche Auftrieb des Unbewussten, ins Vorbewusste und von da ins Bewusste zu gelangen, wird durch die Aufforderung, das Bewusste und ihm nahe liegende Vorbewusste frei auszusprechen, angeregt. Ständig fliesst ‹Material› – wie die Analytiker die Einfälle der Analysanden nennen – aus dem Bewusstsein und dem Mund des Analysanden ab und lässt Vorbewusstes ins Bewusstsein, Unbewusstes ins Vorbewusste nachrücken usw.

Eine spezielle Anwendung der Methode der freien Assoziation ist die von der Kreativitätstrainerin Julia Cameron angeregte Technik der Morgenseiten. Kaufen Sie sich ein Buch mit leeren

Seiten. Jeden Tag zu einer bestimmten Zeit, am besten morgens gleich nach dem Aufstehen, schreiben Sie drei Seiten in Handschrift, ohne Abkürzungen, ins Buch, einfach frei Ihren Einfällen folgend, ohne literarischen Anspruch. Diese Technik öffnet ebenfalls Ihre inneren Schleusen für das Unbewusste, führt zu einem Sog, der Vorbewusstes und Unbewusstes in Ihr Bewusstsein führt. Sie werden einen beträchtlichen Widerstand verspüren, sich an dieses Ritual zu halten. Ich selber praktiziere es seit bald zwei Jahren diszipliniert, es ist der Grundstein meiner lebendigen Auseinandersetzung mit mir selbst. Das Morgenseiten-Buch ist deshalb ein besonders guter Kunstgriff, weil eine dritte ‹Person› als Zuhörer in Form eines Tagebuches eingeführt wird. Ich erzähle meine freien Einfälle nicht ins Leere, sondern meinem Morgenseiten-Buch. Damit schaffe ich eine haltende Struktur, bin mit meinen Einfällen nicht in einem Clinch mit mir selber gefangen, sondern wende mich an einen neutralen Dritten, die leeren Buchseiten.

Das freie Assoziieren ist die Grundlage allen freien und kreativen Denkens. Es ist die Grundlage der ‹Brainstorming-Technik› in Gruppen. Das freie Assoziieren ist eine Utopie, wir können es natürlich nie vollständig, immer gibt es in uns einen inneren Widerstand dagegen, unsere inneren Richter wollen nicht alles zulassen. Das konsequente Üben des befreienden ‹alles Aussprechens› ist die Basismethode für die lebendige Subjektwerdung. Frei reden ist heilend, lässt gestaute Energien und Gefühle abfliessen und öffnet weiteren Gedanken die freie Bahn.

Die Methode des annehmenden In-sich-hinein-Hörens

Ohne Wertungen und Kritik, völlig liebevoll und akzeptierend in sich hineinzuhören ist die zweite Methode für die lebendige Auseinandersetzung mit sich selbst. Während das freie Assoziieren aktiv mitteilend ist, ist das annehmende und nicht wertende In-sich-hinein-Hören die empfangende Methode der lebendigen Auseinandersetzung mit sich und der Umgebung.

In einer psychoanalytischen Zweier-Situation hört der Analytiker zu, der Analysand spricht, assoziiert frei. In der analytischen

Auseinandersetzung mit uns selbst übernehmen wir selber auch die Zuhörerfunktion. Wir üben die Aufmerksamkeitsverlagerung vom Fühlen, Denken, Vorstellen, Reden – von der freien Assoziation – zum Zuhören. Wir pendeln hin und her zwischen der Funktion des Assoziierens und der Funktion des Uns-selber-Zuhörens.

Nehmen Sie sich wieder eine halbe Stunde Zeit und üben Sie diese Pendelbewegung. Überlassen Sie sich zunächst Ihren Einfällen, spontan, dann verlagern Sie Ihr Interesse mehr auf die Zuhörerseite und registrieren neugierig, gleichmütig, was in Ihnen alles vorgeht. Sie lehnen sich gewissermassen etwas zurück und nehmen Distanz zum inneren Geschehen, das spontan abläuft, ob Sie ihm nun Ihre Aufmerksamkeit schenken oder nicht.

Üben Sie die frei schwebende, wohlwollende, nur registrierende und nicht bewertende Zuhörer-Haltung sich selbst gegenüber. Befreien Sie sich vom Druck, alles sogleich verstehen zu wollen und zu müssen, was Sie in Ihrem Innern hören und sehen. Nehmen Sie es zur Kenntnis, das reicht. Begrüssen Sie es freundlich als wichtige Botschaft aus Ihrem Innern, ohne krampfhaftes Festhalten. Seien Sie achtsam, aber nicht selbstkritisch, selbstvorwurfsvoll, ungeduldig. Setzen Sie sich nicht unter Leistungsdruck, warten Sie einfach. Wenn etwas kommt, dann nehmen Sie es wahr.

Schauen Sie sich in Ihrem Bekanntenkreis um, wer ein guter Zuhörer oder eine gute Zuhörerin ist. Folgende Eigenschaften sind wichtig: echtes Interesse, schweigen können, freundliche, bedingungslose Akzeptanz. Der Psychotherapeut und Psychotherapieforscher Carl Rogers hat die drei wichtigsten Therapeuten-Eigenschaften erforscht: Akzeptanz, Echtheit und Verbalisierung des Verständnisses. Ein guter Zuhörer muss also echt sein in seinem Interesse, nicht gespielt und verkrampft. Er muss von Zeit zu Zeit aussprechen, was er vom Gesagten des Gegenübers verstanden hat.

Und genau so sollten Sie sich als Zuhörer sich selbst gegenüber verhalten. Ehrlich an sich selber interessiert. Das können Sie nur, wenn Sie sich im Grossen und Ganzen in Ordnung finden. Falls es daran hapert, ändern Sie diese Einstellung schleunigst. Sie sind grosso modo in Ordnung, auf jeden Fall sind Sie es wert, dass

Sie sich für sich selber interessieren. Auch wenn Sie in sich nicht nur Schmeichelhaftes finden, akzeptieren Sie sich mit warmem Herzen. Lehnen Sie Ihr Inneres nicht ab, sonst zieht es sich wieder in sich selbst zurück. Als guter Zuhörer Ihrer selbst sollten Sie von Zeit zu Zeit auch aussprechen, was Sie von Ihrem Innersten verstanden haben, weil Sie damit echtes Interesse belegen.

Es gibt verschiedene Kunstgriffe, sich im Sich-selbst-Zuhören zu üben. Einer der einfachsten ist, zu üben, anderen Menschen zuzuhören. Wenn Sie bemerken, dass Sie die Neigung haben, nur mit einem Ohr hinzuhören, oder die Unart haben, andere beim Reden zu unterbrechen und bewertend eingreifen, versuchen Sie, die drei Therapeuten-Eigenschaften zu üben. Stellen Sie fest, ob Sie authentisch oder nur geheuchelt interessiert sind. Beobachten Sie den Grad Ihrer Wärme und Akzeptanz. Prüfen Sie, ob Sie neutral oder bewertend zuhören. Versuchen Sie, das Gehörte von Zeit zu Zeit zu verbalisieren.

Die Methode des produktiven Über-sich-selbst-Nachdenkens

Eine weitere wichtige Methode der lebendigen Auseinandersetzung mit sich selbst und der Umgebung ist das produktive Nachdenken über sich selbst. Nachdenken ist nicht gleich nachdenken. Nachdenken kann grüblerisch, ätzend, vorwurfsvoll, kritisierend sein – wenig hilfreich. Produktives Nachdenken forscht nach neuen Zusammenhängen, nach noch nicht gefundenen Bedeutungen. Nehmen wir unsere Träume.

Sigmund Freud beschrieb Träume als den ‹Königsweg zum Unbewussten›, gleichsam die Haupteinfallstrasse. Dies ist noch heute gültig. Die moderne Schlaf- und Traumforschung hat es längst belegt: Wir träumen mehrere Träume pro Nacht. Ob wir sie erinnern oder nicht, hängt von unserem Interesse daran ab.

Wenn wir Träume als kreative Leistungen unseres Unbewussten, gleichsam als ‹Unbewusstes pur› betrachten, ist es nur verständlich, dass wir sie nicht erinnern, wenn wir uns nicht für unser Unbewusstes interessieren. Es ist eine Binsenweisheit für alle Psychoanalytiker, dass ihre Patienten im Laufe der Analyse, in der Träume gemeinsam gedeutet werden, mehr Träume erinnern und erzählen.

Auch Sie können etwas dafür tun, Ihre Träume zu nutzen. Fassen Sie einen Entschluss, sich mit Ihren Träumen zu befassen, über sie nachzudenken. Unterstützen Sie den Erinnerungsprozess, indem Sie einen Block oder ein ‹Traumbuch› mit leeren Seiten und Schreibzeug neben das Bett legen. Wenn Sie aufwachen und einen Traum oder Bruchstücke im Kopf haben, notieren Sie alles schnell auf, denn die Traumerinnerung ist flüchtig. Nicht schnell genug festgehalten, und sie ist weg.

Fassen Sie auch den Entschluss, mit dem Aufwachen nicht gleich aus dem Bett zu schnellen, wie von der Tarantel gestochen, denn mit diesem Sprung ins Alltagsbewusstsein verscheuchen Sie natürlich eine Traumerinnerung. Nehmen Sie sich vor, nach dem Aufwachen noch ein paar Minuten bewusst liegen zu bleiben und Erinnerungsspuren nachzugehen. Verkrampfen Sie sich dabei nicht. Es macht nichts, wenn keine Erinnerung da ist oder Ihnen der Traum wieder entgleitet. Ihr Unbewusstes registriert Ihr ernsthaftes Interesse und wird Ihnen die Botschaft wieder zukommen lassen, in Form eines anderen Traums.

Denken Sie unsystematisch über Ihre Träume nach. Es gibt nicht ‹die Traumdeutung› im Sinne einer allgemeinen Symbollehre. Nur Sie können Ihre Träume in Selbstanalyse – oder wenn Sie wollen, zusammen mit einem Psychoanalytiker – entschlüsseln.

Widmen Sie sich Ihrem Traum in Gedanken wie einem Film, den Sie gedreht haben, den Sie aber nicht verstehen. Es ist Ihr Film, er enthält eine Botschaft über Sie. Achten Sie darauf, was Ihnen zu Ihrem Traum, zu den Stellen im Traum, die Sie beeindrucken, spontan einfällt. Folgen Sie diesen Einfällen wie einer Spur im Schnee, lassen Sie sich überraschen durch allfällige Aha-Erlebnisse. Auch hier wieder: nicht verkrampfen, einfach versuchen, offen zu sein für die unbekannte Botschaft, die sich Ihnen aus den spontanen Einfällen anbietet: für verrückte, aussergewöhnliche, irritierende, peinliche, erschreckende, beunruhigende Gedanken.

Und vor allem danken Sie Ihrem Unbewussten, wenn es Ihnen Träume schenkt. Behandeln Sie Ihre Träume wie kostbare Schätze, was sie auch sind. Es sind goldene Schlüssel zur Schatzkammer des unbewussten Teils Ihres Selbst, der die unerfüllten Wünsche, die (noch) ungedachten Gedanken, die ungehaltenen Reden, die verschütteten Erinnerungen, die unmöglichen Ideen, die ungeahnten Potenziale, Ihren unbekannten Kontinent enthält.

Lassen Sie sich überraschen.

Sie können nicht nur über Träume produktiv nachdenken. Ein naher Verwandter des Traums ist der Tagtraum im Wachzustand. Schaffen Sie sich zeitliche Gefässe, in denen Sie ohne Druck Ihren Gedanken nachhängen, spontane Tagträume ablaufen lassen. Monotone, aber nicht lustlose Tätigkeiten sind hilfreich, weil sie keine grosse Konzentration erfordern. Steven Spielberg hat seine guten Filmideen beim Fahren auf der Autobahn. Es gibt sehr viele Möglichkeiten, sich diesen Raum für Tagträume zu organisieren: spazieren, schwimmen, auf dem Rücken liegen und nichts tun. Am Ufer eines Sees sitzen und auf die Wasseroberfläche blicken (immer die gleiche Bank nehmen!).

Die Tagträume, die Ihnen einfallen, sich aufdrängen, nehmen Sie sie gelassen und nicht bewertend zur Kenntnis. Behandeln Sie sie wie die Nachtträume, als kostbare Schätze, mit denen Sie sich befassen dürfen.

Das Unbewusste zeigt sich nicht nur in Träumen und Tagträumen, sondern auch in Denk-, Erlebnis-, Fühl-, Verhaltensmustern. Auch über solche Zusammenhänge lässt sich liebevoll, neugierig und interessiert nachdenken. Was ist ein Muster? Ein Verhaltensmuster, z. B. im Rahmen einer Beziehung, wiederholt sich in immer ähnlicher Form. Dies deutet darauf hin, dass es situationsunabhängig gespeichert ist, durch ein unbewusstes Schema gesteuert wird.

Achten Sie auf seelische Phänomene, die bei Ihnen immer gleich ablaufen:

- bestimmte Gefühlszustände und -abläufe wie z. B. Wutausbrüche, depressive Verstimmungen
- problematische Verhaltensweisen, z. B. Suchtverhalten, ‹Mödeli›
- immer gleich ablaufende Beziehungskonflikte: Sie sind z. B. immer in der Rolle des Opfers.

Versuchen Sie diese Muster möglichst genau wahrzunehmen, nichts zu interpretieren, nur das Muster so genau wie möglich zu studieren, als müssten Sie es unter dem Mikroskop untersuchen, oder in Zeitlupe.

Steve litt an extremer Eifersucht, die er kaum ertragen konnte und die zu massiven Belastungen in seinen Beziehungen führte. Er begann in der Therapie den Ablauf eines Eifersuchtsanfalls genau zu studieren. Er registrierte, dass er zuerst einen Vergleich anstellte mit einem anderen Mann, sich diesen als überlegen ausmalte und annahm, seine Frau hätte es mit ihm schöner. Dann stellte er sich vor, seine Frau wolle das heimlich auch, sie heuchle ihm etwas vor. Dann steigerte er sich in das Fantasieren von Sexszenen hinein, in die er hineinplatzte. Er empfand mörderische Wut, die er kaum ertragen konnte und in Form von Wutanfällen abreagierte.

Indem er diesen Ablauf als inneren Prozess mit eigenen Gesetzlichkeiten begriff, konnte er ihn schon als etwas sehen, das auch wieder vorbeigeht. Er gewann Distanz dazu, auch wenn es quälend war, und war schliesslich in der Lage, sich genauer mit dem Inhalt der Eifersuchtsfantasien zu befassen. Dies führte ihn dazu, an seinem schwerwiegenden grundlegenden Selbstwertproblem zu arbeiten.

Wer produktiv über sich nachdenkt, wird interessante Feststellungen machen: Das Unbewusste verbirgt sich gekonnt, z. B. in falschen Gewändern. Um die unbewusste Realität wahrzunehmen, brauchen wir eine wichtige Eigenschaft: Skepsis. Es gibt zwei Arten von Skepsis.

Skepsis 1: Nur glauben, was man sieht.

Skepsis 2: Nicht alles glauben, was man sieht. Skeptische Menschen haben einen wichtigen Vorteil im Leben. Sie sind Realisten. Sie vertrauen auf die Erfahrung, die Empirie.

Beide Arten von Skepsis sind wichtig. Skepsis 1 ist unerlässlich: Die Realität, die äussere, so wahrnehmen, wie sie ist. Sich keine Geschichten erzählen lassen, sondern hinschauen. Skepsis 2 geht noch einen Schritt weiter. Sie sucht hinter der zweifellos vorhandenen sicht- und hörbaren Realität noch eine weitere Empirie, die verborgene Wahrheit. Wenn ein Liebespartner immer beteuern muss: «Ich liebe dich.» Könnte nicht eine verborgene Wahrheit damit verdeckt werden, die ihm nicht bewusst ist, z. B.: «Ich hasse dich auch» oder: «Ich liebe dich nicht mehr so»?

Schauen Sie in den Spiegel. Erstellen Sie eine Liste der Eigenschaften, von denen Sie denken, dass sie Sie auszeichnen.

Prüfen Sie nun skeptisch:

1. Kann man diese Eigenschaften auch an Ihrem Verhalten erkennen (oder denken Sie das nur über sich, und niemand kriegt es mit)?

2. Verbirgt diese Eigenschaft eine andere unerwünschte Eigenschaft? Wenn Sie sich als geduldig bezeichnen, verbirgt sich dahinter etwa Gleichgültigkeit?

Seien Sie ruhig detektivisch und sich selbst gegenüber skeptisch. Anderen gegenüber sollten Sie es sowieso sein. Skepsis ist konstruktives Misstrauen. Produktives Nachdenken ist immer getrieben von gesundem Interesse, zu erforschen, wie die Dinge in der Tiefe beschaffen sind, wie sie wirklich sind.

Auch über den Körper können wir nachdenken. Aber verfallen Sie nicht in den Fehler, mit einer Deutung eine Ursache oder eine absolute Wahrheit entdeckt zu haben. Wenn mir zu meinen Rückenschmerzen die Deutung einfällt, dass ich mich zu wenig berücksichtigt fühle, dann kann ich nicht behaupten, dass das nun die Ursache meiner Rückenschmerzen ist, aber vielleicht gibt mir dieser Gedanke einen interessanten Hinweis für meine Lebensführung, einen Anhaltspunkt für weiteres produktives Nachdenken.

3. Handhaben und gestalten Sie sich selbst bewusst!

Die dritte langfristig gesundheitsfördernde Lebenstechnik ist die Kunst, sich selbst bewusst zu handhaben. Sich nicht nur mit sich auseinander zu setzen und über sich nachzudenken, sondern seine eigene Person, das eigene Wünschen, Wollen und Handeln zu gestalten.

Zur bewussten Selbst-Handhabung gehört das, was man als auto- und alloplastische Anpassung bezeichnet. Autoplastische Anpassung ist Anpassung meiner selbst an die Umwelt, sodass ich besser zu ihr passe. Alloplastische Anpassung ist Veränderung der Umgebung, sodass sie besser zu mir passt.

Wenn ich mich in der Schweiz unwohl fühle, weil das emotionale Klima zu kalt ist, die Menschen zu reserviert und im Kontakt zu wenig direkt sind, kann ich nach Irland auswandern, wo die Menschen warmherziger und direkter sind (autoplastische Anpassung). Ich kann das emotionale Klima in meiner engeren Umgebung verändern, indem ich Offenheit und Direktheit einfordere (alloplastische Anpassung). Es gibt meist viel mehr Möglichkeiten autoplastischer Anpassung als alloplastischer Anpassung. Die Mächtigen haben mehr Möglichkeiten alloplastischer Anpassung. Ein Chef, der mit seiner Sekretärin nicht klarkommt, feuert sie (alloplastische Anpassung). Eine Sekretärin, die mit ihrem Chef nicht klarkommt, passt sich an oder geht (autoplastische Anpassung).

Gelingende Selbst-Handhabung ist aktives Gestalten des energetischen Gleichgewichts im Kräftefeld des Lebens. Wir schaffen Bedingungen dafür, dass die Lebenskräfte strömen, dass die äusseren Kraftquellen genutzt, die inneren Saboteure gebändigt und die krank machenden Lebensbelastungen gemildert werden.

4. Bleiben Sie ständig in Bewegung!

Unser Organismus lebt, er ist ständig in Bewegung. Unser Herz schlägt; wir atmen; ständig sterben Zellen – neue entstehen; wir

nehmen Stoffe auf – scheiden andere aus. Wir stehen im Kontakt mit der Umwelt über die Sinnesorgane; wir empfangen Botschaften – senden Nachrichten.

Das Leben strebt nicht nach Gleichgewichtszuständen, sondern nach Ungleichgewicht. Es herrscht das Prinzip der Heterostase, nicht der Homöostase. Wir sind nie im Gleichgewicht, werden immer gestört und stimuliert, von innen durch unsere Energiequellen und von aussen durch die Reize der Umgebung. Das Leben lässt uns nie in Ruhe. Wir können diese Tatsache akzeptieren und mit ihr schwimmen oder gegen sie anrennen.

Ich glaube, dass die westlichen Kulturen aus Lebensangst heraus einen dauernden Kampf gegen das Leben führen und versuchen, es zu beherrschen und zu unterwerfen. Das Leben in seiner Unberechenbarkeit hält viel Schönes, aber auch Schreckliches bereit, gegen das man sich versichern möchte.

Das Leben als Quelle von Unruhe und Störbarkeit anzuerkennen ist die Voraussetzung, sich des Lebens so weit zu bemächtigen, dass man dem Schlimmen Widerstand entgegensetzen, sich dem Guten öffnen und Befriedigungs- und Kraftquellen erschliessen kann. Beherrschung ist die pervertierte Form von Bemächtigung. Sie will die Unruhe und Störbarkeit gar nicht, sie will Ruhe, Ordnung, Berechenbarkeit. Reife – man könnte auch sagen: pflegende und sorgende Bemächtigung – anerkennt die Unruhe des Lebens. Sie versucht, mit Liebe zum Leben und mit Respekt vor dem Leben eine begrenzte Macht über die Dinge zu gewinnen, um Befriedigung zu finden und Leiden zu mildern. Und dies im vollen Wissen darum, dass das Leben uns weder Glück garantiert noch Leiden erspart. Sorgende Bemächtigung ist passager, man greift ins Leben, packt es und lässt es wieder los.

Der gegen die Bewegung, gegen das lebendige Ungleichgewicht gerichtete Beherrschungswahn geht von der Illusion aus, man könne dem Leben und seinen Unberechenbarkeiten – Lust, Krankheit, Tod, Unglück, Schuld, Angst – entrinnen. Er will dem Leben seine eigenen Ideen aufzwingen. Auf diese Weise wird die Hilflosigkeit abgewehrt, die angesichts des uns oft verstörenden Lebens verständlich ist. Drogensüchtige beispielsweise wollen nicht mit ihren lebendigen, oft schwer erträglichen Gefühlen leben, sie wollen sich dem Leben und gewissen unvermeidlichen Frustrationen, schlimmen Erfahrungen, der unvermeidlichen Unlust nicht aussetzen. Sie setzen auf eine Illusion, immer ‹high› zu sein. ‹High› sein heisst immer ‹drüber› sein, immer im Hochgefühl. Das Paradies aber – wie Glück in der Liebe – setzt voraus, dass man sich dem Leben öffnet, auch Leiden riskiert und bereit ist, durch die Hölle zu gehen.

Der Beherrschungswahn produziert: Drogensucht (anstelle von Sehnsucht), Zwangssymptome (anstelle lustvollen Fliessens), Lebensangst (anstelle von Lebenslust), Depression (anstelle von Zupacken), Gewalt (anstelle von lebendiger Kommunikation), Krankheit (anstelle von lustvoller Entladung).

Es ist uns aufgegeben, solange wir atmen und bei Bewusstsein sind, den jeweiligen gegenwärtigen Augenblick zu leben, zu erleben, unseren gegenwärtigen seelischen Zustand zu tragen, zu er-tragen und etwas mit unserer momentanen Befindlichkeit zu machen: sie sein zu lassen, sie hinzunehmen oder zu gestalten. Dieses unausweichliche Leben des Gegenwärtigen, des Gerade-Jetzt, dieses Leben mit seiner ständigen Bewegung und Unruhe ist eine Gleichgewichtsübung, die wir zu vollbringen haben. Die andere Gleichgewichtsübung besteht im langfristigen Halten eines dauerhaften Gleichgewichts höherer Ordnung. Unsere Aufgabe ist es, das Leben in seiner Kontinuität und Dauer zu leben, seelische Schöpfungen von Nachhaltigkeit zu schaffen und dafür zu sorgen, dass etwas bleibt: Einstellungen, Werthaltungen, Bilder von einem selbst und anderen, Überzeugungen, Erwartungen. Diese inneren Stabilisatoren sind gedankliche geistige Schöpfungen, die überdauern, an die wir uns innerlich halten können und die uns das Gefühl geben, die gleiche Person mit bestimmten kontinuierlichen Charakteristika zu sein.

Würden wir nur im Moment leben und versäumen, in uns etwas Kontinuierliches, Stabiles zu schaffen, dann wären wir dazu verurteilt, uns in jedem Moment quasi bei null beginnend neu zu erschaffen. Wir wären nie die Gleichen, unser Leben bestünde aus unzähligen verschiedenen momentanen Selbsten, die sich abfolgen und jagen. Bestünden wir hingegen nur aus Festem, Bleibendem, Stabilem, würde nichts fluktuieren; wir wären erstarrt, und es bliebe keine Elastizität für Erfahrung und Veränderung.

Die beiden Gleichgewichtsaufgaben sind ineinander verschränkt. Wir können unser Gleichgewicht in der Lebensdauer nur halten, wenn wir es ertragen und optimal damit umgehen, dass wir im Moment nie völlig im Gleichgewicht sind.

Je bewusster wir diese Störungen akzeptieren, uns ihnen zuwenden, und je intensiver wir uns auf diesen lebendigen Prozess des Austauschs zwischen Innen- und Aussenraum einlassen, desto subtiler wird unser seelisches Gleichgewichtsorgan. Unsere Bewegungen werden geschmeidiger.

Veränderung im Leben ist nur möglich durch diese innere Bereitschaft, offen zu bleiben für das Ungleichgewicht. Es ist ein selbstorganisierender Prozess, der nicht geplant werden kann. Wir können nur Bedingungen schaffen, ihn zu ermöglichen.

Veränderung beginnt, wenn der Gleichgewichtszustand allmählich zu fluktuieren beginnt. Es läuft nicht mehr alles wie gewohnt. Die normalen alltäglichen Schwankungen unserer Gefühle und Gedanken werden ausgeprägter, wir stossen plötzlich auf ein Gefühl, auf einen Gedanken, den wir noch nie hatten. Vielleicht vergessen wir es wieder, bis in einem anderen Kontext dieses Gefühl wieder auftaucht. Dieser lebendige Fluktuationsprozess in unserem Innern kann sich intensivieren, sodass wir in eine Phase des Durcheinanders kommen, in der auf einmal alles möglich ist, z. B. Erfahrungen, die wir noch nie gemacht haben. Wir kommen an Punkte in unserem Leben, wo wir uns entscheiden können: Ändern wir uns, verhalten wir uns anders oder fallen wir zurück ins alte Gleichgewicht? Um einen Wandel zuzulassen, müssen wir ein Ungleichgewicht tolerieren. Nur so werden wir für die verändernden Wirkungen der Umgebung überhaupt sensibel.

Robert zeigte mir eindrücklich die Macht eines rigiden, krankhaften Gleichgewichts und Beherrschungswahns. Er war erfolgreicher Manager, hatte ein starres Zwangssystem aus Arbeitssucht, Anerkennungssucht, totaler Selbstkontrolle und manipulativer Machtausübung über seine nächsten Beziehungspersonen etabliert, mit welchem er sich vor den drohenden Gefahren des Lebens – seiner ständigen Angst, wie als Kind wieder verlassen und misshandelt zu werden – schützte. Robert konnte keine Empfindungen, keine Gefühle, keine Sinnlichkeit, keine Freude, schon gar keine körperliche Liebe zulassen. Er musste in der Analyse und in seinem Leben durch eine lange Lebensphase extremen Ungleichgewichts mit Depressionen, Ängsten, Selbst-Infragestellungen und radikaler Umorientierung gehen, um sein durch frühkindliche Traumata erzwungenes starres Fühl- und Denkmuster zu verändern. Sein neurotisches Gleichgewicht war zwar stabil gewesen, aber es hatte ihn verzweifelt und krank gemacht.

Eine Schlüsselszene in der Analyse war, als er eines Tages von mir gesehen wurde, wie er seinen Wagen auf meinem Parkplatz vor der Praxis parkte. Er hatte jahrelang diesen Parkplatz leer angetroffen und angenommen, er würde zu dieser Abendstunde nicht mehr genutzt. Und ausgerechnet, als er das Auto heimlich darauf parkierte, sah ich ihn. Scham über seine Wünsche, seine unterdrückte Begehrlichkeit und Aggressivität brachen hervor. Die Analyse nahm eine Wende, als er realisierte, dass seine Ängste heute grundlos waren, Spiegelungen seiner Vergangenheit, die er zu Abwehrzwecken nutzte, um seine Lebens- und Liebeskräfte und um seine aggressiven Potenzen nicht zu gebrauchen.

Wir haben es in der Hand: Wir verändern uns ein Leben lang, wir entwickeln uns und wachsen seelisch. Oder wir verfestigen, verengen und versteinern uns und sind seelisch tot, bevor wir endlich körperlich sterben. Je mehr seelische feste Strukturen wir in uns bilden, d. h. Überzeugungen, Charakterzüge, Abwehrmechanismen, Fixierungen, desto mehr freie erotische Lebenskraft wird blockiert. Diese gebundene Energie steht nicht mehr für Befriedigung zur Verfügung, sie nimmt die Möglichkeit, lebendiger zu werden, weiter zu reifen und zu wachsen.

Wir können dem stummen Wirken der inneren destruktiven Kräfte nur entgegenwirken, indem wir freie erotische Energie dagegensetzen.

Wir setzen libidinöse Energie frei, um sie für positive Lebenszwecke zu verwenden.

Wir befreien gefangene Lebenskraft, die sich auf neue lustvolle Projekte stürzen kann.

Wir stellen lieb gewordene oder automatisiert gebetete Glaubenssätze in Frage.

Wir verunsichern uns ständig konstruktiv.

Wir lösen Identifikationen und fragen uns immer wieder neu, wer wir sind und sein wollen.

Wir lösen Bindungen, die uns nicht mehr passen und uns einengen.

Wir hinterfragen Charakterzüge, indem wir nach den Gefühlen forschen, die wir mit ihnen vermeiden wollen.

Wer seine verfestigten Charaktereigenschaften, die erstarrte Vitalität darstellen, wieder verflüssigen und aufbrechen kann, setzt Energie für Befriedigung frei und entwickelt sich seelisch. Wer unglücklich ist, muss sich zuerst fragen, ob er sein bequemes Unglück aufgeben will. Man kann immer klagen und die Verantwortung für den vollen Gebrauch der eigenen ungeahnten Lebenskräfte ablehnen. Veränderung und Lebendigkeit sind riskant und schön. Es ist eine Reise ins Unbekannte und Geheimnisvolle.

Die vier gesundheitsfördernden Lebenstechniken sind:

- **1. Wir machen regelmässig unseren Lebens-Checkup.**
- **2. Wir setzen uns lebendig mit uns und der Welt auseinander.**
- **3. Wir handhaben und gestalten unser Leben bewusst.**
- **4. Wir entwickeln uns ständig weiter.**

10. Kapitel

Die stille und unsichtbare Epidemie: Depression

Ever try
ever fail
doesn't matter
try again
fail again
fail better

Samuel Beckett

Gesundheit ist positive Dynamik, ist Überwiegen der Lebenskräfte. Depression ist der Zustand, in dem die Lebenskräfte kaum noch gespürt werden. Man ist den äusseren Belastungen und den Attacken innerer destruktiver Kräfte schutzlos ausgeliefert. Immer mehr Menschen werden oder sind depressiv, jeder Dritte in der Schweiz ist in Gefahr, einmal im Laufe seines Lebens an einer mittelschweren oder schweren Depression zu erkranken.

Nach Schätzungen der Weltgesundheitsorganisation WHO wird sich Depression weltweit an die Spitze der Erkrankungen setzen. Depression, Wut, Feindseligkeit und Angst sind Gefühle, die die Widerstandskräfte des Organismus angreifen und die Gesundheit langfristig unterminieren.

Der Kampf gegen die Depression ist der Kampf gegen die Erdrückung der Lebenskräfte.

Die gesundheitsorientierte energetische Betrachtungsweise betrachtet die Depression nicht isoliert als biochemisches Geschehen im Gehirn oder als Folge exzessiven negativen Denkens. Sie sieht darin eine Störung des ganzen Menschen, die sein Zentrum trifft, seinen Antrieb, seinen Willen, seine Wünsche. Dem Antrieb kann pharmakologisch etwas nachgeholfen werden. Anti-Depressiva sind bei mittelschweren bis schweren Depressionen ein Segen. Die Antriebsstörung des Depressiven ist eine Blockade seiner Wünsche und Antriebe. Depression ist ein wunschloser Zustand. Wer depressiv ist, muss wieder Anschluss an seine Wünsche, an sein lebendiges Zentrum finden.

Giorgio war schwerst depressiv. Nach einem geschäftlichen Misserfolg war er zusammengebrochen, hatte Wahnvorstellungen entwickelt, zu verarmen und von seiner Firma vor Gericht zitiert zu werden. Sofortige antidepressive medikamentöse Behandlung linderte die Symptomatik; in der Psychotherapie ging es darum, seine blockierte, gegen sich selbst gerichtete und in seinem grausamen Gewissen konzentrierte Aggressivität zu befreien und mehr nach aussen zu lenken.

Giorgio realisierte, dass er sein eigenes grausames Gewissen auf die Umwelt projizierte. So entwickelte er nach einer Erhöhung seiner eigenen Honorarforderungen wahnhafte Überzeugungen, nächstens vor Gericht gestellt zu werden. Es wurde ihm bald klar, dass sein überstrenges, grausames Gewissen ihn für die ‹unverschämten› Wünsche bestrafte. Um sich etwas Luft von den grausamen Gewissensattacken zu verschaffen, verlegte er den Ort der Vorwürfe in die Aussenwelt und stellte sich ein äusseres Gericht vor, das ihn anklagte. In Wirklichkeit war es sein inneres Gericht, das ihn quälte.

Dieses Beispiel zeigt, dass eine ursächliche Behandlung einer Krankheit immer im energetischen Zentrum – hier der Quelle der Selbst-Aggressivität – ansetzt. Es nützt nichts, dem Patienten einzureden, dass er schon in Ordnung sei, wenn er von seinen eigenen inneren destruktiven Kräften unter Dauerbeschuss steht. Dieser muss überwunden, und die destruktiven Energien müssen in produktive Bahnen gelenkt und nach aussen abgeleitet werden.

Immer mehr Menschen sind offen oder latent depressiv, haben keine Wünsche mehr ans Leben, leiden an quälenden Gefühlen der Sinnlosigkeit und des Überdrusses. Sie haben sich und die anderen aufgegeben, oft versteckt hinter einer Maske der Geschäftigkeit und des normalen Lebens.

Depression ist ein unscharfer Begriff. Er beschreibt einerseits einen seelischen Zustand mit bestimmten Symptomen, andererseits wird er für die diesem Zustand zu Grunde liegende Krankheitseinheit verwendet. Auf der Ebene der Zustandsbeschreibung hat es sich bewährt, die Zustände der Depression hinsichtlich ihres Schweregrades zu unterscheiden: eine leichte, mittelschwere oder schwere depressive Episode.

Die leichte Depression beeinträchtigt zwar den Alltag und den Lebensvollzug, aber verunmöglicht es nicht, soziale, häusliche und berufliche Aktivitäten fortzusetzen.

Die schwere Depression umfasst die depressiven Symptome in grosser Ausprägung und schliesst grosse Verzweiflung, Unruhe oder Hemmung und Suizidrisiko mit ein. Sie ist oft auch mit persönlichen entsetzlichen Bildern verbunden, z. B. dem Bild einer Wüste, durch die man sich schleppt, mehr kriechend denn gehend, vor sich ein endloser, sinnlos scheinender Lebensweg ohne Befriedigung, ohne Hoffnung, ohne Ziel, ohne Weg. Der holländische Psychiater Piet Kujper, der seine schwere depressive Erkrankung in seinem Buch ‹Seelenfinsternis› beschrieben hat, benutzte das Bild der Hölle, um seinen inneren Zustand zu beschreiben.

Depression ist die Erkrankung und die Grundbefindlichkeit der Moderne und der Postmoderne.

Der Psychoanalytiker Manfred Züfle hat es herausgearbeitet: Der moderne und wohl mehr noch der postmoderne Mensch findet in seiner allein gelassenen Seele nichts, was sie befriedigen könnte, wenn er nicht in die Zerstreuungen der Aussenwelt, in die ‹Welt als Supermarkt› (Michel Houellebecq) ausweichen kann. Er findet in seinem Zentrum Trübsinn, Leere, Melancholie und kann sich nur die Freiheit zur Pflicht, zur Sittlichkeit nehmen, die der einzige Wideranker gegen den Suizid darstellt. Auch in der Welt findet er nichts, auch dort ist eine Leere. Es gibt nichts zu feiern, und dort, wo gefeiert wird, lauert erst recht das Scheitern und Misslingen. Glanz verdeckt gähnende Leere. Nichts in der Welt ist nicht zweifelhaft.

Diese Erkenntnis der Leere, so bedrückend und verzweifelt sie ist, sie ist die Voraussetzung, sie zu überwinden, sie nicht lärmig und künstlich zu übertönen, sondern mit echten Inhalten zu füllen. Wer im Leben Erfüllung finden will, muss sich der Erfahrung der Leere öffnen.

Der Begründer der Psychoanalyse und damit der modernen wissenschaftlichen Psychotherapie – Sigmund Freud – hat in seinem Werk ‹Trauer und Melancholie› den seelischen Mechanismus der Depression als Be-Drückung in einer Weise scharf dargelegt, die noch immer gültig ist:

«Der Schatten des Objekts fiel so auf das Ich, welches nun von einer besonderen Instanz wie ein Objekt, wie das verlassene Objekt, beurteilt werden konnte. Auf diese Weise hatte sich der Objektverlust in einen Ich-Verlust gewandelt, der Konflikt zwischen dem Ich und der geliebten Person in einen Zwiespalt zwischen der Ich-Kritik und dem durch Identifizierung veränderten Ich.»

Das dichte Zitat besagt, dass eine Person die feindseligen Gefühle gegenüber einem geliebten und aus Enttäuschung oder nach dem Verlust gleichzeitig gehassten Menschen gegen sich selber richtet, um diesen Menschen innerlich nicht aufgeben zu müssen. Statt ihn zu verlieren, nimmt er ihn seelisch in sich hinein, d. h. er identifiziert sich mit ihm. Der Preis dieser Lösung ist, dass die Feindseligkeit jetzt gegen sich selbst gerichtet werden muss. Freud legt den Finger auf einen wesentlichen Punkt im Gefühlsleben des Depressiven: seine quälende Ambivalenz und innere Grausamkeit. Die ambivalente Gefühlstendenz, d. h. das Hin- und Hergerissensein zwischen liebenden und hassenden Impulsen, prädisponieren ihn z. B. bei Frustrationen für die Depression, weil der äussere Kriegsschauplatz auf Grund der Angst vor dem Verlust in sein Inneres verlagert wird. Depression ist gegen sich selbst gerichtete Destruktivität in Form von Selbstkritik, Selbstvorwürfen und Attacken gegen das Selbstwertgefühl. Der Depressive ist zu abhängig davon, dass der von ihm idealisierte andere Mensch ihn gut, liebenswert findet und immer anwesend ist. Fehlt die

Dauerzufuhr an Zuwendung, knickt der Depressive ein und ist seiner Selbst-Destruktivität schutzlos ausgeliefert.

Depression wird einerseits als eigenständige akute Erkrankung oder als chronische Verstimmung betrachtet. Im einen Fall sprechen wir von der so genannten ‹major depression› oder der ‹grossen depressiven Episode›, im anderen ist ‹Depressivität› ein Seelenzustand, der durchgängig und chronisch in einem Menschen präsent sein kann, die psychiatrische Klassifikation spricht von Dysthymie. Sowohl in der akuten wie auch in der chronischen Depressivität herrschen depressive Gefühlszustände vor, die man als eigenständige Erkrankung betrachten kann: mentale Zustände mit schlimmen Folgen für die langfristige ganzheitliche Gesundheit. Diese führt zu einer Sicht von sich und der Welt, die das Gegenteil einer kohärenten, optimistischen Weltsicht darstellt.

Depressivität stört den Heilungsvorgang nach schweren Erkrankungen. Der amerikanische Emotionspsychologe David Goleman zitiert entsprechende Studien: An Brustkrebs erkrankte Frauen mit höherer Depression wiesen deutlich weniger natürliche Abwehrzellen auf. Man nimmt an, dass diese Antikörper auch die Aufgabe haben, Krebs zu bekämpfen, indem sie den Organismus nach beginnenden Tumoren absuchen. Die Patienten mit hoher Depressivität hatten die niedrigste Zahl dieser Anti-Körper, und die Tumore breiteten sich bei diesen Personen schneller im ganzen Körper aus.

An der Mount Sinai Medical School in New York wurden bei älteren Patienten, die mit einer Hüftverletzung ins Krankenhaus kamen, auch die verschiedenen Grade der Depression untersucht; es handelte sich um eine ernste Schädigung, die unter Umständen das Gehen künftig unmöglich machte. Die Patienten ohne depressive Zustände hatten eine dreimal höhere Wahrscheinlichkeit, wieder gehen zu können, als die Patienten mit Depression, sowie eine neunmal höhere Wahrscheinlichkeit, zu ihrem Gesundheitszustand vor der Verletzung zurückzufinden. Hier scheint die Depressivität den Heilungsprozess der Knochen oder auch die Wiedergewinnung der Bewegungsfähigkeit zu beeinträchtigen.

Es ist deshalb für eine langfristig gesund erhaltende Lebensführung unabdingbar, die Depressivität zu überwinden. Depression hängt eng mit den anderen zerrüttenden Gefühlen der Wut und der Angst zusammen, sie ist gegen sich selbst gerichtete Wut und beinhaltet panische Angst vor Verlassenheit und Wahnsinn.

In einer Untersuchung an Personen in der Umgebung des von einer Havarie betroffenen Kernkraftwerks Three Mile Island (USA) wurden in Blutproben dieser in ständiger Angst lebenden Menschen weniger T- und B-Lymphozyten (Anti-Körper) gefunden als bei der Vergleichsgruppe, die in grösserer Entfernung zum Atomreaktor wohnte. Anscheinend haben Furcht und Sorge eine direkte negative Auswirkung auf das Immunsystem.

Medizinstudenten – so eine Studie der Ohio State University – zeigten während der Vorbereitung auf entscheidende Prüfungen, also unter Angststress, nicht nur eine starke Verminderung der T- und B-Lymphozyten, sondern litten auch in erhöhtem Masse an Erkältungen und Grippe.

Die aufschlussreichsten Untersuchungsergebnisse kommen aus einer speziellen Forschungsstelle für Erkältungskrankheiten in England, die mit Wissenschaftlern der Carnegie-Mellon-Universität zusammenarbeitet. Hier werden immer wieder Freiwillige systematisch mit Erkältung auslösenden Viren infiziert. Aber nicht alle, die diesen Viren ausgesetzt worden sind, erkälten sich. Die wichtigste Rolle spielt dabei naturgemäss die Widerstandsfähigkeit des Immunsystems. Auch hier scheinen Stress und Angst eine entscheidende Rolle zu spielen. Von den Personen, die kaum unter Stress standen und dem Virus ausgesetzt wurden, holten sich nur 27 Prozent eine Erkältung, in der Vergleichsgruppe der stark Gestressten waren es 47 Prozent.

Wut steht im Zusammenhang mit Herz- und Kreislaufstörungen. Eine interessante Untersuchung von Dr. John Barefoot an der University of North Carolina ergab, dass Patienten, die angaben, oft Wutanfälle zu haben, die grössten Arterienverschlüsse hatten (gegenüber jenen, die seltener Wutanfälle hatten). Eine prospektive Untersuchung von Williams an der Duke University ergab, dass von Patienten mit hohen Feindseligkeitswerten 30 Prozent nach der Anfangsuntersuchung vor 25 Jahren gestorben waren (meist Herz-Kreislauf-Erkrankungen, Krebs oder Unfälle). Von den Probanden mit niedrigen Wut-Werten waren nur 20 Prozent gestorben. Dies legt den Schluss nahe, dass chronische Wut ungesund ist. Die Chance, in den nächsten 25 Jahren zu sterben, scheint nach den Ergebnissen dieser Studie bei den chronisch Wütenden um 50 Prozent höher zu sein.

Neuere Untersuchungen zeigen gar an, dass Wut oder Zorn eine stärkere Ursache für früheren Tod ist. Das Sterberisiko scheint bei Wütenden viel höher zu liegen als bei weniger Feindseligen (in einer Stichprobe von 136 Personen waren zwanzig Jahre nach der Messung nur drei der wenig Feindseligen, aber 16 der sehr Feindseligen gestorben). Die Zornigen scheinen jung zu sterben.

Wissenschaftler an der Harvard University fanden heraus, dass Wut das häufigste Einzelgefühl vor einem Herzinfarkt war. Ist eine Herzschwäche bereits fortgeschritten, kann Wut offenbar tödlich sein. Bei Menschen, die bereits einen Herzinfarkt hatten, kann ein Wutanfall die Pumpenergie des Herzens um sieben Prozent oder mehr vermindern, das ist ein Wert, den Kardiologen als gefährlichen Rückgang der Blutzirkulation im Herzen sehen. Auch in Analysen der Stanford und der Yale Medical School ergaben sich die gleichen Resultate: Patienten mit hoher Reizbarkeit und Neigung zu Wutausbrüchen starben nach einem ersten Herzinfarkt mit zwei- bis dreifach höherer Wahrscheinlichkeit an einem zweiten Herzinfarkt als andere Patienten.

Das mit einer Disposition zur Feindseligkeit verbundene Gesundheitsrisiko ist vermutlich für Männer höher als für Frauen. Das Hormon, das während der Schwangerschaft ein Baby zum Mann macht, heisst Testosteron. Männer haben mehr Testosteron im Körper als Frauen. Ob dieses Hormon die Aggressivität erhöht, ist noch umstritten. Menschen mit einem hohen Testosteronspiegel scheinen dazu zu neigen, Situationen beherrschen zu wollen, sie sind streitlustiger und schlagen – physisch oder verbal – öfter zu.

Es gibt viele Auslöser für aggressive Erregung. Meist haben sie mit Frustration zu tun. Neid zum Beispiel, Eifersucht, Versagung von Befriedigungen, allgemeine Unzufriedenheit oder Enttäuschung führen zu einer Aggressivierung des gesamten Organismus. Findet die chronische Aggressivierung durch Kränkung und Frustration keinen Ausdruck und gelingt es der Person nicht, Frustrationen und Kränkungen auf ein erträgliches Mass zu reduzieren, so sind langfristig gesundheitsbeeinträchtigende Folgen zu erwarten.

Depressivität erkennen

Ist die Depressivität offen und heftig, ist sie leicht zu erkennen: Sie zeigt sich in der Verstimmung, der Verzweiflung, der Versteinerung, der Antriebsblockade, der Sinn- und Hoffnungslosigkeit.

Bei vielen Menschen ist die Depressivität jedoch gut versteckt, ihnen selber und ihrer Umgebung gar nicht so deutlich bewusst, sie ist gewissermassen ins Leben eingebaut, oft mit Geschäftigkeit, Routine, hektischer oder gar forciert-fröhlicher Aktivität überdeckt. Ich nenne diese Menschen die ‹untergründig Depressiven›.

Die untergründig Depressiven sind oft besonders entschlossen und aktiv. Sie treten engagiert und pflichtbewusst auf. Sie wehren ihre untergründige Depressivität und Selbstentwertung manisch ab. Der Unterschied zwischen echter Begeisterung und Lebenslust und manischer Depressivitätsabwehr ist auf Anhieb nicht immer leicht zu erkennen.

Er lässt sich zum Beispiel an der Angestrengtheit, mit der die Aktivitäten absolviert werden, erkennen, an der Angespanntheit dieser Menschen. Er zeigt sich in Anflügen und Einbrüchen von Lustlosigkeit, Sinnlosigkeit und Freudlosigkeit, die in Aktivitätspausen oder Momenten der Besinnung auftauchen.

Die manische Abwehr zeigt sich auch in der überlasteten Lebensorganisation untergründig Depressiver, die deutlich den Abwehraspekt der Aktivität erkennen lässt. Diese Menschen sind nicht aus Lust und Wünschen heraus aktiv, sondern sie müssen aktiv sein, um nicht zur Besinnung zu kommen. Sie stopfen ihren Terminplan so voll, dass sie immer stöhnen können, wie überlastet sie sind. In Wirklichkeit stellen sie somit sicher, dass sie auf keinen Fall eine freie Minute zum Nachdenken haben. Werden sie doch in die Situation der möglichen Nachdenklichkeit gebracht und dazu gezwungen, durch unvermeidliche Besinnungspausen – wenn das Handy ausfällt, beim Warten auf Flughäfen, durch eine Erkrankung – innezuhalten, zeigt sich deutlich, ob diese Pausen als lustvolle Erholung und Entspannung für gute Gedanken genutzt werden, oder ob sich die versteckte Depressivität mit ihren Selbstattacken meldet: Wozu alles? Ich habe keine Lust. Ich sehe keinen Sinn, es bringt alles nichts. Die Welt, die anderen Menschen, die Zukunft erscheinen in solchen Attacken dann leer, ohne Befriedigungsmöglichkeiten. Angebote für schöne Aktivitäten werden als Zumutung empfunden, plötzlich zeigt sich die negative Sicht der Dinge, die krampfhaft abgewehrte Kehrseite der manischen Grossartigkeit, die gnadenlose grausame Selbstkritik.

Achtsamkeit üben

Achtsamkeit ist eine offene, annehmende Grundhaltung gegenüber allem, was einem in den Sinn kommt, was man von aussen wie von innen wahrnehmen kann. Sigmund Freud sprach von der ‹frei schwebenden Aufmerksamkeit› und meinte damit die Haltung des Analytikers, sich gegenüber allem, was der Patient sagt, aber auch gegenüber dem Fluss der eigenen Gedanken und Gefühle offen zu halten. Die eigenen Gefühle und Gedanken, die aus der Tiefe des Unbewussten kommen, werden sich nicht zeigen, wenn die Achtsamkeit etwas Verurteilendes, Inquisitorisches, Verfolgendes hat.

Setzen Sie sich bequem in einen Sessel. Achten Sie nur auf den Atem, und wenn Sie mit ihm in Fühlung sind, fangen Sie an zu beobachten, was als Nächstes auftritt, welche Töne, Bilder, Körpergefühle, Gedanken. Bitte beobachten Sie diese Erfahrungen sehr genau, klar und ganz unkompliziert, ohne zu bewerten und zu beurteilen. Wenn ein körperlicher Schmerz oder ein bedrückender Gedanke auftaucht, sagen Sie nicht: «Das ist schlecht», oder: «Ich bin nicht o.k., weil ich so etwas fühle oder denke», sondern bleiben Sie in der wahrnehmenden, beobachtenden Haltung. Sie werden sehen, dass kein Gedanke, kein Gefühl, kein Bild etwas Statisches, Unabänderliches ist, sondern sich wandelt. In Ihnen fliesst ein spontaner, nicht beeinflussbarer Strom von Empfindungen, Gefühlen, Gedanken. Sie erkennen dabei, dass es nicht in Ihrer Macht steht zu bestimmen, was an Bildern, Tönen, Gedanken auftaucht.

Wenn Sie diese annehmende Haltung einnehmen und akzeptieren können, dass Sie Ihr Inneres nicht wie einen Computer im Griff haben, werden Sie ruhiger und neugieriger auf sich selber werden. Sie rennen nicht immer im Geist in der Zukunft und in der Vegangenheit herum, sondern bleiben in der Erfahrung des Augenblicks. Die Unverfälschtheit der Wahrnehmung ist entscheidend. Wenn es etwas Unangenehmes ist, ein Angstgefühl z. B., analysieren Sie nicht. Dies ist eine besondere Gefahr bei Berufsdenkern. Nur im annehmenden Sich-Öffnen kommen wir in den Kontakt mit unserem Innern.

Wer die Achtsamkeitsübung durchführt, wird die untergründige Depressivität bei sich daran bemerken, dass sich negative Gedanken über sich und andere aufdrängen: «Die haben was gegen mich», oder «Ich schaffe es wieder nicht», oder es meldet sich die Erinnerung an eine Lieblosigkeit eines anderen Menschen. Die Häufung negativer Vergangenheits- und Zukunftsgedanken, das Kreisen in Grübeleien, der Negativismus werden sich während der Achtsamkeitsübung schnell bemerkbar machen. Dieses dauernde negative ‹Rauschen› stört den Zugang zu den eigentlichen Wünschen und Gefühlen.

Depressivität annehmen und verstehen

Depressivität annehmen und verstehen heisst nicht, sich mit ihr abfinden, sondern sich nicht dafür verurteilen. Um sie zu überwinden, müssen ihre Eigenschaften genau unter die Lupe genommen werden. Der Feind kann nicht in Unkenntnis und Abwesenheit besiegt werden.

Depressivität ist Vom-Zentrum-Abgeschnittensein. Das Zentrum, das sind unsere Antriebe, Sexualität und Aggression, Liebe und Begehren, Vitalität, Lebenslust, Lebensfreude.

Wer depressiv ist, schneidet sich vom eigenen Zentrum ab. Unsere Kultur ist eine Kultur der Freudlosigkeit geworden. Das Leben, von dem das eigene vitale Zentrum, die eigene Lebendigkeit zeugt, wird nicht als Gabe, als Geschenk empfunden, sondern als blosses Faktum. Es findet keine Erziehung zur Freude, zur Lebensdankbarkeit mehr statt. Wie die Schriftstellerin Dorothee Sölle schreibt, begeht der Depressive die ‹Sünde der Traurigkeit›, er verschliesst sich vor dem Geschenk des Lebens. Er zieht sich zurück ins Schneckenhaus des eigenen Selbstmitleids und Weltschmerzes, lehnt das Leben ab und verbündet sich mit den destruktiven Kräften.

Depressivität ist Blockierung der aus dem Zentrum kommenden Kräfte, Gefühle, Bilder.

Depressivität ist Bilder-Losigkeit, Vorstellungs-Tod, Fantasie-Hemmung. Es gibt nur noch Leere, Wüste, Gleichförmigkeit, Farblosigkeit in den Imaginationen. Die Bilder sind verarmt. Die Bilderquellen sind versiegt.

Die Therapie von Christoph spiegelte seine Imaginations-Verarmung und -leere wider. Es kamen ihm keine Bilder in den Sinn, nur negative abstrakte Gedanken. Oder die Vorstellung einer endlos hohen Steinwand aus schwarzem Granit, ein einförmiges, lebloses, verarmtes Bild. Die Blockierung der lebendigen Imagination war ein zentrales Merkmal der Depressivität. Wenn die lebendigen Bilder und Vorstellungen fehlen, fehlt das Rohmaterial für kreative Gedankenspiele, Szenarien, Fantasiebeziehungen und

Probehandlungen. Nur mit einer lebendigen Imagination konnten bei Christoph innere neue Konstellationen geschaffen werden. Sein Entwicklungsprozess ging weiter.

Depression ist der Stillstand des persönlichen Entwicklungsprozesses. Das permanente seelische Wachstum bis zum Tod ist das zentrale Merkmal langfristiger Gesundheit. In der Depressivität ist alles verlangsamt, im Extremfall völlig blockiert. Im depressiven Menschen bewegt sich kaum etwas, er ist erstarrt. Der untergründig depressive Mensch ist in seiner seelischen Entwicklung stagniert, auch wenn äusserlich betrachtet ‹viel läuft›. Er lebt nur vordergründig ein ausgefülltes Leben, innerlich ist er tief unglücklich, weil er den Mut zur dauernden Veränderung nicht aufbringt und in der ewig gleichen seelischen Routine dreht.

Depressivität in kleinen Schritten überwinden

Seine eigene Depressivität überwinden ist ständige Auseinandersetzung mit sich selbst und geduldige Selbstgestaltung in kleinen Schritten und mit Rückschlägen.

Wie kann sich der Depressive besser zentrieren? Das lebendige Zentrum besteht im Gefühl, in den Antrieben, in der Körperlichkeit. Wer mehr fühlt, selbst wenn es unangenehm ist, ist schon besser zentriert. Körperliche Aktivität, z. B. Laufen am frühen Morgen und das damit verbundene rhythmische Atmen und das Spüren des Körpers bringen einen in unmittelbaren Kontakt mit dem Zentrum.

Wie kann der Depressive seine Fantasieblockade aufheben und zur lebendigen Imagination finden? Wie beim Träumen ist auch beim Imaginieren der erste wichtige Entschluss das echte Interesse. Wer an seinen Träumen interessiert ist, wird träumen und Träume erinnern. Wer an seinen spontanen Imaginationen interessiert ist, dem werden sie zuströmen. Imagination kann man anregen oder nähren. Sie können sich pro Woche eine Stunde Bilder in einer Ausstellung anschauen oder sich auf den Rücken legen in einem dunklen Zimmer und auf die spontan auftauchenden Fantasiebilder achten. Sie können Ihre Träume in ein Buch schreiben, spontane Einfälle und Ihre Träume als Tagträume weiterträumen.

Die Vorstellung einer schwarzen Wand z. B. oder eines Gefängnisses ohne Ausgang ist zwar keine schöne Imagination, aber sie er-möglicht es, lebendig weiterzuimaginieren, z. B. die eigene Befreiung. Ausgehend von einer schwarzen Wand kann ich mir die Besteigung zusammen mit einem Kletterteam, das ich mir suchen muss, vorstellen. Imaginationen sind notwendig, um einen Seelenzustand in Bilder und Worte zu fassen. Sie be-bildern diffuse Gefühlszustände und machen sie dadurch fassbar und gestaltbar.

Selbsthilfe bei akuter Depression

Falls Sie in einer akuten depressiven Krise, d. h. mittelschwer bis schwer depressiv verstimmt sind und aus eigener Kraft nicht aus diesen Verstimmungen herauskommen, keine Freude mehr empfinden, sich schlecht oder gar nicht konzentrieren können und dieser Zustand nun schon über zwei Wochen anhält, dann leiden Sie an einer akuten Depression.

Folgende Leitlinien zur Selbsttherapie sind zu beachten:

Achtung, maligne Regression!

Maligne Regression ist unkontrolliertes Abrutschen in einen schlimmen, bösartigen Zustand. Regression heisst ‹Zurückgehen›, es gibt gutartige und bösartige Regressionen. Gutartig ist eine Regression dann, wenn sie im Dienste des Ichs steht, d. h. wenn der Patient Zugang zu aus früheren Lebenszeiten stammenden Gefühlen, Gedanken, Wünschen, Ängsten, Potenzialen findet, um sie für das persönliche Wachstum als Erwachsener zu nutzen. Ein gewisses Mass an innerem Durcheinander gehört in eine gute, lebendige Entwicklung, zum persönlichen Wachstum.

Die entscheidende Frage, ob das ‹Zurückgehen› oder ‹Hinabgehen› in die tieferen Gefühle, Erinnerungen, Gedanken gutartig oder eher bösartig ist, besteht darin, ob die zentralen Ich-Funktionen weiterbestehen und das Leben im Grossen und Ganzen gemeistert werden kann. Die zentralen Ich-Funktionen sind Affekttoleranz (Aushalten von Gefühlen) und Affektsteuerung, Realitätswahrnehmung und Realitätsprüfung sowie die Aufrechterhaltung der Ich-Grenzen, d. h. die Unterscheidung zwischen mir und anderen. Fallen diese Funktionen aus, ist das psychische Funktionieren akut bedroht, und es kann ein Zusammenbruch, eine Ich-Regression – oder eben eine maligne – folgen.

Wann und warum eine Regression maligne wird, welche Kräfte das steuernde Ich unterminieren, ist oft schwer zu sagen. Die Auslösefaktoren gründen in der Belastungsmenge, unter welcher ein Mensch zu leiden hat: Widerfahrnisse des Lebens, starke Wünsche, grausame Gewissensforderungen, aktualisierte traumatische Erfahrungen. Dieser Belastungsdruck steht in Beziehung zur grundsätzlichen Stärke und zum aktuellen Funktionsniveau der Seele eines Menschen. Je stärker die Belastungsmenge, je schwächer oder geschwächter das Ich, desto grösser die Gefahr einer malignen depressiven Regression.

Falls Sie Anzeichen bemerken, dass Sie in eine maligne Regression abrutschen, sind ein paar Leitsätze eisern zu beachten:

- Stabilität vor allem – nichts Destabilisierendes machen! Keine aufwühlenden Therapiesitzungen, keine zerfetzenden Streitgespräche!
- Das Ich stärken, die Realitätswahrnehmung und Realitätsbewältigung stützen. Falls das natürliche Umfeld dies nicht geben kann, sofort zu einem Therapeuten oder einer Therapeutin gehen, die Erfahrung hat im Coaching von depressiven Menschen!
- Sich keinen vermeidbaren negativen Erfahrungen aussetzen wie Kritik, Entwertungen, Vorwürfen!
- Kleine Aktivitäten machen, die Erfolgserlebnisse vermitteln: Kaffee trinken, Zeitung lesen, einen Brief schreiben, zur Post tragen, eine Liste des abzuarbeitenden Krams machen und Punkt für Punkt erledigen!

Sein eigener Kapitän werden!

Eine depressive Episode ist ein Zustand, der so überwältigend sein kann, dass das beobachtende und steuernde Ich des Patienten überwältigt wird. In einem Bild ausgedrückt: Die depressive Episode hat den betroffenen Menschen, der normalerweise steuernd an Bord seines Lebensschiffes steht, von Bord gespült. Entweder er krabbelt selber wieder an Deck und übernimmt das Steuer, oder Hilfspersonen – ein Therapeut, Freunde, Familienmitglieder – oder antidepressive Medikamente ziehen ihn wieder an Deck und übernehmen das Steuer, bis die akute Phase vorbei ist. Erst dann können sich die Helfer auf ihre eigenen Boote zurückziehen, allenfalls in der Nähe bleiben und das Steuer wieder dem betroffenen Menschen übergeben. Der Depressive muss nun selber lernen, sein eigener Kapitän auf dem Schiff inmitten der unruhigen aufgewühlten See seines Innenlebens zu werden.

Zustandsdistanzierung

Der depressive Mensch ist in seinem Zustand gefangen, das Erleben ist total. Es fehlt ihm die Spaltung in ein erlebendes und ein beobachtendes Ich. Das heisst, ein depressiver Mensch hat nicht das Gefühl, er sei schlecht, sondern er ist überzeugt, er *ist* schlecht. Der erste Schritt des Erlernens einer Distanzierung vom depressiven Zustand besteht darin, sich zu sagen: Meine Depressivität ist (nur) ein krankheitsbedingter Zustand. Alle meine schlimmen Gefühle, Vorstellungen, Gedanken sind nur Teil dieses Zustands. Und Zustände sind nichts Absolutes, sie können vorbeigehen.

Schon die Worte ‹Krankheit› und ‹Zustand› haben eine distanzierende, heilsame Wirkung. Sie treiben einen Keil zwischen das Erleben und die gesunden beobachtenden Funktionen des Patienten. Nicht nur schwer depressive, auch leicht bis mittelschwer depressive Menschen neigen dazu, die Zustandsgebundenheit ihrer Realitätswahrnehmung und ihres Beziehungserlebens zu übersehen. Es ist nicht möglich, einen Zustand erfolgreich zu handhaben und ihn zu überwinden, ohne ihn als solchen zu erfassen, zu ‹halten› und zu benennen.

Zustands-Handhabung

Wer eine gewisse Distanz zu seinen Zuständen gewonnen hat, kann lernen, diese besser zu handhaben. Handhaben bedeutet, den Ablauf eines Zustandes zu kennen. Was geht dabei im Innern vor? Und wie kann man damit umgehen? Jemand, der z. B. unter krankhafter Eifersucht leidet, kann den Ablauf eines Eifersuchtsanfalls studieren und den Eifersuchtsablauf in den Griff bekommen.

Zustandsinterpretation

Wer gelernt hat, sich von seinen Zuständen zu distanzieren und diese zu handhaben, kann sich mit den Ursachen und Bedeutungen der Zustände befassen. Jemand, der an chronischer Eifersucht leidet, arbeitet heraus, dass eine innere Ursache – z. B. ein chronisches Unzulänglichkeitsgefühl – den Eifersuchtsanfall so schlimm macht.

Wer eine akute Regression verhütet hat und – zunächst mit Mühe und Einschränkungen – der eigene Kapitän seiner Seelenzustände geworden ist, hat die akute Phase der Depression bewältigt bzw. überstanden.

Den depressiven Lebensstil umkrempeln

Der depressive Lebensstil, der langfristige Gesundheit unterminiert, ist gekennzeichnet durch Negativismus, Ängstlichkeit, Selbstsabotage und Selbstunterminierung, Isolation und Gefühlsblockaden. Depressive Menschen sind meist übergenau, denken viel und haben in der Regel ein Konzept darüber, was in der Welt vor sich geht und was ihnen widerfährt. Sie neigen allerdings dazu, die Widerfahrnisse negativ zu interpretieren, Negatives zu erwarten und, wenn diese Erwartungshaltung besonders ausgeprägt ist, Negatives durch ‹self-fulfilling prophecy› herbeizuführen.

Stefano ist ein engagierter junger Mann im Kulturbusiness. Er wirkte auf Anhieb sympathisch, ich kam leicht mit ihm in Kon-

takt, mit der Zeit aber bekam ich ein seltsames Gefühl, dass er mir auf den Wecker ging. Ich fand ihn irgendwie mühsam. Ich versuchte, dem Gefühl auf den Grund zu gehen, und mir fiel auf, dass seine Stimme einen vorwurfsvollen Unterton hatte und er mich bei der Begrüssung jeweils irgendwie feindselig musterte. Ich gewann den Eindruck, in seiner Kommunikation sei die Erwartung, man habe etwas gegen ihn, man möge ihn nicht, schon so unbewusst ‹eingebaut›, dass man tatsächlich einen Widerwillen gegen ihn empfand. Für Stefano war es klärend, als ich ihm wie eine Art Echo mit dem gleichen Tonfall zurückgab: «Es klappt einfach nie, wenn man sich engagiert.» Er stutzte und fragte mich nach einer kurzen Pause: «Meinen Sie, dass ich Sie dazu provoziere, mich mühsam zu finden?» Ich bestätigte dies, und wir analysierten ähnliche Sequenzen in anderen Beziehungen. Dies war der Beginn einer wichtigen Phase in der Therapie. Stefano begann, seine negativen Erwartungen zu begreifen und sie nicht unbemerkt ins Verhalten einfliessen zu lassen.

Der alles wie eine Säure durchdringende Negativismus der Depressiven wirft sich auch auf die Erwartungen hinsichtlich der Lebenschancen. Für den Depressiven ist grundsätzlich nichts gut; er erwartet das Schlimme, das Leben kann nicht positiv bewältigt werden. «In den Club, der mich als Mitglied aufnimmt, will ich nicht eintreten» (Woody Allen). Ich liebe mich nicht. Du liebst mich auch nicht. Falls du mich doch liebst, stimmt etwas mit dir nicht.

Wie kann die Katastrophen-Erwartung der Depressiven in eine optimistische Grundhaltung hinsichtlich der Handhabbarkeit des Lebens umgepolt werden?

Robert war ein Spezialist in der masochistischen negativen Zukunftserwartung. Mit einer Kindheit gesegnet, die nichts an traumatisierenden und frustrierenden Erfahrungen ausgelassen hatte, war er durchtränkt von der Vorstellung, nichts im Leben erfolgreich zu bewältigen. Interessanterweise war er ein überaus erfolgreicher Geschäftsmann, der alles, was er anfasste, zu Geld machen konnte. Nichtsdestotrotz lag er jede Nacht stundenlang wach und stellte sich den Ablauf des nächsten Tages als eine Serie von Katastrophen vor: ein Spiessrutenlauf peinlichster Blamage-Situationen, in denen er versagt. Es half nicht mehr viel, diese Erwartungen mit Erlebnissen in der Vergangenheit zu verknüpfen. Dieser Zusammenhang war ihm längst klar geworden durch die Therapie, aber trotzdem konnte er seine nächtlichen Kreuzwege nicht lassen. Ich sagte ihm deshalb: «Diese Erwartung, nur das Schlimmste trete ein, ist eine grosse Fähigkeit von Ihnen.» Damit deutete ich sein Symptom als Fähigkeit um, erworben in einer Horror-Kindheit, welche die schlimmsten Befürchtungen immer reell übertroffen hatte. «Es ist eine Leistung, sich so viel Schlimmes auszudenken, dass es durch die Realität nicht mehr übertroffen werden kann. So wird nämlich garantiert nie mehr vorkommen, dass Ihnen etwas Schlimmeres zustösst, als Sie es sich ausgemalt haben. Deshalb kann ich Ihnen nur anraten, sich in dieser Fähigkeit noch mehr zu perfektionieren. Geben Sie sich mit Ihrer schlimmsten Vorstellung nicht zufrieden, suchen Sie immer nach einem noch schlimmeren Szenario, es gibt bestimmt eines. Und wenn Sie dieses gefunden haben, geben Sie keine Ruhe, setzen Sie noch eines drauf.»

Er fing an zu lachen, und wir bekamen eine Art satirischen Spass am Herausknobeln schlimmer Szenarien. Mit der Zeit hatte Robert einen solchen Abstand zu seinen Katastrophenszenarien, dass er seine Horrorvorstellungen loslassen und die Dinge gelassener sehen konnte.

Lebensanforderungen als sinnvoll anzusehen, ist ebenfalls eine schwierige und dennoch unumgängliche Aufgabe für depressive Menschen, wenn sie langfristig etwas für ihre Lebensfreude tun wollen. Das Sinnlosigkeitsgefühl ist etwas besonders Quälendes, die Sinnlosigkeitsgedanken sind ein besonders perfides Gift. Es ist, als stünde immer ein demotivierender Einflüsterer hinter einem und sage bei jedem konstruktiven Impuls: Vergiss es! Das hat doch keinen Sinn! Wofür machst du das überhaupt?

Hier muss der Kampf frontal stattfinden: Der Sinnlosigkeits-Einflüsterer muss behandelt werden wie ein innerer Gangster, der Ihr Leben kaputtmachen will. Wenn er also kommt und verführerisch säuselt: «Na komm schon, das bringt doch nichts!», dann gibt es nur eine Regel: sich gar nicht auf eine Kommunikation einlassen, sondern frontal abweisen: «Du perfide Sau! Ich habe Lust, das zu tun. Punkt. Hau ab!»

Radikal werden

Die heutige Gesellschaft, die gekennzeichnet ist durch Globalisierung, Verlust von Sicherheiten, Zwang zur unaufhörlichen Selbstdarstellung und Flexibilität und durch die Einteilung in wenige Gewinner und viele Verlierer, schafft einen Nährboden für Depressionen:

- Sie entzieht dem Einzelnen die notwendigen sozialen Kraftquellen.

Der Mensch braucht gute Bindungen, Verlässlichkeit, eine gewisse Sicherheit (nicht im Sinne von Herrschaft oder Kontrolle), das Gefühl dazuzugehören, dabei zu sein. Die grassierende Entfremdung und Funktionalisierung führen in eine Vereinsamung und machen depressiv. Wenn Menschen keine guten Objekte mehr haben, die zu ihnen halten, entsteht ein Existenzgefühl der Verlorenheit. Diese ‹Ungebundenheit› wird heute oft als Freiheit verkauft. Diese Freiheit ist aber keine echte Freiheit. Nur Freiheit in einer gewissen sozialen Geborgenheit ist Freiheit. Ansonsten bedeutet sie Haltlosigkeit jener, die ‹unten› sind, und Freipass für Rücksichtslosigkeit jener, die ‹oben› sind.

- Sie zwingt durch den Verlust der Öffentlichkeit und die ‹Tyrannei der Intimität› die Menschen dazu, dauernd im Spiegel der Erwartungen der anderen zu funktionieren.

Wir stehen unter grossem Druck, uns als Menschen mit hohen psychologischen Fähigkeiten, als guter Partner, als attraktiver Liebhaber, als wunderbare Geliebte, als tolle Eltern zu profilieren. Es reicht nicht, bestimmte Aufgaben zu erfüllen, es muss eine Rolle perfekt gespielt werden, um die ersehnte narzisstische Spiegelung zu bekommen.

Es interessieren nicht mehr die öffentlichen Angelegenheiten, die gemeinsame Sache, sondern nur noch die Gefühle, die gegenseitige Spiegelung.

- Sie demoralisiert durch Enttäuschungen.

Die Unglaubwürdigkeit von Leuten, denen wir glauben wollen und müssen, bedrückt uns. Die Verlogenheit von Politikern, die gerade so viel zugeben, wie man ihnen nachweisen kann, erschüttert unser Vertrauen. Wir fühlen uns verletzt durch Menschen, in die wir Vertrauen setzen und die dieses Vertrauen durch rücksichtsloses Eigeninteresse und Verantwortungslosigkeit verraten. Die einzige Antwort auf diese bedrückenden Realitäten ist: Erkennen, Verstehen, Nicht-Gutheissen, Sich-nicht-Identifizieren. Die Wut und Enttäuschung umsetzen in Protest und Aktion, mit einem Wort: radikal werden (radix = lat. die Wurzel), an die Wurzel gehen.

Die antidepressive Haltung gegen die verrückt und krank machenden gesellschaftlichen Entwicklungen ist eine radikale Haltung: die Auflehnung gegen das Unlebendige und Unmenschliche in den gesellschaftlichen Verhältnissen.

Die konservative Haltung begrüsst die herrschenden Verhältnisse. Sie bejaht und naturalisiert sie gar, betrachtet sie als naturgewollt oder gottgewollt.

Die liberale Haltung verspricht Öffnung, lehnt Unterdrückung ab, gesteht den Menschen ‹Freiheit› zu, schützt aber das Lebendige nicht. Sie begrenzt die Freiheit nicht im Interesse aller, sondern führt letztlich zur Willfährigkeit gegenüber der Rücksichtslosigkeit, weil sie sich nicht für alle gleich wehrt. Man könnte auch sagen, die liberale Haltung liebt die Menschen nicht, sie liebt nur sich selbst, die eigene Selbstverwirklichung. Eine Person mit einer radikalen Haltung liebt alle Menschen, alles Lebendige. Laut dem amerikanischen Bürgerrechtler Saul Alinsky will der Radikale «eine Welt, in der der Wert des Einzelnen Beachtung findet. Er will eine Gesellschaft schaffen, in der alle Fähigkeiten des Menschen ausgeschöpft werden können, eine Welt, in der der Mensch in Würde, Sicherheit, Glück und Frieden leben kann.»

Verhelfen wir dem ‹ewigen Eros› (Sigmund Freud) zum Durchbruch. Leben wir für die umfassende Kommunikation. In einer Welt, in der die Liebe zu den Menschen die Oberhand gegenüber dem ‹Jeder-gegen-jeden-Prinzip› gewinnt, wird der Depression der gesellschaftliche Nährboden entzogen.

- **Depression ist die Krankheit der Gegenwart.**
- **Depression ist die extreme Unterdrückung der Lebenskräfte.**
- **Die Befreiung von der Depression heisst auch gesellschaftliche Parteinahme für das Lebendige.**

11. Kapitel

Konsequenzen für die Gesundheitspolitik: Die Rückeroberung der Gesundheit

Das Gesundheitswesen ist zu 80 Prozent von den Zielen Einkommen und Arbeitsplätze gesteuert und zu 20 Prozent von den Interessen der Patienten. — *Uwe E. Reinhardt*

Unser so genanntes Gesundheitswesen ist zu einem Apparat verkommen, in dem Berufsgruppen um Anteile am Gesundheitsmarkt streiten und immer betonen, nur das Wohl des Patienten im Auge zu haben. Zudem geht es nicht um Gesundheitsentwicklung für alle, sondern um möglichst lukrative Krankenbehandlung. Was fehlt, ist eine konsequent umgesetzte inhaltliche Vision der Gesundheitsorientierung.

Das Ziel der Umwandlung des heutigen Krankheitsverwaltungswesens in ein Gesundheitswesen ist in der Stossrichtung ähnlich wie das Ziel des gesundheitsentwickelnden persönlichen Wandels: Es geht um das Überwiegen der Lebenskräfte. Das heutige Krankheitswesen verfehlt dieses Ziel: Es erstickt die Selbstverantwortung der Hilfesuchenden, kümmert sich zu wenig um den ganzen Menschen und überschätzt die technisierte Medizin. Es setzt sich nicht mit dem Kräftefeld des Lebens und der dynamischen Gesundheit als positiver Bewegung auseinander.

Zwei Revolutionen sind gleichzeitig nötig: eine inhaltliche und eine strukturelle.

Die inhaltliche Revolution

Die inhaltliche Revolution besteht darin, von der Krankheitsorientierung und ihren Übeln – Abgabe von Verantwortung, Fixierung auf das Symptom – Abschied zu nehmen und das Gesundheitswesen in allen Bereichen auf die Gesundheitsorientierung auszurichten.

Es gibt keine Leidensfreiheit

Die krankheitsorientierte und auf das Symptom fixierte Vorstellung, dass Gesundheit die Abwesenheit von Leiden sei, prägt unsere Kultur. Diese Idee trägt dazu bei, dass die Medizin mit dem grössenwahnsinnigen Anspruch auftritt, Menschen leidensfrei zu machen.

Das Ergebnis ist paradox. Das Leiden der Menschen sucht sich immer neue Ventile, gegen die die Medizin machtlos ist: chronic fatigue syndrome, restless legs syndrome, chronic pain syndrome und andere merkwürdige somatische Leiden ohne objektiven medizinischen Befund zeigen das schwer fassbare Malaise vieler Menschen.

Die Vorstellung, dass Gesundheit ein leidensfreier Zustand sei, wird dem Wesen des menschlichen Lebens nicht gerecht. Leiden gehört zum Leben und zum Verständnis von Gesundheit als positiver dynamischer Bewegung. In einem lebenszugewandten Sinne leiden zu können, ist lebensangemessen und Kraft spendend.

Der französische Psychoanalytiker Benno Rosenberg unterscheidet zwischen einem lebensbehütenden und einem todbringenden Masochismus. Die Fähigkeit, in erträglichen Grenzen leiden zu können, um sich für das Lebendige einzusetzen, ist ein wesentliches Element eines lebensbehütenden Masochismus. Um das Leben lieben zu können, muss man an Unannehmlichkeiten, schmerzhaften Grenzen und Unveränderbarem leiden können.

Nehmen wir als Beispiel die Liebe. Liebe ist ohne Leiden nicht denkbar, nicht lebbar. Die Liebe mutet uns viele unausweichliche Leiden zu, wenn wir uns ihr öffnen.

Wir leiden so an unserer vermeintlichen ‹Schwäche› für einen anderen Menschen, dass wir diesem Gefühl gegen die Stimme der so genannten Vernunft, gegen die ‹guten Ratschläge› von Freunden usw. nachgeben und uns auf das Lebendige einlassen.

Wir leiden daran, dass der geliebte Mensch oft nicht so ist, wie wir es von ihm wünschen.

Wir leiden an unseren Unzulänglichkeiten, an unserer Ängstlichkeit, an unserer Feigheit, an unserer Verzagtheit, die wir nirgends so schmerzlich erleben, als wenn wir mit einer grossen Liebe konfrontiert sind. Im gleissenden Scheinwerfer einer Liebe sind wir schonungslos mit unseren Schwächen und unserer Destruktivität konfrontiert.

Viele Menschen von heute wollen das unumgängliche entwicklungsfördernde Leiden, das uns reifen lässt, nicht ertragen. Sie wollen es ausschliesslich ‹gut haben›, ‹Spass haben›. Sie verschliessen sich damit den unbewussten lebendigen Kraftquellen in ihrem Innern, die ihnen eigentlich Energie für die manchmal auch schmerzhaften Lebensaufgaben geben könnten.

Gesundheit ist eine Bewegung

Gesundheit nicht als Zustand zu sehen, sondern als Bewegung mit einer positiven Richtung, die man selber mindestens zu einem bestimmten Ausmass mitgestalten kann, setzt alle Handelnden im Gesundheitswesen in ein neues realistisches Verhältnis zueinander. Die Leidenden erwarten von den Ärzten und Therapeuten nicht mehr, dass sie von ihnen geheilt werden, sondern dass sie von ihnen Hilfe bekommen im Energiegleichgewicht zwischen Lebenskräften und Belastungen.

Die Ärzte erkennen ihren ursprünglichen Platz als Fachleute mit einem grossen Wissen über die Vorgänge im Körper und über das Zusammenspiel der natürlichen Kräfte, das sie gezielt beeinflussen. Sie entlassen sich aus der übertriebenen alleinigen Verantwortung für den Zustand der Leidenden und beschränken sich darauf, die Gesundung zu unterstützen.

Die anderen Gesundheitsberufe nehmen ihre Verantwortung für Aufklärung über die sozialen und seelischen Bedingungen von Heilung und Gesundheit wahr. Sie tragen ihr Wissen zu den Leidenden, zu den Ärzten und an die Öffentlichkeit. Dieses Umdenken in den Köpfen ist notwendig, damit alle Beteiligten im Gesundheitswesen ihre gesundheitsentwickelnde Aufgabe erkennen und wahrnehmen. Jede Bemühung und Handlung im Gesundheitswesen sollte an den vier Fragen gemessen werden, die das Kräftefeld des Lebens bestimmen:

- Ist diese Massnahme angezeigt, innere Lebenskräfte zu befreien oder zu pflegen?
- Arbeitet sie gegen dieses Ziel? (Dann sollte sie besser unterlassen werden.)
- Ist sie darauf ausgerichtet, Kraftquellen in der Umwelt des leidenden Menschen zu erschliessen?
- Ist sie dazu bestimmt, innere destruktive Kräfte einzuschränken und zu neutralisieren?
- Dient sie dem Ziel, Lebensbelastungen zu vermindern oder besser zu bewältigen?

Gesundheit ist dynamisches Überwiegen der Lebenskräfte

Die Einsicht, dass Gesundheit ein energetisches Plus der Lebendigkeit gegenüber den lebensfeindlichen inneren und äusseren Einflüssen darstellt, ist ein umwälzender Gedanke, der alle Handelnden im Gesundheitswesen packen muss. Das Revolutionäre am Modell des Ringens der positiven Lebenskräfte mit den krank machenden inneren zerstörerischen Kräften und äusseren Belastungen besteht darin, dass es klar und einfach, erfahrungsgeleitet und pragmatisch ist. Es ist wie Physik, solide in der Erkenntnis und unbezweifelbar in den Konsequenzen.

Was Not tut, ist ein Manifest ‹Gesundheit 2010›, in dem sich Reformerinnen und Reformer zum erweiterten dynamischen Gesundheitsverständnis bekennen und sich das Ziel setzen, sich von nun an nicht mehr der Abgabe von Verantwortung und der illusionären Befriedigung passiver Heilungsansprüche zu widmen, sondern sich hundertprozentig für das Überwiegen der Lebenskräfte im Leben aller einzusetzen.

Dieses gesundheitspolitische Manifest muss von Repräsentanten aller Gesundheitsberufe und fortschrittlichen Gesundheitspolitikern getragen und in einer entschlossenen Kampagne öffentlich gemacht werden.

Es reicht nicht, sich auf rein ökonomische und juristische Wege aus der Krise des so genannten Gesundheitswesens zu konzentrieren, wie dies beispielsweise die Autoren des Berichts ‹Gesundheitswesen Schweiz 2001/2002› vorschlagen. Ohne grundsätzliche inhaltliche Neuorientierung wird das Gesundheitswesen immer eine kränkelnde Grossbaustelle ohne architektonisches Gesamtkonzept sein.

Gesundheit gehört nicht der Medizin

Eine weitere wichtige und unabdingbare inhaltliche Revolution im Gesundheitswesen, die strukturelle Auswirkungen haben wird, ist die Befreiung der Gesundheit aus der Alleinherrschaft der Medizin. Das Postulat, das der Medizinkritiker Ivan Illich vor dreissig Jahren aufgestellt hat, ist heute aktueller denn je: Die Menschen müssen sich die Verantwortung und Definitionsmacht über ihre Gesundheit von der Medizin zurückerobern. Medizin ist nicht die alleinige Gesundheitswissenschaft. Zu den Gesundheitswissenschaften gehören neben Psychologie, Soziologie und Pädagogik auch Philosophie und Ethnologie und andere Wissenschaftsdisziplinen, die Antworten auf die Frage liefern: Was hilft den Menschen, um für ein Überwiegen der Lebenskräfte gegenüber den destruktiven Kräften und Einflüssen sorgen zu können?

Die strukturelle Revolution

Das Machtgefälle zwischen den verschiedenen Gesundheitsberufen und zwischen Heilern und Patienten muss verschwinden. Die Beziehungen der Zukunft sind partnerschaftlich.

Die Handelnden im Gesundheitssystem müssen sich verändern

Im Gesundheitssystem gibt es drei Gruppen von Handelnden:

- die Bezüger von Gesundheitsdienstleistungen bzw. Krankenbehandlungen: die Patienten
- die Anbieter von Gesundheitsdienstleistungen bzw. Krankenbehandlungen (alle Gesundheits-Berufsgruppen, Institutionen wie Spitäler usw.): die Heiler

- die Administratoren (Gesundheitsbehörden, Krankenversicherungen usw.), die in die Beziehung Patient-Heiler hineinwirken: die ‹mächtigen Dritten›

Diese Handelnden unterhalten zueinander Beziehungen. Die Art der Beziehungen ist kennzeichnend für die gegenwärtige Fehlentwicklung des Gesundheitswesens. Es bestehen dramatische Machtgefälle. Die Anbieter von Leistungen üben eine Macht über die Bezüger aus, die Administratoren als dritte Partei gewinnen zunehmend an Macht über das gesamte System und insbesondere über die Beziehungen zwischen Anbieter und Bezüger.

Am machtlosesten – obwohl rhetorisch für mündig erklärt – ist der Patient. Dies ist eine direkte Folge der Konzentration von Macht in den Händen der Medizin und wird aufrechterhalten durch die unbewussten Wünsche der Patienten, ihre passiven Heilungserwartungen an idealisierte Heiler zu delegieren.

Eine Veränderung dieser Delegation passiver Heilungswünsche vom ‹Dis-Empowerment› zum ‹Em-Powerment› wird nur geschehen, wenn sich die Selbstdefinitionen der Handelnden und ihre Beziehungen zueinander ändern.

Die ‹Patienten› werden mächtig

Der Arzt Christian Marti veranschaulicht einige grundsätzliche Probleme des Schweizer Gesundheitswesens:

1. Systematische Übertreibung der medizinischen Möglichkeiten
2. Bevormundung der Laien durch wohlmeinende Experten
3. Ungenügende Anreize für haushälterischen Einsatz der Mittel

Die Patienten sind in der Situation, dass sie in Leidenszuständen Hilfe brauchen. Die aufgeklärten Patienten gehen davon aus, dass ihnen eine Behandlung vorgeschlagen und begründet wird, der sie als mündige und informierte Patienten zustimmen oder die sie ablehnen – informed consent. Die Ohnmacht der Patienten liegt heute nicht mehr darin, dass über ihren Kopf hinweg entschieden wird, sondern darin, wie und wie viel Information ihnen zur Verfügung gestellt wird.

Ein Patient wird zwischen Behandlungsvariante A oder Behandlungsvariante B nach dem Kriterium der grösseren Gesundungschancen entscheiden. Wenn er die Behandlung nicht selber bezahlen muss, fliessen in seine Überlegungen keine Kosten-Nutzen-Argumente ein, nur der Nutzen wird maximiert.

Wenn dem Patienten die Information vermittelt wird, dass die eine Behandlungsvariante gegenüber einer anderen überlegen sei, wird er diese wählen. Wenn man ihm aber sagen würde, dass die Heilungschancen ohnehin – auch ohne Behandlung – gross und nur geringfügig kleiner als ohne Behandlung seien, würde das die Einschätzung der Überlegenheit von Behandlung A relativieren. Die nicht zur Verfügung gestellte Information beeinflusst den Entscheid für Behandlung A, welche im Eigeninteresse des Anbieters liegt.

Die Patienten sind der argumentativen Macht der Heiler ausgeliefert. Selbst wo nicht bewusst das Eigeninteresse der Heiler durch Informationsmanipulation durchgesetzt wird, finden Bevormundungen durch ‹wohlmeinende› Experten statt.

Ein besonders eindrückliches Beispiel ist das Ausgeliefertsein an die Expertenmacht im Falle von HIV-Infektionen und Aids.

Aids gilt unterschwellig noch immer als – wenn auch immer mehr aufgeschobenes – Todesurteil. Die HIV-Infizierten und erst recht die Aids-Kranken werden vom Medizin-System zu Todeskandidaten erklärt; sie sind tabu. Die Haltung der Experten, HIV-Todeskandidaten hilfreich zu unterstützen, aber stillschweigend als «bald nicht mehr von dieser Welt» zu tabuisieren und zu stigmatisieren, unterminiert gesundheitsfördernde Lebenskräfte. Die Aids-Kranken sind tabu, weil sie sterben – sie sterben, weil sie tabu sind.

Die Beziehung der Patienten zu den Heilern und den mächtigen Dritten muss sich grundlegend ändern, wenn das Gesundheitswesen seinen Namen verdienen soll.

Die Patienten müssen:

- sich die eigene Gesundheit als persönliches Gut aneignen und die Verantwortung für ihren Anteil an ihr übernehmen.
- ihre persönliche Vision von Gesundheit aktiv umsetzen, sich um sie kümmern und sie handelnd mit-erzeugen, mit-gestalten.
- sich selbst als Selbst-Heiler er-mächtigen.
- die Heiler ent-idealisieren, ent-machten, ihnen eine realistische Rolle als Fachleute zuweisen.
- sich als Auftraggeber und Kunden gegenüber den mächtigen Dritten organisieren.

Es darf nicht sein, dass mehrere Millionen Krankenversicherungskunden sich von ‹ihren› Krankenversicherern weiterhin ökonomisch bevormunden und von ihren Heilern expertokratisch gängeln und entmachten lassen. Wenn die Menschen ihre Gesundheitsentwicklung nicht erst als Kranke in die Hand nehmen, sondern lebenslang und kontinuierlich, werden sie die Macht der Heiler und der Administratoren zurückdrängen und das Gesundheitswesen in ihrem Sinne gestalten.

Dieser Prozess der Ermächtigung der Patienten im Gesundheitswesen, der Voraussetzung für eine nachhaltige Gesundheit von uns allen ist, steckt erst in den Anfängen. Die Patientenorganisationen erfüllen heute eine wichtige, aber immer noch periphere Funktion, weil sie uns nach dem Motto der Krankheitsorientierung nur dann ins Auge fassen, wenn wir Patientenstatus haben – und das ist im Durchschnitt ein paar Tage im Jahr.

Die Kostenexplosion ist in der Hauptsache nicht deshalb ärgerlich, weil das Gesundheitswesen so viel Geld kostet, sondern weil das viele Geld nicht für Gesundheit, sondern gegen Krankheit ausgegeben wird. Wenn der Gesellschaft, und das sind wir alle, Gesundheit wichtig ist und wenn das Gesundheitswesen wirklich Gesundheit fördert – und nicht Krankheit verwaltet –, werden wir genau den Preis bezahlen, den uns Gesundheit wirklich wert ist.

Die ‹Heiler› steigen vom Thron

Die Gesundheit hängt nur zu einem bescheidenen Teil von den Leistungen der Heiler ab. Die Lebenserwartung ist im 20. Jahrhundert von 50 auf 80 Jahre gestiegen. Nur ein Sechstel davon ist dem medizinischen Fortschritt zu verdanken. Die Tuberkulosesterblichkeit beispielsweise war auf ein Achtel zurückgegangen, bevor Tuberkulosemedikamente entwickelt waren. Umwelt-, Sozial-, Bildungspolitik, Verkehrssicherheit haben insgesamt einen grösseren Anteil an der Volksgesundheit als die Medizin. Der Einzelne und die Gesellschaft mit ihren Weichenstellungen gestalten Gesundheit entscheidender mit als medizinische Krankenbehandlung. Dieses Faktum muss sich in den Selbstdefinitionen der Handelnden im Gesundheitswesen und in den Beziehungen zwischen ihnen niederschlagen.

Die Heiler, allen voran die Ärzte, sind zu mächtig. Ihr Anteil an der Gesundheit des Einzelnen wie der gesamten Bevölkerung wird systematisch überschätzt; ihre Privilegien und ihr Status sind entsprechend überhöht. Aufgeklärte Ärzte und Heiler erkennen dies und merken, dass die Überschätzung ihrer Leistungen eher gesundheitsschädlich ist. Sie drängt die Patienten in eine verantwortungslose Passivität und führt zu grössenwahnsinnigen Interventionen. Die Heiler müssen lernen, mit der Begrenztheit von Heilung zu leben. Sie müssen sich selber und ihren Patienten diese Kränkung zumuten. Paradoxerweise werden sie zu besseren Heilern, wenn sie sich selber ent-machten und die Patienten er-mächtigen.

Bereits Wolfgang Schmidbauer hat in seinem Klassiker die Falle beschrieben, in die Heiler geraten, wenn sie nicht an ihrer Des-Idealisierung arbeiten. Der ‹hilflose Helfer› ist der idealisierte Heiler, der die Idealisierung nicht einlösen kann, auch wenn er sich noch so sehr anstrengt.

Es braucht eine neue Architektur des Gesundheitswesens, die von Leistungsaufträgen für die Gesundheit ausgeht.

Die Basis ist gesundheitsförderndes Denken und Handeln in allen gesellschaftlichen Bereichen: in der Arbeitswelt, im Bildungswesen, im privaten Bereich.

In der Mitte der Pyramide ist der öffentliche Bereich: Nachbarschaften, Gemeinden. In diesem Bereich braucht es neue Gesundheitsinstitutionen, die die Lebensbedingungen verbessern, soziale Unterstützung verstärken, innere und äussere Lebenskräfte stimulieren, Umweltbelastungen reduzieren.

An der Spitze der Pyramide dieser gesellschaftlichen Gesundheitsarchitektur finden sich die klassischen Behandlungsinstitutionen des Gesundheitswesens: Primärversorgung durch Psychotherapeuten, Ärzte, Physiotherapeuten und andere Gesundheitsberufe, die einen Leistungsauftrag mit hoher Qualität erfüllen; spezialisierte ambulante Dienste, lokale und regionale Spitäler, überregionale Spezialkliniken.

Die ‹mächtigen Dritten› werden in die Schranken gewiesen

Die ‹mächtigen Dritten›, die Ökonomen in den Chefetagen der Krankenversicherungen und in den Stäben der Gesundheitsbehörden, übernehmen zunehmend das Zepter im Gesundheitswesen; ‹Managed Care› heisst die neue Losung: ökonomisch gesteuerte Behandlung. Das heisst, Manager beeinflussen und gestalten die Beziehung zwischen Heiler und Patient. Die Beziehung Heiler-Patient, Arzt-Patient, Therapeut-Patient ist nicht mehr sakrosankt und ungestört, sondern der ‹mächtige Dritte› gestaltet und prägt diese Beziehung durch das Setzen ökonomischer und administrativer Rahmenbedingungen und durch direkte Eingriffe in die Beziehung. Managed Care lenkt mit verschiedenen Mitteln die Entscheidungen im Gesundheitswesen, mit dem Ziel, Kosten zu senken. Der Case Manager ‹begleitet› als ‹störender Dritter im Bunde› den Behandlungsprozess und greift bei den Behandlungsentscheidungen ein. Berühmt wurde der Fall, als alt Bundesrat Tschudi ein teures Medikament verweigert und ein billigeres verordnet werden sollte.

Das ‹Königreich der Medizin› im heutigen Gesundheitswesen wurde um die ‹Diktatur der Ökonomie› ergänzt. Das ‹Volk der Patienten› gerät unter die Räder.

Dies wirkt sich vor allem in Psychotherapien schädlich aus: Managed Care verliert aus dem Auge, dass die meisten Patienten Zeit brauchen, um alte Einstellungen und Verhaltensmuster zu erkennen und zu ändern. Managed Care forciert verhaltenstherapeutische Kurztherapien oder medikamentöse Beruhigung, Managed Care handelt oberflächlich – auf das Symptom fixiert – und behindert den langfristigen Gesundungsprozess.

Jede Behandlung wird kurzfristigen Kosten-Überlegungen unterworfen. Der Case Manager hat den Auftrag, nach Einsparungsmöglichkeiten zu fahnden. Der Einsparungsdruck fliesst in jede Behandlungsentscheidung ein. Kein Patient kann mehr sicher sein, dass der Arzt bzw. Therapeut nur sein Wohl im Auge hat. Unausgesprochen oder ausgesprochen ist immer der ‹mächtige Dritte› anwesend, der zu Gunsten des Profits des Kostenträgers die Behandlungskosten niedrig halten will. Managed Care verletzt den Aufbau einer tragfähigen therapeutischen Vertrauensbeziehung.

Managed Care übt strukturelle Gewalt gegen den Heilungsprozess aus. Jeder Heilungsprozess braucht seine Zeit und kann nicht mit finanziellem Druck beschleunigt werden. Jeglicher von aussen kommende Druck bzw. die im Hintergrund schwebende Drohung, die Behandlung aus Kostengründen zu beschränken und vor dem erfolgreichen Abschluss abzubrechen, ist eine schwere Belastung für den Heilungsprozess und wirkt kontraproduktiv.

Managed Care ist deshalb nur ein für die Patienten gesundheitsschädlicher Versuch, das jetzige, inhaltlich fehlgeleitete Gesundheitssystem ökonomisch zu optimieren und den Profit der Versicherungen zu steigern. Es fügt zu den inhaltlichen Systemfehlern (Krankheitsorientierung, Fixierung auf das Symptom, Abgabe von Verantwortung) denjenigen des unsozialen Handelns und der Beschädigung der Therapeut-Patient-Beziehung hinzu. Statt grundlegende inhaltliche Mängel des Gesundheitswesens zu beseitigen und eine strukturelle Revolution durchzuführen, wird das bestehende System der Krankheitsorientierung zementiert und mit unsozialen Massnahmen am Leben erhalten.

Ein Gesundheitssystem, das diesen Namen verdient, muss auch in seiner Struktur mit den inhaltlichen Grundsätzen von Gesundheit als einem Überwiegen und Pflegen der Lebenskräfte übereinstimmen. Herrschaftsstrukturen behindern die Lebenskräfte. Deshalb muss das heutige Krankheitswesen radikal demokratisiert, müssen die bestehenden Machthaber entmachtet und die bisherigen Machtlosen ermächtigt werden. Das Gesundheitswesen braucht eine Demokratie, in der die Patienten und Versicherten mitbestimmen über die Verwendung der Mittel. In der nicht Ärzte, Manager und andere Krankheits- bzw. Gesundheitsexperten die Patienten bevormunden und über das ‹Patientengut› verfügen. In welcher der gegenwärtige Interessenfilz transparent gemacht und überwunden wird.

Die eigenverantwortlichen Gesunden und mündigen Kranken müssen einen direkten gestaltenden Einfluss haben auf die wichtigen Entscheidungen, wohin die Mittel fliessen. Deshalb müssen alle Versicherten an die Macht, und es dürfen nicht nur die Erfahrungen der Wissensgebiete Medizin und Ökonomie, welche das so genannte Gesundheitswesen derzeit dominieren, in die grundlegende Reform einfliessen. Psychologie, Psychotherapie, Philosophie, Pädagogik, Soziologie, um nur einige Wissens- und Erfahrungsgebiete zu nennen, müssen ihren ganzen Erfahrungsschatz einbringen, damit Gesunde und Kranke befähigt werden, demokratisch mitzuentscheiden, überall, wo es um ihre Gesundheit geht.

Die Institutionen im Gesundheitswesen in Bewegung bringen

Die Institutionen im Gesundheitswesen sind materialisierte Werte, Normen und Macht-Beziehungen. Die Gesundheitsministerin Ruth Dreifuss hält im Vorwort von ‹Gesundheitswesen 2001/2002› fest, wie aufgesplittert das Gesundheitswesen in Interessen- und Berufsgruppen, in regionale Lager und traditionelle Pfründen ist. Nur schon die Gliederung des Buches verrät es deutlich: In 35 verschiedenen Kapiteln beleuchten VertreterInnen von verschiedenen Gruppen ihre eigene Situation und die Lage des Gesundheitswesens aus ihrer Sicht. Von den Apothekern bis zur Zahnmedizin, von den Präventivmedizinern bis zur Militärversicherung, alle kommen zu Wort. Eine Gesamtsicht ist nicht einmal im Ansatz erkenntlich.

Die Herausgeber versuchen sich schon gar nicht an einer Gesamtanalyse und Perspektive aus inhaltlicher Sicht, sie beschränken sich auf eine strukturelle Bestandesaufnahme.

Die heutigen Institutionen im Gesundheitswesen sind im Wesentlichen die Materialisation des krankheitsorientierten Gesundheitsverständnisses. Sie bilden das institutionelle Geflecht des ‹Krankheitsverwaltungswesens›: Einzelpraxen von Heilern, Spitäler, Krankenversicherungen, Krankenverwaltungsbehörden. Alle Institutionen verfolgen eine Idee: kranke Menschen ‹gesund› zu machen und dafür Geld zu bekommen bzw. entsprechende Geldströme zu lenken.

Ein Institutionengeflecht der Zukunft müsste dagegen auf das Ziel der Gesundheit als dynamische Bewegung ausgerichtet und als Netz gleichberechtigter Partner gestaltet sein.

Die strukturelle Revolution: Alle Gesundheitsinstitutionen und Gesundheitsberufe sind gleichberechtigt, die Hierarchie unter der Alleinherrschaft der Medizin wird abgeschafft. Wenn Gesundheit nicht mehr einem einzigen Fachgebiet ‹gehört›, können auch andere Berufsfelder blühen und ihre wichtigen Beiträge undiskriminiert einbringen.

Das neue Gesundheitssystem ist nicht mehr hierarchisch geordnet, sondern zentriert um die Menschen: Gesundheitsberufe und -institutionen, die bestimmte Leistungen für die Gesundheit erbringen. Dazu gehören die bereits etablierten Gesundheitsberufe wie die Ärztinnen, Apotheker, PhysiotherapeutInnen u. a. m. Hinzu kommen die neuen wie die Psychotherapeuten, die Alternativmediziner usw.

Konsequenter freier Markt

Das jetzige Gesundheitswesen zeichnet sich dadurch aus, dass wir über unsere Gesundheit gar nicht selber verfügen. Wir werden, weil wir die Erfüllung passiver Heilungswünsche an die Ärzte delegieren, bevormundet und zu überhöhten Kosten ineffizient behandelt.

Die Reform muss deshalb radikal sein und das unheilvolle Zusammenspiel zwischen der passiven Erwartungshaltung der Patienten und der beherrschenden Stellung der Ärzte brechen. Ein konsequenter freier Markt aller Gesundheitsberufe und der Abbau der ärztlichen Vormacht führen zu einer neuen Arbeitsorganisation im Gesundheitsmarkt: Alle Berufsgruppen und Institutionen bieten gleichberechtigt ihre Leistungen an und handeln dafür in freier Übereinkunft Preise aus. Die Risiken werden in einem freien Wettbewerb der Krankenkassen versichert. So wird der Gesundheitsmarkt um neue Formen von Gesundheitseinrichtungen bereichert, die Gesundheit als energetisches Überwiegen der Lebenskräfte in den verschiedenen gesellschaftlichen Bereichen fördern: beispielsweise Gesundheitszentren, die sich mit bestimmten Gesundheitsproblemen befassen (z. B. Männerpraxen); TherapeutInnen, die sich mit der Befreiung und Pflege von Lebenskräften und der Unterstützung in der Belastungsbewältigung befassen (z. B. Trauma-Fachstellen); Zentren für soziale Unterstützung u. a. m.

Das Gesundheitssystem wird effizienter, und die Besten behaupten sich im Markt, wenn alle Gesundheitsberufe und Versicherungen frei sind, sich Partner für Leistungsverträge zu suchen. Krankenversicherungen nehmen nur noch die qualitativ besten Gesundheitsexperten, Psychotherapeuten, Ärzte, Physiotherapeuten, Chiropraktiker, Psychologen, Spitäler, Vorsorge-Spezialisten usw. unter Vertrag. Sie handeln mit ihnen eine bestimmte Qualität und einen bestimmten Preis aus.

Es ist nämlich nicht einzusehen, warum bestimmte Berufsgruppen im Gesundheitswesen so viel Macht haben und andere so wenig. Im Zeitalter des Internets und der frei zugänglichen Information sollten sämtliche Gesundheitsberufe, die bestimmte Ausbildungsstandards und Qualitätsleitlinien erfüllen, den gleichberechtigten Zugang zum Gesundheitsmarkt haben. Jeder Anbieter von Gesundheitsdienstleistungen, sei sie/er nun Arzt, Psychotherapeutin, Ergotherapeutin, Hebamme o. a. m., soll frei Verträge mit den Krankenversicherern über einen bestimmten Leistungsauftrag abschliessen können.

Gatekeeper sind überflüssig. Sie produzieren nur unnötige Kosten. Warum soll ein Patient zu einem Hausarzt gehen müssen, um sich ein Überweisungsschreiben für eine Psychotherapie zu holen? Besser ist doch, er geht direkt zum Psychotherapeuten, der die Diagnose und den Behandlungsplan erstellt. Der überflüssige Arztbesuch entfällt. Das Gleiche gilt für die Physiotherapie und andere Therapiemethoden.

Im konsequent praktizierten freien Markt fallen der Kontrahierungszwang und die administrierten Preise weg: Die Krankenversicherer müssen nicht mehr jeden Arzt und Therapeuten als Leistungserbringer akzeptieren, nur weil er dem Berufsverband angehört. Preise von Gesundheitsdienstleistungen und Krankenkassenprämien werden nicht von Staates wegen festgelegt bzw. genehmigt. Innovative Anbieter von Gesundheitsdienstleistungen sollen mit günstigen Tarifen in den Markt gehen und träge Konkurrenten, die zu überhöhten Honoraren arbeiten, aus dem Markt werfen.

Im konsequent realisierten freien Markt werden wir im Endeffekt so viel für unsere Gesundheit zahlen, wie sie uns wert ist. Heute zahlen wir für das Falsche: für zu viel Bürokratie, für die Privilegien gewisser Berufsgruppen und für obskure Kartelle. Und wir bestimmen nicht einmal selber, wofür wir bezahlen!

Soziale Schutzbestimmungen!

Damit im freien Markt der Leitgedanke der Menschlichkeit und Solidarität nicht verletzt wird, soll das Krankenversicherungsgesetz als Rahmengesetz für soziale Schutzbestimmungen sorgen. Jede und jeder soll eine Behandlung nach dem aktuellen Stand der Wissenschaft erhalten, wenn sie notwendig ist. Die Grundversicherung sollte sämtliche wirksamen Methoden abdecken.

Eines der immer wieder verbreiteten Märchen ist, dass der leistungsmässige Ausbau der Grundversicherung die Kosten und Prämien in die Höhe treibe.

Diese Überlegung hat einen fundamentalen Denkfehler: Der Satz stimmt nur, wenn das jetzige System in seinen Grundmängeln erhalten bleibt. Auf der Basis eines echten freien Marktes aller Leistungserbringer stimmt er nicht. Es ist nicht der Ausbau der Grundversicherung, der die Kosten in die Höhe treibt, sondern das faktische Behandlungsmonopol der Ärzte. Es kann ruhig dem Markt, der Nachfrage der Kunden und dem Angebot der Leistungserbringer überlassen werden, wie gross der Gesundheitsmarkt ist. Wenn sich die Preise aller Anbieter nach dem Gesetz von Angebot und Nachfrage regulieren und die unsinnigen kartellistischen Preisregulierungen und politischen Rücksichtnahmen fallen, werden bei einem Überangebot von Anbietern die Preise sinken. Das Ganze wird sich nach Gesetz von Angebot und Nachfrage einpendeln. Die qualitativ herausragenden Anbieter, egal welcher Berufsgruppe – nicht die kartellistisch geschützten und möglicherweise ineffizienten! – werden sich durchsetzen.

Der konsequente freie Markt würde nur zu mehr Kosten führen, wenn die Bevölkerung eine stärkere Nachfrage nach der ganzen Breite aller verfügbaren Gesundheitsdienstleistungen zeigen würde. Dies würde politisch eher akzeptiert, wenn die Mehrkosten nicht der Verteidigung von Privilegien, Bürokratie und Marktverzerrungen dienen würden wie heute, sondern sich in effektive Mehrleistungen für die Gesundheit umsetzen liessen. In einem konsequenten freien Markt ist jedoch eher nicht mit einem dramatischen Kostenschub zu rechnen, da sich die verschiedenen Gesundheitsdienstleistungen gegenseitig substituieren: Jemand, der seiner Esssucht und Übergewichtigkeit mit Ernährungsberatung und Psychotherapie erfolgreich zu Leibe rückt, wird nicht zusätzlich aus reinem Vergnügen heraus Arztbesuche und Spitalaufenthalte konsumieren! Vielmehr werden diese wegfallen, und die entsprechende Nachfrage sinkt im ärztlichen Bereich.

Beim heutigen System werden jene Menschen finanziell bestraft, die lebensführungsbedingte Erkrankungen innovativ angehen: Sie zahlen hohe Prämien, ihr eigener, langfristig gesundheitsfördernder Behandlungsansatz – z. B. eine Psychotherapie – wird finanziell nicht gedeckt.

Es braucht ein Umdenken und eine Revolution:

- **Umwandlung des gegenwärtigen Krankheitsverwaltungswesens in ein Gesundheitswesen**
- **Rückeroberung der Gesundheit durch uns alle**
- **konsequenter freier Markt aller Gesundheitsberufe**
- **soziale Schutzbestimmungen**

12. Kapitel

Konsequenzen für die Arbeitswelt: vom Fluch zum Segen

Work and despair not. *Thomas Carlyle*

Arbeit kann ein Segen, eine Kraftquelle sein. Arbeit liefert soziale Anerkennung, Beziehungen, Zeitstruktur, Lebenssinn und Befriedigung. Für viele jedoch ist die Arbeit zu einer Quelle von Missachtung, Einsamkeit, Sinnlosigkeit und Erfolglosigkeit geworden. Sie ist ein potenziell krank machender Stressfaktor, ein Fluch. Sowohl der einzelne arbeitende Mensch wie auch Verantwortliche in Firmen und Organisationen müssen und können die Arbeitswelt so gestalten, dass sie für alle zur Quelle von Lebenskraft wird.

Der Firmen-Checkup

Ihr Arbeitsfeld, ‹Ihre› Firma oder die Organisation, die Sie angestellt hat, lässt sich wie Ihre gesamte Lebensführung und Lebensorganisation einem Lebens-Checkup unterziehen (siehe Kapitel 9): Werden Ihre inneren Lebenskräfte stimuliert? Bekommen Sie soziale Unterstützung? Werden innere destruktive Kräfte mobilisiert? Sind Sie potenziell krank machenden Belastungen ausgesetzt? Sind Sie vielleicht am falschen Platz?

Energetisiert Sie Ihre Arbeit?

Der erste Bereich Ihrer Arbeitssituation, den wir unter die Lupe nehmen, ist das L in der LUST-Gleichung: die inneren Lebenskräfte. Ist Ihre Arbeitssituation so beschaffen, dass Ihre guten Gefühle, Lebenswünsche, positiven Einstellungen und Überzeugungen zum Tragen kommen?

Arbeit ist nämlich nicht zwingend unbefriedigend und eine pflichtgetriebene Plackerei. Vielmehr ist sie sublimierte Triebbefriedigung. Deshalb kommt es darauf an, ob man bei der Arbeit mit der Lust im Kontakt steht und sie aus der Lust heraus leistet. Menschen sind in der Lage, gute Leistungen zu vollbringen, wenn sie sich im vollen Kontakt mit ihren lebendigen Gefühlen fühlen. Potenz, sei es nun sexuelle Potenz oder Arbeitskraft, ist immer Gefühlspotenz, Zugang zu den lebendigen, auf die jeweilige Situation bezogenen Gefühlen.

Die Arbeitssituation, das heisst Ihr Umfeld, der Arbeitsplatz, das Arbeitsklima, das Teamwork usw. können so beschaffen sein, dass Ihre Lust am Inhalt der Arbeit zum Zuge kommt. Oder die Umstände können in die Gegenrichtung wirken und Ihnen ‹abstellen›.

Welche Gefühle entstehen spontan, wenn Sie an Ihre jetzige Arbeit denken? Steigt spontane Freude auf? Oder Wut, Ärger? Oder steigt gar kein Gefühl auf, bleiben Sie seltsam gefühlsneutral, gleichgültig?

Wenn Wut und Ärger auftauchen, ist das ein klares Indiz dafür, dass etwas nicht gut läuft, dass Sie unzufrieden sind. Wenn kein Gefühl auftaucht, dann können Sie davon ausgehen, dass Sie eine Abwehr gegen die Wahrnehmung eines Gefühls errichtet haben. Versuchen Sie dem abgewehrten Gefühl auf den Grund zu gehen. Denken Sie über Ihre Arbeitssituation, die Firma, die Entwicklungen der letzten Monate nach. Irgendetwas stimmt nicht. Sowohl Wut und Ärger wie auch Lustlosigkeit und Gleichgültigkeit sind Ausdrucksformen der Unzufriedenheit, d. h. versteckter frustrierter Wünsche. Praktizieren Sie deshalb den Lebens-Checkup bezogen auf Ihre Arbeit und setzen Sie sich mit Ihren eigenen Gefühlen und Gedanken und Ihrer Arbeitsrealität auseinander. Dann wird sich die Ursache des Malaises klären:

Entweder haben Sie ein Problem mit der Tätigkeit, die Sie ausüben,

- oder mit den Umständen, unter denen Sie Ihre Tätigkeit ausüben
- oder mit bestimmten Menschen in Ihrer Firma

- oder mit dem Umfeld Ihrer Firma
- oder mit sich selbst
- oder Sie schätzen sich falsch ein.

Auf jeden Fall ist es nicht zu verharmlosen, wenn Ihnen Ihre Arbeit keine Freude macht und Sie nicht energetisiert werden. Es ist dann an der Zeit, sich mit den lustbehindernden äusseren Bedingungen und blockierten inneren Kräften auseinander zu setzen.

Hubert kam monatelang in die Therapie und erzählte mir Begebenheiten aus seiner Arbeit in einem amüsierten, leicht klagenden Ton. Ich wusste nie recht, wie ernst ihn seine Arbeitssituation bedrückte. War es üblicher kleiner Alltagsärger, oder war das Arbeitsklima so katastrophal,wie er es manchmal ausmalte? Ich ertappte mich dabei, wie ich innerlich unaufmerksam wurde, und kam zum Schluss, dass Hubert mir wichtige Gefühle nicht mitteilte. Vielleicht spürte er sie selber gar nicht.

Als er wieder einmal eine halbe Stunde ärgerliche Begebenheit an ärgerliche Begebenheit gereiht hatte und in fröhlichem Plauderton mitteilte, dass er wohl noch in dieser Firma in Pension gehen werde – er war erst 51 –, wurde es mir zu bunt. Ich sagte: «Irgendwie komme ich gar nicht mit Ihren Gefühlen in Kontakt, die Sie Ihrer Arbeitssituation gegenüber haben. Sie erzählen alles so leichthin, als müsste es verharmlost werden. Dabei ist es vermutlich recht schlimm für Sie.»

Er hielt inne und stotterte: «Seit zehn Jahren halte ich es mit diesem kaltherzigen Idioten von Chef aus und hoffe, dass ich irgendwann einmal seinen Posten einnehme. Im Prinzip ist es nicht zum Aushalten. Schon am Morgen ziehe ich meine Witzbold-Rüstung über und lasse mir nichts anmerken.»

«Was ist denn so schlimm?», fragte ich.

«Die ständigen bösen Bemerkungen gewisser Kollegen, der permanente steigende Leistungsdruck, die fehlende Anerkennung unserer Arbeit durch das obere Management. Kränkungen über Kränkungen.»

In dieser und der nächsten Therapiestunde brach alles aus ihm heraus. Die lähmend demotivierende Atmosphäre der Grossbank, die erst kürzlich fusioniert hatte, erstickte seine vitale Freude an der Arbeit. Er wurde zynisch und oberflächlich, machte Dienst nach Vorschrift. Erst als er sich damit zu konfrontieren begann, dass er sich mit der Abwehr von Gefühlen vor einer Auseinandersetzung drückte, gingen ihm die Lämpchen auf. Er machte einen systematischen persönlichen Firmen-Checkup. Diese nüchterne Lebenskräfte-Belastungs-Bilanz ergab deutlich, dass er keine Perspektive in seiner jetzigen Abteilung mehr hatte. Er kümmerte sich um eine interne Versetzung und übernahm bald darauf eine verantwortungsvolle Leitungsfunktion in einer anderen Abteilung.

Werden Sie unterstützt?

Kommen wir zum U in der LUST-Gleichung, den Umwelt-Kraftquellen. Schauen Sie sich an Ihrem Arbeitsplatz, in Ihrer Firma um. Werden Sie unterstützt? Von wem? Wer ist anständig, nett, freundlich zu Ihnen? Wer unterstützt Sie mit konstruktiver Kritik, durch die Sie lernen und an der Sie wachsen können? Wer gibt Ihnen ganz handfeste Unterstützung, indem er Sie in Überlastungsmomenten entlastet, Ihnen mit Wissen hilft, Ratschläge gibt?

Achten Sie vor allem auf folgende Kraftspender:

Vertrauen

Vertrauen kann man ein Leben lang aufbauen und in einem Moment zerstören. Geld kann man verlieren und wiedergewinnen. Verlorenes Vertrauen ist meistens definitiv verloren.

Über Vertrauen muss man nicht viele Worte verlieren. Wir fühlen, wem wir es entgegenbringen, und wir fühlen auch, wer uns keines entgegenbringt. Vertrauen und Vertrauenswürdigkeit sind ein Ausdruck von Reife. Es ist das Markenzeichen jener, die über die kindliche Unsicherheit hinausgewachsen und nicht ständig damit beschäftigt sind, ihr eigenes Selbstgefühl zu schützen und sich über sich selber Sorgen zu machen. Sie wissen, dass die Interessen anderer Menschen, mit denen sie gemeinsame Sache machen, die eigenen Interessen meistens nicht bedrohen, sondern ergänzen. Und dort, wo Interessenkonflikte bestehen, vertrauen sie darauf, dass ein fairer Interessenausgleich zu Stande kommt. Sie hauen andere nicht übers Ohr, sie wissen, dass ein kurzfristiger Vorteil, den man gegenüber einem Partner hat, kein Vorteil ist, sondern die Beziehung belastet. Im Interesse der Beziehung und der Sache und in ihrem eigenen Interesse wollen vertrauenswürdige Menschen, dass alle gewinnen. Obwohl Vertrauen etwas nebulös klingt, kann es in vier klare Eigenschaften unterteilt werden:

1. Glaubwürdigkeit

Glaubwürdigkeit besteht darin, dass man den gesprochenen und geschriebenen Worten trauen kann, weil sie mit den Taten übereinstimmen.

2. Verlässlichkeit

Versprechen werden eingehalten, Worte lösen sich durch Taten ein. Wenn Menschen keine Verbindung spüren zwischen dem, was einer sagt, und dem, was einer tut, hören sie auf, zuzuhören, zu glauben, jemanden noch ernst zu nehmen.

3. Berechenbarkeit

Plötzliche Meinungsänderungen, Stimmungswechsel, Um-Entscheidungen unterminieren das Sicherheitsgefühl. Ein unberechenbarer Mensch setzt uns unter Stress und schadet unserer Gesundheit: Wir fühlen uns angespannt, unsicher, defensiv, ängstlich.

4. Wertschätzung der gemeinsamen Sache

In vielen Organisationen, Firmen und in der Wirtschaft allgemein herrscht ein beständiger Konflikt zwischen dem kurzfristigen Eigeninteresse der einzelnen Akteure und dem langfristigen Wohl der ganzen Organisation. Letztlich aber hängt der nachhaltige Nutzen aller Beteiligten vom Wohlergehen der ganzen Organisation ab. Wer bei allem Eigeninteresse die gemeinsame Sache hoch schätzen kann, macht die Organisation menschlich und sich selbst gesund.

5. Emotionale Sicherheit

Diese Art von Sicherheit brauchen wir in Organisationen, wenn wir uns wohl fühlen und gesund bleiben wollen. Wir müssen die Sicherheit haben, dass wir der Führung vertrauen können, dass sie uns nicht ins Verderben führen will, uns nicht mutwillig und leichtsinnig Gefahren aussetzt.

Vertrauen aufbauen ist schwer. Vertrauen ist die schwierigste Dimension des Respekts. Wenn Menschen verraten werden, reagieren sie mit Bitterkeit und Rückzug, oft Zynismus. Sie mauern sich ein und werden zukünftig zu extremen Reaktionen neigen. Vertrauen bedeutet auch ausgeglichene Bilanzen. Wenn eine Seite der Beziehung immer den Eindruck hat, dass sie draufzahlt, wird sie versuchen, die Bilanz auszugleichen, indem sie aktiv etwas tut, um die Selbstachtung und den Selbstschutz wiederherzustellen.

Bringt man Ihnen von Kollegen-, Untergebenen- oder Chef-Seite Vertrauen entgegen?

Oder herrscht kleinlicher, misstrauischer Kontrollgeist? Vertrauen ist ein wertvolles Geschenk. Es ist eine wunderbare Kraft, wenn Sie spüren, dass man Ihnen vertraut, Sie handeln lässt. Dies bringt Sie automatisch in die Lage, vertrauenswürdig sein zu müssen und über sich selbst hinauszuwachsen. Die guten Seiten in Ihnen kommen zum Zuge. Wenn man Sie für gut hält, werden Sie gut sein, um dem Vertrauen, das man in Sie setzt, die Ehre zu erweisen.

Und umgekehrt: Können Sie Ihren Kollegen, Untergebenen, Chefs trauen? Wird das, was gesagt wird, auch in Taten umgesetzt?

Oder sind die Worte des Managements Schall und Rauch? Werden Sie ehrlich und offen informiert, oder führt man Sie hinters Licht? Werden Informationen zur Manipulation und zur Kontrolle benutzt, oder herrscht in der Firma eine Kultur des gegenseitigen Vertrauens?

Re-spekt

Respektieren (lat. re-spectare) heisst: schauen, nochmals schauen, zurück-schauen. Gut schauen. Respekt bedeutet, dass man im Alltag wahrgenommen und anständig behandelt wird.

Respekt als Wert ist aber in der gegenwärtigen Kultur durch andere herrschende Werte verdrängt worden: Geld, Erfolg, Wunschbefriedigung sind im Vormarsch.

Dass Respekt ein Wert an sich ist, der sichere Bindungen in Freiheit auszeichnet, fällt zunehmend unter den Tisch, vor allem in der Arbeitswelt. Respekt ist etwas, was allenthalben gepredigt, aber viel weniger gelebt wird. Wenn Firmen nur noch dem Shareholder Value nacheifern, ihre Mitarbeiter gnadenlos unter Druck setzen, im Erfolgsfalle riesige Boni zahlen und im Misserfolgsfalle jemanden gnadenlos fallen lassen, huldigen sie nur einem Wert: Geld. Dass das Ziel der Wirtschaft Geldverdienen ist, ist unbestritten. So wie zum Leben atmen nötig ist. Sich deshalb nur noch mit Atmen zu befassen, käme keinem gesunden Menschen in den Sinn. Wenn Atmung oder Geldverdienen zum einzigen Ziel erhoben werden, werden andere überlebens- und lebenswichtige Werte zwangsläufig verletzt.

Man kann den Grad des Respekts in einer Firma oder in einer Organisation fühlen. Die Mitarbeiter aller Stufen bringen einander Respekt, Wärme und Akzeptanz entgegen. Oder es herrscht ein gnadenloses Gerangel, hinter grosser ‹Wir müssen zusammenhalten›-Rhetorik versteckte Gleichgültigkeit.

Wenn Respekt und die durch Handlungen ausgedrückte Anerkennung und Wertschätzung fehlen, leiden die Gesundheit der MitarbeiterInnen *und* die Produktivität der Firma.

Wertschätzung, könnte man meinen, sei etwas vom Einfachsten, was Menschen einander geben können. Es muss doch für eine Firma selbstverständlich sein, ihren Mitarbeitern Wertschätzung zu zeigen.

Wertschätzung für ‹den menschlichen Faktor› zeigt sich in guter Entlöhnung und positiven Gesten (Dankesworten, Ehrungen), ist aber noch viel komplexer. Sie ist eine Art Körpersprache, nonverbale Kommunikation der Unternehmung und drückt auf vielfältige Weise aus, ob ein Unternehmen sich um seine Mitarbeiter kümmert.

Um Wertschätzung ausdrücken zu können, muss man im Kontakt sein mit den Gefühlen einer Person. Wenn Firmen bzw. ihr Management gar nicht wissen, wie sich die Mitarbeiter fühlen, können sie unmöglich Wertschätzung ausdrücken.

Was Mitarbeiter wünschen neben Geld, Arbeitsplatzsicherheit und Bonus für Extraleistungen:

- Respekt für die Gedanken, Gefühle, Werte und Sorgen
- Respekt für die Wünsche, zu führen und geführt zu werden
- Respekt für die einzigartigen Stärken und für die persönlichen Unterschiede
- Respekt für den Wunsch, am Unternehmen teilzunehmen und zu seinem Erfolg beizutragen
- Respekt für das Verlangen, zu lernen und sich zu entwickeln
- Respekt für den Wunsch nach einem gesunden Arbeitsplatz
- Respekt für das Privat- und Familienleben

Nach meiner Erfahrung gibt es zwei grosse Motivatoren im Leben: Angst und Liebe. Man kann eine Organisation auf der Basis von Angst führen, aber dann werden die Menschen nicht ihre vollen Fähigkeiten ausspielen. Oder man kann sie mit Liebe führen. Dann realisieren die Menschen ihr volles Potenzial.

William James, der grosse amerikanische Psychologe, sagte: «The deepest principle of human nature is craving to be appreciated.» – Das tiefste Prinzip menschlicher Natur ist das Verlangen nach Anerkennung.

Anerkennung drückt sich nicht nur in Lippenbekenntnissen aus. Worte werden nie als Ausdruck von Respekt wahrgenommen, wenn er sich nicht in Handlungen ausdrückt. Das gilt für Privatbeziehungen wie für Organisationen. Eine Firmenleitung kann noch so sehr mit Worten das Hohelied des ‹menschlichen Faktors› singen und ihre Mitarbeiter mit Worten als ihr höchstes Kapital preisen. Diese werden sich enttäuscht abwenden, wenn sich die Wertschätzung der Firma nicht in anständiger Entlöhnung, respektvollem Umgang, fairer Kommunikation und Loyalität ausdrückt. Die einseitige Kündigung der Loyalität von Firmen ihren Mitarbeitern gegenüber im Zeitalter des Shareholder Value wird von vielen als zynischer Verrat und Vertrauensbruch empfunden. Ein unausgesprochener Loyalitätsvertrag – ich fühle mich für das Unternehmen und sein Wohlergehen verantwortlich, das Unternehmen fühlt sich auch mir und meinen Interessen gegenüber verantwortlich – darf nicht einseitig im Profitinteresse aufgekündigt werden, will man ein krankes Arbeitsklima, sinkende Zufriedenheit und stagnierende Produktivität vermeiden. In einem Angstklima gedeiht über kurz oder lang gar nichts mehr. Nur im Respektsklima einer ‹loving institution› können Menschen vertrauensvoll alles geben, weil sie sicher sind, dass ihre Loyalität sich auszahlt und die gleiche Grossherzigkeit von Seiten der Firma ihnen gegenüber besteht.

Blosse Lippenbekenntnisse zeigen sich in folgenden Verhaltensweisen:

- wenn die Firmenleitung gegenüber den Mitarbeitern Slogans wie ‹Mitarbeiter sind unser grösstes Kapital› propagiert, gleichzeitig heimlich Pläne für Umstrukturierungen und Kündigungen entwirft.
- wenn die Firmenleitung ‹Frauenförderung› auf ihre Fahne schreibt und gleichzeitig hinsichtlich Mutterschaftsurlaub knausert und Frauen bei Beförderungen und lohnmässig benachteiligt.

- wenn die Firmenleitung verkündet, dass ‹alle den Gürtel enger schnallen müssen› und gleichzeitig dem Topmanagement Privilegien und Boni gewährt.
- wenn die Firmenleitung einen strengen ethischen Kodex erlässt und gleichzeitig zulässt, dass hochrangige Manager Geschenke von Kunden annehmen dürfen.
- wenn die Firmenleitung offiziell die Mitarbeiter aufruft, ihre Meinung zu äussern, diese Äusserungen aber weder zur Kenntnis nimmt noch in der Politik auf sie Bezug nimmt.
- wenn die Firmenleitung hohe Qualitätsansprüche an die Qualität der Arbeitsausführung stellt und gleichzeitig die Mitarbeiter unter Druck setzt, schneller und speditiver zu arbeiten.

Der Aufbau von Respekt geschieht in zwei Schritten: zuerst das ‹In-sich-Gehen›, dann das ‹Beim-anderen-Sein›.

Der erste Schritt besteht darin, in sich selbst hineinzusehen: Welche Werte und Haltungen habe ich, wie ist meine Sicht von mir selbst, mein Selbst-Respekt? Wie beeinflusst dies die Haltung gegenüber meiner Arbeit, gegenüber anderen, meinen Mitabeitern, meiner Familie, meinen Freunden?

Wenn ich die Art meines Sehens, die Substanz meiner Werte – und sogar ihre unbewussten tiefen Ursachen – kenne, kann ich verstehen, wie dies den Respekt ausdrückt, welchen ich anderen Menschen entgegenbringe.

Der zweite Schritt besteht darin, diese Erkenntnisse anzuwenden, indem ich eine Atmosphäre des Respekts durch konkrete Handlungen und Verhaltensweisen aufbaue: Welche Dinge sind wichtig in einer Beziehung, damit sich der andere respektiert fühlt?

Dazu muss ich mich für den anderen interessieren. Inter-esse (lat.) heisst: dazugehören, dabei sein. Nur wenn ich ‹beim anderen› bin – was ich erst kann, wenn ich vorher ‹in mich gegangen› bin –, kann ich ihn auch respektieren, d.h. sehen. Aus weiter Ferne und in gefühlsmässiger Gleichgültigkeit sehe ich nichts.

Klare und aufrichtige Kommunikation

Kommunikation ist alles. Ist die Kommunikation in einer Beziehung schlecht, ist auch die Beziehung schlecht. Ist die Kommunikation in einer Firma gut, zieht das eine Reihe positiver Effekte nach sich. Kommunikation ist nur gut, wenn sie klar und aufrichtig ist. Wenn das gesagt wird, was auch gemeint ist, und zwar so, dass es unzweideutig erkennbar ist.

Eine Firmenleitung, die ihren Mitarbeitern reinen Wein über das Unternehmen einschenkt; Vorgesetzte, die ihren Mitarbeitern Ziele und Bewertungen der Ergebnisse klar und aufrichtig kommunizieren, meta-kommunizieren damit eine wichtige grundlegende Botschaft: Wir nehmen euch ernst! Wir muten euch die Wahrheit zu! Wir verkaufen euch nicht für blöd!

Eine Firmenleitung, die ihren Mitarbeitern Sand in die Augen streut und im nächsten Moment zweihundert Leute vor die Türe setzt (Nortel in Zürich, 1. August 2001), verliert jede Glaubwürdigkeit. Sie meta-kommuniziert: Wenn wir etwas sagen, ist das blosses Gerede, um euch bei Laune zu halten! Wir halten euch für gutgläubige Idioten! Hört nicht weiter auf uns!

Klare und aufrichtige, gesundheitsfördernde und Stress abbauende firmeninterne Kommunikation befolgt folgende Regeln:

Öffnen Sie Augen und Ohren! Nehmen Sie vollständig wahr! Interessieren Sie sich! Fragen Sie! Seien Sie neugierig!

Sagen Sie, was Sie denken! Heucheln Sie nicht! Reden Sie nicht um den Brei herum!

Geben Sie Rückmeldungen, sagen Sie Ihre Meinung direkt!

Kultivieren Sie den konstruktiven Dissens! Schaffen Sie Gefässe für harte Aussprachen! Lassen Sie ausserhalb dieser Gefässe keine destruktiven Kämpfe zu!

Eindeutige und glaubwürdige Ethik

Ethik ist ein Modewort geworden. Wahrlich kein besonders gutes Zeichen. Die Beschäftigung mit der Ethik korreliert vermutlich mit der wachsenden unethischen Praxis.

Ohne Respekt für das Menschliche kann keine Ethik wachsen. Wo nur der Profit zählt, wachsen keine anderen Werte.

Ethik ist für viele ein schillerndes theoretisches Gebiet, das sich in sämtlichen Disziplinen ausdehnt: Ethik des Managements, der Ökonomie, der Medizin usw. Ethik sollte kein komplexer theoretischer Gegenstand sein, sondern eine alltägliche, handfeste Thematik – wie das Wetter.

Ethik lässt sich um den Begriff der Fairness zentrieren: faire Entlöhnung, faire Beförderungspraxis, faire Gesprächskultur. Fairness ist eine ausgewogene Balance der Interessen: Die Firma interessiert sich für ihren eigenen Profit und für das Wohlergehen der Mitarbeiter. Fairness ist gerechte Berücksichtigung aller Interessen.

Eine Firma praktiziert eine Ethik der Fairness, wenn sie auf der Handlungsebene die Interessen aller Mitarbeiter und der Firma gut im Gleichgewicht hält. Wenn sie niemanden unter die Räder kommen lässt. Wenn sie dafür sorgt, dass niemand Schaden nimmt. Wenn ethische Grundsätze für alle gleichermassen gelten. Wenn die ethischen Grundsätze nicht korrumpierbar sind und die Firma nicht nach dem Motto lebt: Ethisch sind wir nur, wenn es uns nichts kostet. Sobald es uns etwas kosten würde, einen ethischen Entscheid zu fällen, passen wir unsere Ethik den neuen Umständen an.

Provoziert Ihre Arbeitssituation Ihre schlechten Eigenschaften?

Untersuchen wir den Bereich S in der LUST-Gleichung, die ‹Saboteure›, d. h. Ihre aggressiven, potenziell gefährlichen Triebenergien und Ihre gelernten inneren Blockaden und Hemmungen. Das ist ein Bereich, mit dem sich niemand gern konfrontiert, und dennoch ist es wichtig und dient Ihren Lebensinteressen, wenn Sie über Ihr selbstsabotierendes Potenzial Bescheid wissen und es in Schach halten.

Analysieren Sie Ihre Arbeitssituation. Sie kennen die Erfahrung, sich in Beziehung zu bestimmten Menschen von der besten Seite zeigen zu können. Sie spüren, dass diese Beziehung das Beste, die Höchstleistung, den Charme, die Kreativität und die maximale Belastbarkeit aus Ihnen herausholen kann. Und Sie kennen die umgekehrte Erfahrung, dass bestimmte Beziehungen einfach nicht funktionieren, weil sie das Schlimmste in Ihnen zum Klingen bringen: Gereiztheit, Ungeduld, Feigheit, Jähzorn usw.

Solche Konstellationen sollten Sie meiden, wenn es Ihnen nicht binnen vernünftiger Frist gelingt, die destruktive Dynamik zu stoppen. Dies gilt für private Beziehungen wie für Arbeitsplätze. Wenn Sie nach einem Jahr – allerhöchstens zwei – merken, das wird nichts, ich reibe mich nur auf, ich raste immer aus, ich kriege meine Wut und Ambivalenz nicht in den Griff, ich lasse mich ständig provozieren, dann ist es Zeit, die Konsequenzen zu ziehen und sich ein anderes Terrain zu suchen.

Wenn Sie zum Beispiel zu Hemmungen neigen und deshalb eigentlich Ermunterung brauchen, ist eine Firma, in der ein Angstklima und ein Druck herrschen, nicht der richtige Ort für Sie. Er ist nur eine Herausforderung, wenn Sie innert vernünftiger Frist daran wachsen und Ihre Hemmungen überwinden. Wäre das der Fall, hätte dieser Ort Ihre Lebenskräfte befreit. Gelingt das aber nicht, ist es eher ein Ort, an dem Ihre inneren Saboteure von aussen noch Unterstützung erhalten. Orte und Menschen, in denen Ihre inneren Saboteure verräterische Kumpels finden, die Sie fertig machen, müssen Sie meiden, wenn Sie es mit Stressvermeidung und einem erfüllten, lustvollen Leben ernst meinen.

Herrschen krank machende Arbeitsbedingungen?

Das T im Lebens-Checkup steht für Trauma und Stress. Die unerfreulichen, krank machenden Arbeitsbedingungen sind zur notorischen Klage vieler Arbeitenden geworden. Die folgenden Eigenschaften der heutigen Arbeitswelt schaffen besonders massiven, krank machenden Stress, weil sie den natürlichen Anliegen und Wünschen vieler Menschen zuwiderlaufen, die Arbeitenden gewissermassen permanent vergewaltigen:

Der Flexibilitätszwang

Der Flexibilitätszwang ist einer der ungesundesten Zwänge des gegenwärtigen Arbeitslebens. Die Menschen sollen sich nicht mehr niederlassen, emotional binden und identifizieren mit der Arbeit. Nein, sie sollen ‹driften›. Je nach Angebot sollen sie ihre oberflächliche Loyalität aufkündigen und bei einer anderen Firma anheuern. Sie sollen alles geben und sich doch nicht richtig einlassen. Sie sollen allzeit bereit sein, ihre Koffer zu packen und sich und ihren Angehörigen verschiedene Wohnortswechsel zuzumuten.

Der Zwang zur Flexibilität behindert das Wachsen von Kraftquellen. Es können keine langfristigen, stabilisierenden und Lebensenergie spendenden Beziehungen aufgebaut werden.

Der Flexibilitätszwang der globalisierten Gesellschaft zwingt die Arbeitenden in einen Spagat, der kaum zu schaffen ist. Sie sollen alles geben, um im Konkurrenzkampf die Nase vorne zu haben. Und sie sollen sich innerlich nicht zu sehr binden, um jederzeit die Beziehung abbrechen zu können.

Ein bestimmter Typus Mensch ist in dieser Situation klar im Vorteil: der ungebundene Mensch und ‹Gefühlsschauspieler›, der keine oder nur oberflächliche emotionale Bindungen eingeht, aber nach aussen den überzeugenden Anschein eines inneren Engagements erwecken kann. Der Prototyp dieses Menschentypus ist der Fussballstar, der für horrende Gagen jedem Club verspricht, ‹alles zu geben›, bis einer kommt, der mehr bietet und für den er den alten Club von einem Tag auf den anderen sitzen lässt, um am neuen Ort mit höherer Gage nach dem gleichen Muster zu handeln.

Für viele Menschen mit Bindungswünschen und langfristigen Werten wie Verlässlichkeit, Verbindlichkeit, Vertrauen ist der Flexibilitätszwang ein chronischer Stressfaktor. Sie leiden unter einer Gesellschaft und unter Arbeitsbedingungen, die jene Charaktereigenschaften bedrohen, die Menschen ein stabiles Selbstgefühl vermitteln. Und sie leiden unter einer Situation, die ihre auf Langfristigkeit angelegten Fähigkeiten für den Erfolg kontraproduktiv erscheinen lässt. Der Flexibilitätszwang wird von der öffentlichen Meinung und bestimmten politischen Kreisen oft nicht als

Stressfaktor kritisiert und bekämpft, sondern als Jugendlichkeitsquelle und Robustheitstraining gepriesen. Der Flexibilitätszwang wird als Herausforderung zur Entwicklung innerer Autonomie und innerer Freiheit propagiert. Das Perfide an dieser Argumentation ist, dass ein gesunder Wunsch nach Autonomie für die Errichtung eines neuen Zwangs, der eben diesen Wunsch hintertreibt, ausgebeutet wird.

Wirkliche Freiheit und Autonomie bestehen darin, dass Menschen ihren Lebensentwurf – gebunden oder flexibel – wählen und nicht zur Flexibilität gezwungen werden.

Ambivalenzverbot und Affirmationszwang

Ein Stressor, der in vielen Firmen zu beobachten ist, ist der Druck, die Verhältnisse, so wie sie sind, zu bejahen. Es reicht nicht, dass man sich schlecht und recht mit den Zwängen arrangiert, man muss sie auch noch gut finden. Im Widerspruch zur Firmenphilosophie stehende Meinungen werden nicht toleriert. Es besteht ein Druck, ‹positiv› nach dem leibnizschen Motto zu sein: «Wir leben in der besten aller Welten!» «Wir sind Teil der besten Firma!» Der Zwang, alles zu bejahen, ist ein Stressor, weil er eine unrealistische und uneinlösbare psychologische Forderung stellt. Wir sind immer ambivalent. Wir finden nie etwas nur gut. Wenn wir gezwungen werden, etwas nur gut zu finden und in unseren Gefühlen nicht zwiespältig sein dürfen, müssen wir einen Teil unserer Lebendigkeit unterdrücken. Wut, Unzufriedenheit, Ärger, Missfallen dürfen nicht gefühlt und ausgedrückt werden. Stattdessen werden diese Gefühle in den Hintergrund gedrängt. Das kostet grosse seelische Anstrengung, die gegen etwas Eigenes, Lebendiges gerichtet wird. Die innerseelische Situation unter dem Ambivalenzverbot und dem Affirmationszwang ist vergleichbar mit der Situation eines Autos, das einerseits Vollgas gibt (Wut, Unzufriedenheit, Ärger über die Arbeitsbedingungen), andererseits mit angezogener Handbremse steht (diese Gefühle nicht zeigen und konstruktiv verwenden dürfen).

Der Potenzzwang

Ein weiterer unnötiger Stressor im heutigen Arbeitsleben ist die unrealistische Anforderung, ständig optimistisch, positiv, leistungsfähig, stark sein zu müssen. Dies ist eine unrealistische, aggressive psychologische Forderung. Niemand ist immer potent, optimistisch, ‹steckt alles weg›, bleibt freundlich und ununterbrochen leistungsfähig. Wird ein solches Bild zum idealen Bild des Mitarbeiters erhoben, werden die Menschen in die Entwicklung eines so genannten falschen Selbst hineingezüchtet. Sie sollen etwas verkörpern, was niemand sein kann, so wie manche Eltern von ihren Kindern verlangen, etwas zu sein, was diese gar nicht sein können. Der Aufbau eines falschen Selbst ist ein selbst-aggressiver Akt, frisst psychische Energien, und das erst noch zum Zweck der Unterdrückung des wahren Selbst, der wirklichen Gedanken, Wünsche und Gefühle.

Potenz lässt sich nicht abstrakt erzwingen. Sie beruht immer darauf, dass Lustgefühle und Lebendigkeitsgefühle einem in einer bestimmten Situation zur Verfügung stehen. Dazu müssen die inneren und äusseren Hemmnisse beseitigt werden. Mit Zwang geht es nie.

Nicht ins Bild des allzeit potenten, optimistischen, Ideen sprühenden und strahlenden Mitarbeiters passen Unsicherheiten und Selbstzweifel. Wer diese inneren Wahrheiten – z. B. dass er/sie an der Firmenpolitik zweifelt, auch seine eigene Leistung kritisch sieht und sich damit auseinander setzt – nicht zulassen darf, weil die offizielle Firmenpolitik auf der Verleugnung unangenehmer Wahrheiten aufbaut, muss wertvolle Lebensenergie, die er lieber in die Arbeit und in die Lebenslust stecken würde, für die Unterdrückung unangenehmer Wahrnehmungen und kritischer Einwände verwenden.

Können Sie Zweifel an der Firmenpolitik, an den Arbeitsbedingungen einbringen? Oder herrscht Konsens- und Positivitätszwang? Gibt es Denk- und Diskussionsräume, haben Sie Gesprächspartner, die zuhören können und nicht nur die Bestätigung hören wollen, wie toll sie sind und wie gut alles läuft? Gute Chefs und Manager sind auf der Suche nach Kritik und Dissens. Sie betreiben ‹management by walking around› und wollen Informationen darüber, wie es wirklich läuft. Gute Manager sind gute Empiristen. Sie wollen nicht ihre Theorien und Vorurteile bestätigt sehen, sondern wissen, wie es wirklich ist!

In einer Firma, in der das Management eine Firmenkultur des konstruktiven Zweifels zulässt, können Katastrophen wie bei der SAir-Group nicht passieren. Nur in sich gekehrte, in ihre eigenen Theorien und Sichtweisen verliebte Manager schotten sich derart von den Informationen und der Kritik ab, dass niemand mehr mit Zweifeln zu ihnen durchdringt. Das Resultat: Wer nicht hören will, den bestraft das Leben.

Ist man in Ihrem Arbeitsfeld an Ihrer Sichtweise interessiert, an Ihren Zweifeln und unliebsamen Eindrücken? Oder stossen Sie auf taube Ohren oder nur auf gespieltes Interesse? Echtes Interesse drückt sich übrigens nicht nur im Zuhören aus. Man kann auch zuhören, dem anderen das Gefühl des Interessiertseins vermitteln und dann doch wieder zur Tagesordnung übergehen. Achten Sie darauf, ob Ihre Botschaft, Ihre geäusserte Kritik, Ihr Zweifel etwas Reelles bewirken auf der Handlungsebene.

Catch 22

Catch 22 (Trick 22) ist ein Trick, den der Kommandant einer amerikanischen Fliegerstaffel im Zweiten Weltkrieg gegenüber seinen Bomberpiloten immer wieder anwendete. Er erhöhte das nötige Soll an Bombereinsätzen, kaum hatte einer das vorher gesetzte Sollziel für einen Heimaturlaub erreicht. Er stellte damit sicher, dass nie einer auf Urlaub konnte und quetschte seine Leute wie Zitronen aus. Auf diese Weise dehnte er das Ziel immer weiter aus.

Gegenüber Catch 22 kann man nur scheitern. Wenn die Firmenleitung oder Ihr Chef Ihnen Ziele setzen und Sie hart an diesen Zielen arbeiten und bei Erreichen der Ziele feststellen, dass Sie keine Belohnung und Wertschätzung erhalten, sondern dass noch ein bisschen mehr an der Schraube gedreht wird, hat das einen verheerenden Stress-Effekt. Erstens wird Ihnen eine notwendige äussere Kraftquelle – Belohnung, Anerkennung – vorenthalten, zweitens erleben Sie eine Beziehungsenttäuschung – man hat nicht Wort gehalten –, und drittens werden Sie in die Situation gebracht, nie zu genügen. Alle drei Bestandteile des Catch 22 – Verweigerung verdienter Anerkennung, systematischer Vertrauensbruch, Suggestion von Insuffizienz – sind demoralisierende Stressoren.

Catch 22 muss man durchschauen und dagegen angehen. Wenn dieser unfaire, ausbeuterische und manipulative Umgang mit Mitarbeitern nicht eingestellt wird, hilft das bei uneinsichtigen Partnern einzige wirksame Rezept – wie in privaten Beziehungen: Gehen Sie!

Noch ein Wort zum Mobbing. Mobbing ist organisierte und systematische Dauerkränkung. Mobbing ist Ausdruck einer pathologischen Organisation.

Wenn Sie den Eindruck haben, gemobbt zu werden, müssen Sie sofort das Gespräch mit vertrauten Aussenstehenden suchen, die Situation analysieren – und auf keinen Fall die Sache persönlich nehmen. Wenn in einer Firma gemobbt wird, ist das immer ein Problem der Firma und der Führung und nicht der einzelnen Betroffenen. Wenn die Führung die Sache nicht ernst nimmt und entschlossen Massnahmen gegen das Mobbing ergreift, ist die Firma krank. Suchen Sie sich eine andere!

Gesundheitsfördernde Gegengewichte setzen!

Die heutige Arbeitswelt kann nicht auf einen Schlag verändert werden, auch wenn wir uns alle dafür einsetzen, dass sie überdauernde menschliche Werte wieder in den Mittelpunkt stellt. Den vielen potenziell krank machenden Stressoren müssen deshalb gesundheitsfördernde Gegengewichte gesetzt werden:

Stressbewältigung am Arbeitsplatz

Wie stressbelastet sind Sie bei Ihrer Arbeit? Folgende Fragen des amerikanischen Arbeitspsychologen Rosen können Sie anregen, mehr über sich selbst und Ihre Stressbewältigung am Arbeitsplatz zu erfahren:

> Beantworten Sie jede Frage mit
> 1 = nie, 2 = selten, 3 = manchmal, 4 = oft, 5 = immer

1. Wachen Sie am Morgen oft müde und ausgelaugt auf?
2. Fühlen Sie sich oft deprimiert, traurig und desinteressiert bei Ihrer Arbeit?
3. Werden Sie leicht böse? Verlieren Sie schnell die Nerven?
4. Leiden Sie ständig unter kleineren körperlichen Beschwerden wie Kopfschmerzen, Rückenschmerzen, müden Muskeln, Erkältungen oder Bauchweh?
5. Haben Freunde oder Familienmitglieder ihre Besorgnis über Ihren Alkoholkonsum geäussert?
6. Setzen Sie sich Regeln für Ihre Rauch-, Trink-, Drogen- bzw. Medikamenteneinnahme-Gewohnheiten?
7. Machen Sie sich Sorgen wegen Ihrem Übergewicht?
8. Vermeiden Sie regelmässige körperlich anstrengende Aktivitäten wie Joggen, Schwimmen, Aerobic (regelmässig = mindestens dreimal zwanzig Minuten pro Woche)?
9. Finden Sie es schwierig, über Ihre eigenen Fehler zu lachen?
10. Neigen Sie dazu, Ihren Blutdruck zu ignorieren?

11. Sind Sie der Meinung, keinen Urlaub nehmen zu müssen?

12. Wenn Sie verärgert sind, halten Sie dann Ihre Gefühle versteckt?

13. Fahren Sie gewöhnlich schneller als erlaubt?

14. Fehlen in Ihrer Ernährung Früchte, Zerealien, Vollkornbrot, Gemüse?

15. Ziehen Sie üblicherweise fettes Fleisch, Käse, Gebratenes und Eierspeisen vor?

16. Nehmen Sie Medikamente, um Ihre Stimmung zu verbessern?

17. Wenn Dinge nicht so laufen, wie Sie es wünschen, geben Sie dann andern die Schuld?

18. Vergessen Sie sich beim Autofahren anzuschnallen?

19. Sind Ihre engen Beziehungen eine regelmässige Quelle von Unzufriedenheit, Ärger, Frustration?

20. Fühlen Sie sich unwohl, wenn Sie Freunde um einen Gefallen oder um Hilfe bitten?

Wenn Ihr Gesamtwert zwischen 80 und 100 liegt, sind Sie bezüglich Stress in der Alarmkategorie. Wenn Sie nicht sofort etwas für die Stressreduktion unternehmen, sind Sie gefährdet, akut zu erkranken.

Wenn Ihr Gesamtwert zwischen 40 und 80 liegt, gehören Sie zur mittleren Risikogruppe. Sie haben einigen Stress und einige Stress erzeugende Gewohnheiten, können sich aber auch mässigen und haben das Potenzial, Stress abzubauen oder besser zu bewältigen.

Liegt Ihr Wert zwischen 20 und 40, verfügen Sie über gute Stressbewältigungsmöglichkeiten. Sie sind weniger krankheitsgefährdet.

Individueller Stress-Abbau

Ihr Lebens-Checkup (siehe Kapitel 9) und Ihr momentaner Stress-Wert zeigen Ihnen an, ob und wo Handlungsbedarf besteht. Verfeinern Sie nun Ihre Analyse im Kräftefeld des Lebens und analysieren Sie Ihr Beziehungsnetz und Ihre Arbeitssituation: Welche Beziehungen sind Kraftquellen, welche Beziehungen sind potenziell krank machende Stressoren?

Schreiben Sie sämtliche wichtigen Beziehungspersonen in Ihrem Arbeitsumfeld und in Ihrem privaten Umfeld auf zwei verschiedene Blätter Papier. Fragen Sie sich: Trägt diese Beziehung zu meiner Gesundheit bei? Aktiviert sie Lebenskräfte, macht sie Freude, gibt sie Befriedigung? Dann markieren Sie ein Plus in die Verbindungslinie zwischen sich und dieser Person.

Oder ärgert, belastet, frustriert Sie diese Beziehung? Dann markieren Sie ein Minus.

Überall, wo ein Minus steht, besteht Handlungsbedarf. Fragen Sie sich: Kann ich diesen Stress in dieser Beziehung abbauen? Wenn ja, wie? Oder muss ich meine eigene Stress-Neigung verändern, meine Einstellung zur Beziehung ändern, sodass sie mich weniger stresst? Oder muss ich, weil der Stress unvermeidbar ist, meine Stress-Symptome mildern?

Verbinden Sie die Analyse Ihres Beziehungsnetzes mit der Gesamtbeurteilung Ihrer Arbeitssituation und untersuchen Sie, welche Strategien des Stress-Abbaus für Sie geeignet und durchführbar sind.

Hier einige Vorschläge, gruppiert nach drei Strategien: Abbau von Stressoren, Veränderung der inneren Stress-Neigung, Mildern bereits bestehender Stresssymptome.

Stressoren abbauen

Stress abbauende Massnahmen sind: Arbeitsplanung und Zeitplanung einführen, Störungen reduzieren, Arbeitsabläufe und Arbeitsorganisation verbessern, bisher ungenutzte Hilfsmittel einsetzen. Informationsaustausch mit Mitarbeitern und anderen Kontaktpersonen verbessern.

Wichtiges von Unwichtigem unterscheiden und Prioritäten setzen, klare Aufträge verlangen und erteilen. In Unsicherheitssituationen um Rat fragen, Aufgaben delegieren, Teamwork nutzen, Arbeitsklima und Beziehungen pflegen.

Konflikte konstruktiv angehen, schwierige Beziehungen klären und durch Gespräche verbessern. Aussichtslose Beziehungen beenden, im ungünstigen Fall Arbeitsplatz wechseln.

Eigene Stress-Neigung verändern

Innere Massnahmen, mit denen Sie Ihre Stress-Reaktion reduzieren können, sind: Situation neu beurteilen, positive Aspekte einer Situation herausarbeiten, Situation realistisch einschätzen, positive immunisierende Einstellungen erarbeiten und pflegen, negative Einstellungen erkennen, dekonstruieren und überwinden (siehe Kapitel 5). Krank machende Werte über Bord werfen, gesundheitsfördernde Werte pflegen. Es nicht allen recht machen wollen, nicht alles perfekt machen, eigene Gefühle und Wünsche ernst nehmen.

Nein sagen, Vertrauen aufbauen, irrationale Ängste abbauen, Toleranz und Beziehungsfähigkeit entwickeln. Selbstvertrauen stärken, sich weiterbilden, Interessen ausserhalb der Arbeit suchen. Lebenskräfte-Belastungsbilanz erstellen (siehe Kapitel 9), sich helfen lassen, Kraftquellen erschliessen, innere Saboteure erkennen und überwinden, Selbstliebe üben.

Stress-Symptome mildern

Trotz Stressabbaumassnahmen und innerer Immunisierung gegen Stress sind Stresssymptome unvermeidlich. Folgende Massnahmen helfen, akute Stresssymptome zu mildern: sich aussprechen, innere oder auch räumliche Distanz gewinnen, körperliche Betätigung (z. B. Gartenarbeit, Sport), Hobby pflegen, sich ablenken, ausgehen, Musik geniessen, lesen. Autogenes Training, progressive

Muskelentspannung, Yoga oder Meditation üben. Sauna, Massage, duschen, baden, spazieren, wandern und Aggressionen rauslassen (auf Kissen einschlagen, Fussballspiel besuchen, im Auto laut schreien usw.). Zärtlichkeit, Sex, gut essen, kreatives Tun, Dolcefarniente.

Wichtig ist, dass Sie Stress-Ereignisse und Stress-Zustände überhaupt wahrnehmen. Stressforscher Schulz unterscheidet sechs Formen von arbeitsbezogenem Stress:

Arbeitsüberlastung, Unzufriedenheit und innere Ablehnung der Arbeit, belastende Interaktionen in Beziehungskonflikten und Zurückweisungen, Fehlen von Anerkennung und Zurückweisungen, belastende Erinnerungen, Sorgen (z. B. um den Arbeitsplatz).

Die Wahrnehmungsqualität eines Ereignisses entscheidet, ob es für Sie ein potenziell krank machender Stress ist. Grob gesagt können drei Wahrnehmungsqualitäten unterschieden werden: ‹unangenehm› (Schmerz, Unlust), ‹nichts› (indifferent) und ‹angenehm› (Lust, Freude).

Wenn Sie im Kontakt mit inneren Lebenskräften sind, erleben Sie eine angenehme Wahrnehmungsqualität, und Sie können sicher sein, dass Sie nicht gestresst sind. Wenn Sie nichts spüren, unterdrücken Sie eine Wahrnehmungsqualität. Es ist nicht zu entscheiden, ob Sie sich gegen die Wahrnehmung unerlaubter Lust oder gegen die Wahrnehmung von Stress wehren. Wenn Sie Ihre Aufmerksamkeit verstärkt auf Ihr Erleben richten, wird sich die indifferente Wahrnehmung in die eine oder andere Richtung bewegen. Wenn Sie die Wahrnehmungsqualität ‹unangenehm› spüren (Schmerz, Unlust, Müdigkeit, Abgespanntsein, Ärger, Angst usw.), dann leiden Sie an Stresssymptomen. Sie können kurzfristige Stressbewältigungsmassnahmen ergreifen und die Stresssymptome mit entspannenden, erfreuenden und wohltuenden Tätigkeiten mildern. Mittel- und langfristig können Sie sich gegen Stress immunisieren, wenn Sie an inneren Einstellungen arbeiten (siehe auch Kapitel 5 ‹positive Überzeugungen›). Und Sie können – wenn das in Ihrer Macht steht – Stressoren aktiv abbauen.

Stress-Gegengewichte in der Firma

Nicht nur der/die Einzelne, sondern auch die Firma kann Stress-Gegengewichte setzen. Wichtig sind Räume: Entspannungsräume, Ruhe-Räume, Denk-Räume, Kommunikationsräume.

Entspannungsräume

Entspannungsräume sind Angebote von Aktivitäten, die die Firma zur Verfügung stellt, z. B. sportliche Angebote, künstlerische Angebote (während der Arbeitszeit, über Mittag oder gleich am Feierabend).

Ruhe-Räume

Ruhe-Räume sind wörtlich zu nehmen. Gibt es einen Ruhe-Raum in der Firma, in dem Mitarbeiter sich zurückziehen, sich auf eine Liege legen und meditieren können? Eine Art hauseigene Kapelle? Eine Firma kann die Hausregel einführen, dass jeder Mitarbeiter pro Woche zweimal eine halbe Stunde ‹Stress-Rückzug› in den Ruhe-Raum zugute hat, Zeit frei wählbar und nach Bedarf – während der Arbeitszeit.

Denk-Räume

Firmeninterne, vom Leistungsdruck befreite Diskussionsgruppen, Stammtische, Foren können helfen, die eigene Befindlichkeit auszusprechen, über sich und die Arbeit und die Firma nachzudenken, Gemeinsamkeiten und Unterschiede zu erkennen, Lösungen und Projekte zu entwickeln oder einfach sich gegenseitig den Rücken zu stärken, gemeinsam auf neue Ideen zu kommen.

Denk-Pausen sind sehr wichtig, um Stress abzubauen und sich innerlich von belastenden Arbeitsbedingungen und Erfahrungen zu distanzieren. Sie fördern kreative, lebendige Gedanken. Kommen Menschen unter Belastung nicht dazu, lebendig und kreativ zu denken, fällt ihr Denken in einen flachen ‹operativen› Modus, sie klammern sich nur noch an die äusseren Fakten und verknüpfen diese nicht mehr mit ihrer eigenen Erfahrung, ihren Gefühlen und Gedanken. Denk-Pausen ermöglichen lebendige Denk-Verbindungen, stimulieren Lebenskräfte und bekämpfen Stress.

Kommunikationsräume

Gute firmeninterne Kommunikation wirkt ebenfalls Stress abbauend und Lebenskräfte stimulierend. Die Kommunikation darf aber nicht gehetzt und unter Zeitdruck stattfinden, sondern sollte einen zentralen Stellenwert im Firmenleitbild haben. Allen Mitarbeitern muss signalisiert werden: Gespräche sind wichtig, wir nehmen einander ernst; im Gespräch entstehen gute Lösungen, nicht im Einzelkämpfertum. Kommunikationsspielregeln sollten vereinbart werden, die das offene Äussern von Meinungen unterstützen: Jede Meinung wird begrüsst! Dissens ist okay! Keine Angriffe auf Personen! Hart in der Sache und fair im Umgang!

Lebenslanges Lernen

Gesunde Firmen sind ‹pro Entwicklung› und ‹pro Lernen›. Sie stimulieren in jedem Mitarbeiter den Wunsch, Neues zu erfahren und Neues zu lernen.

Gesunde Firmen sind ‹pro Life›, ‹biophil›. Sie lieben das Lebendige, klammern sich nicht an etwas Altes, nur weil es sich anscheinend bewährt hat. Sie verschliessen sich nicht vor der kreativen Unruhe, sondern sie suchen immer wieder neue Wege und lieben das Abenteuer des Lebens. Sie fördern die Entwicklung und Laufbahn ihrer Mitarbeiter mit persönlich auf sie zugeschnittener Fortbildung.

Gesundheitskultur gehört ins Firmenleitbild!

So wie Qualitätssicherung heute für jede gute Firma eine Selbstverständlichkeit geworden ist, sollte auch der Aufbau einer Gesundheitskultur oberste Priorität haben. Eine gesunde Firma hat gesunde Mitarbeiter. Eine gesunde Firma lebt folgende Leitsätze: Wir wollen ein Stress minimierendes und Lebenskräfte stimulierendes Arbeitsklima! Wir wollen einen Stress minimierenden und Lebenskräfte stimulierenden Umgang der Mitarbeiter untereinander! Wir wollen, dass jeder Mitarbeiter seine Gesundheit in unserem Unternehmen entwickeln kann, und ergreifen die nötigen Massnahmen! Wir motivieren uns gegenseitig, biophil und nicht nekrophil zu sein! Wir wollen einander Freude und Befriedigung verschaffen, wenden uns gegen belastende und destruktive Tendenzen! Wir bekämpfen Mobbing mit allen Mitteln! Wir bauen unsere Firma auf gegenseitigem Respekt, Liebe, Vertrauen, klarer, eindeutiger Kommunikation, Wertschätzung des Menschlichen und unzweideutiger Ethik!

- **Arbeit ist für viele Menschen in der Lebenskräftebilanz ein Minusposten: mehr Belastung als Kraftquelle.**
- **Die neue gesundheitsfördernde Arbeitswelt besteht aus gesunden Firmen, die Respekt, Unterstützung und gegenseitiges Vertrauen mit den Mitarbeitern leben.**
- **Innere und äussere Gegengewichte gegen den Stress machen einen gesunden Mitarbeiter, eine gesunde Mitarbeiterin und eine gesunde Firma aus.**

13. Kapitel

Gesunde Menschen in einer gesunden Gesellschaft

Wie Lassalle sagte, ist und bleibt die revolutionärste Tat, immer ‹das laut zu sagen, was ist›. *Rosa Luxemburg*

Welche gesellschaftlichen Verhältnisse brauchen wir, damit wir dem Ziel – dem Überwiegen der Lebenskräfte – näher kommen oder es gar erreichen? Welche ersten Schritte auf diesem Weg der gesellschaftlichen Veränderung können wir unternehmen?

Soziologische Fernsicht üben

Viele Menschen leiden an soziologischer Kurzsichtigkeit. Sie betrachten die Welt aus ihrer persönlichen Nische heraus. Probleme in der Gesellschaft – politische, wirtschaftliche Fragen – verstehen sie auf die gleiche Weise, wie sie sie in ihrem engeren Umfeld – in der Familie, im Freundeskreis – sehen. Ein Beispiel: Wenn es in der Familie Probleme gibt, dann hilft es, wenn man sich zusammensetzt und miteinander redet. Man wird dann – vorausgesetzt, alle Beteiligten sind guten Willens und hinreichend vernünftig – zu einer Lösung kommen, gehe es nun um den nächsten Urlaub oder ums Taschengeld.

Nun anzunehmen, auch gesellschaftliche Probleme liessen sich auf derart einfache Weise ‹per gemeinsamen Beschluss› lösen, ist ein Ausdruck soziologischer Kurzsichtigkeit. Probleme, die sich in der ‹grossen Welt› – zwischen Organisationen und grossen Menschengruppen – abspielen, gehorchen komplexeren Gesetzen als denen einer kleinen familiären Gruppe. Wer die ‹grosse Welt› aus der Perspektive der ‹kleinen Welt› betrachtet, wird sich eine zu grobe Brille aufsetzen und mit seinen ‹familialen› Lösungsansätzen scheitern. Deshalb ist es wichtig, die Ebene der ‹kleinen Welt› – der Mikrosoziologie des eigenen Beziehungsnetzes – von der

Ebene der ‹grossen Welt› – der Makrosoziologie der grossen Gruppen, Organisationen, Gemeinden, Staaten – zu unterscheiden.

Die ‹grosse Welt› besteht aus zwei Bereichen von Tatsachen:

Der erste Bereich sind die Beziehungen zwischen den Menschen und ihren Zusammenschlüssen. Das sind die Institutionen, Organisationen, die Menschen ausserhalb ihrer ‹kleinen Welt› organisieren: Gemeinden, Vereinigungen, Staaten usw. Die Art der Beziehungen der Menschen in diesen Organisationen und die Art der Beziehungen zwischen diesen Organisationen, das ist der erste Bereich, die ‹hardware› der gesellschaftlichen Strukturen der Welt.

Der zweite Bereich der ‹grossen Welt›, die ‹software›, besteht aus den von bestimmten Gruppen und Organisationen oder ganzen Gesellschaften geteilten Meinungen und Werten und den ihnen zu Grunde liegenden, oft unbewussten kollektiven Grundannahmen.

Wir alle stehen der gesellschaftlichen ‹hardware› und der kulturellen ‹software›, die wir im Zusammenspiel mit den anderen Menschen schaffen, teilweise hilflos und teilweise gestaltend gegenüber. Die Gesellschaft und die Kultur prägen uns, wir sind ihnen ausgeliefert, gleichzeitig können wir Energie investieren und sie in unserem Sinne beeinflussen.

Wer sich in soziologischer Fernsicht übt, d.h. die kulturellen Werte, Überzeugungen und die gesellschaftlichen Beziehungen ausserhalb seiner kleinen privaten Welt wahrnimmt und zu verstehen sucht, wird mit seinen Lebensumständen besser zurechtkommen.

Realistisches statt überforderndes Menschenbild

Jede Kultur hat ein Menschenbild. Im Menschenbild sind die Grundannahmen über das, was der Mensch ist, zu was er fähig ist, was für ihn gut und was für ihn schlecht ist und was er im Leben tun und lassen soll, zusammengefasst. Das Menschenbild verschafft eine Orientierung darüber, was in einer Kultur als ‹normal› und was als ‹abnorm› betrachtet wird.

Das Menschenbild des englischen Philosophen Thomas Hobbes, das die westliche Welt sehr geprägt hat, ist folgendes: Der Mensch ist von seinen Instinkten getrieben, primär nicht sozial und altruistisch, sondern strategisch am eigenen Vorteil interessiert und grundsätzlich existenziell isoliert. Dem gegenüber steht das humanistische Menschenbild, dasjenige der Romantik und der ‹naiven› Linken, dasjenige der Selbstpsychologie: Der Mensch ist lebensliebend, primär sozial interessiert und ‹gut›. Schlecht und asozial wird er nur, wenn seine Grundbedürfnisse missachtet werden, wenn er frustriert und schlecht behandelt wird.

Das Menschenbild der freudschen Psychoanalyse ist ein Kompromiss: Es ist skeptisch, geht von Hobbes aus und sieht den Menschen illusionslos, hat aber einen emanzipatorischen Anspruch: Auch wenn wir instinktgetriebene Egoisten sind, sind wir doch vernünftig genug und prinzipiell auch fähig, unsere asoziale Gier genügend im Zaum zu halten. Das führt zu einem gesitteten Umgang miteinander, was allen nützt. Auch das Menschenbild der kleinianischen Psychoanalyse, der wichtigsten Weiterentwicklung freudschen Denkens, sieht den Menschen als aggressives, gieriges Wesen, das aber gleichzeitig fähig ist zur Sorge um andere Menschen. Liebe und Sorge auf der einen, Aggression und Gier auf der anderen Seite sind die Pole menschlicher Existenz. Wenn das Leben glücken soll, obsiegen die Liebe und die Sorge über die aggressive Gier und die Zerstörung.

Das gegenwärtige Menschenbild der postmodernen globalisierten Gesellschaft ist diffus. Alles ist möglich. Jeder Identitätsentwurf kann realisiert, wieder gebrochen, neu zusammengesetzt, verflüssigt und in Frage gestellt werden. Grandios und überfordernd. Ein Mensch ist von seiner biophysischen Grundausstattung her nicht beliebig trainierbar, ständig potent, je nach Situationsanforderung gebunden oder ungebunden. Er hat einen biologisch fundierten Erfahrungs-, Gefühls- und Wunschkern. Das postmoderne Menschenbild ignoriert diese Lebensfakten und die Grundtatsachen der Abhängigkeit, der Begrenztheit, des Todes. Das postmoderne Menschenbild verlangt Unverletzlichkeit, innere Distanz, ‹Coolness›, Unabhängigkeit, Mobilität, Flexibilität, beliebige Formbarkeit. Paradoxerweise sollen zu diesen ‹neuen Tugenden› die traditionellen Fähigkeiten zusätzlich wie abrufbare Programme im Repertoire bleiben: Ehrlichkeit, Gefühlstiefe, Bindungsfähigkeit, Humor, Lebendigkeit, Leistungsfähigkeit usw.

Das postmoderne Menschenbild will den Menschen aus den mühsamen Begrenzungen seiner Biologie entlassen – alles geht! – und propagiert beliebige Anpassungsfähigkeit im egoistischen Interesse. Es entlässt den Einzelnen jedoch nur aus dem Druck, einem einzigen bestimmten Ideal entsprechen zu müssen. Nur um ihn umso entschiedener gefangen zu setzen: Der postmoderne Mensch soll schlicht *alle* Rollen perfekt spielen, welche die entsprechende Situation gerade erfordert.

Damit führt das postmoderne Menschenbild in eine seelische Überforderung. Es verlangt vom Einzelnen, dass er schlicht alles kann, jede Situation perfekt analysiert und bewältigt. So wird ein ständiger Scham- und Schulddruck geschaffen: Scham, zu versagen; Schuld, etwas falsch zu machen.

Der flexible ‹Mensch ohne Eigenschaften› ignoriert grundlegende Wünsche nach authentischer Lebendigkeit, nach langfristiger kontinuierlicher Identität, nach verlässlichen Beziehungen. Wünsche nach Sicherheit, Geborgenheit und Teilhabe bleiben auf der Strecke. Er trägt dem Verlangen nach Entwicklung und Anerkennung keine Rechnung.

Das überfordernde postmoderne Menschenbild in unseren Köpfen muss sich wandeln, wenn unsere Kultur einen Beitrag zur langfristigen Gesundheit leisten soll: Wir Menschen sind hoch entwickelte Wesen. Wir haben zwar einen wilden Kern von Gefühlen, asozialen Trieben und Wünschen; wir wollen uns aggressiv selbstbehaupten und uns durchsetzen. Gleichzeitig haben wir Fähigkeiten, uns um andere zu kümmern, diese zu lieben und uns um sie zu sorgen. Wir haben Wünsche, anerkannt und respektiert zu werden, die wir nur befriedigen können, wenn wir selber auch die anderen anerkennen und respektieren. Wir können einen Lernprozess durchmachen, der uns hilft, unsere Lebenswünsche zu befriedigen und unsere aggressiven Wünsche zivilisiert für die Durchsetzung unserer Anliegen zu verwenden. Den anderen Menschen, den wir für die Erfüllung der Wünsche und Anliegen brauchen, zerstören wir nicht durch unsere Aggressivität und Gier, sondern pflegen und respektieren ihn. Wir haben ein grosses soziales Potenzial, unsere aggressiven Ansprüche bändigen zu können, sind jedoch frei, es zu nutzen.

Auf dem Weg zur guten Gesellschaft

Gut ist eine Gesellschaft, die dazu beiträgt, dass die lebendigen Kräfte über die lebensvernichtenden siegen:

Sie schützt die Individualität des einzelnen Menschen, seine unverwechselbaren Wünsche, Gefühle und Anliegen.

Sie hilft, die Destruktivität, die Rücksichtslosigkeit und den Egoismus zu bändigen.

Sie verkörpert lebensfördernde Werte wie Unterstützung, Gemeinsamkeit, Liebe, Fürsorge.

Sie vereinigt die Menschen in der gemeinsamen Anstrengung, die Anforderungen des Lebens zu tragen.

Der kulturelle Wert der Befreiung

Eine Gesellschaft, welche die langfristige Gesundheit ihrer Mitglieder fördert, hält den Wert der Freiheit des einzelnen Menschen hoch. Jeder Mensch darf sein, fühlen, denken, wie er ist und will, ohne Benachteiligung oder gar Repression erdulden zu müssen. Dieser liberale Wert ist in den postmodernen westlichen Gesellschaften weitgehend eingelöst. Ausgrenzung und Unterdrückung auf Grund der Wesensart, des Denkens und Fühlens wird nur in totalitären Regimes praktiziert.

Die innere Unfreiheit in den postmodernen globalisierten Gesellschaften ist subtiler. Die Ausgrenzung Andersdenkender geschieht nicht direkt über politische Repression, sondern über die ökonomische Benachteiligung. Die Repression ist gewissermassen privatisiert. Wer nicht konsequent erfolgs- und profitorientiert denkt, fühlt und handelt, gerät im verschärften Konkurrenzkampf aller gegen alle ins Hintertreffen und wird auf diese Weise ausgegrenzt.

Der kulturelle Wert des Schutzes

Eine gute Gesellschaft und Kultur schützt die Einzelnen zu einem gewissen Grad vor den schlimmsten Katastrophen und der Unbill des Lebens. Sie fungiert als gemeinsam getragener Schutzschild für die Schwächeren und fördert die Solidarität und Gemeinschaftlichkeit unter ihren Mitgliedern.

Die globalisierte Gesellschaft hat sich von diesem Wert wegbewegt. Der heutige Wert ist: Jeder ist seines Glückes eigener Schmied!

Dies ist eine langfristig die Gesundheit unterminierende Entwicklung, weil sie epidemische Gefühle der Angst und Schutzlosigkeit erzeugt.

Der kulturelle Wert der Unterstützung

Der Wert der gegenseitigen Unterstützung ist ein weiteres Merkmal einer stabilen, guten, gesundheitsfördernden Gesellschaft. Es ist nicht jeder mutterseelenallein auf sich gestellt. Vielmehr besteht eine kulturelle Norm, einander in Not beizustehen, nicht nur ans eigene Wohl und Interesse zu denken. Die gegenseitige Unterstützung wird sowohl im kleinen familiären Kontext gross geschrieben und praktiziert wie auch als gesamtgesellschaftlicher Wert gelebt.

Nicht: jeder gegen jeden! Sondern: jeder mit jedem!

Von dieser Wertsetzung ist die postmoderne Gesellschaft ein weites Stück Weg entfernt. Die heutige Devise lautet: Jeder und jede ist für sich selbst verantwortlich.

Erst seit kurzem sind auch wieder gegenläufige unterschwellige Tendenzen zu beobachten. Der ständige Konkurrenzstress und die Vereinzelung und Entsolidarisierung werden als Problem zunehmend erkannt.

Der kulturelle Wert der Erziehung

Eine gute Gesellschaft stellt Spielregeln für den lustvollen und gesitteten Umgang der Menschen untereinander auf und setzt diese Regeln auch durch.

Aggression und destruktive Rivalität werden energetisch gebündelt und für lebensfördernde und lebenserhaltende Ziele und Zwecke verwendet. Gewalt wird nicht toleriert. Gewalttätige Ausdrucksformen von Neid und Frustration werden gebändigt, das Tödliche und Destruktive wird bekämpft.

Eine gute Gesellschaft liebt die Kinder, ist gütig mit ihnen, aber setzt auch Grenzen. Sie ist bemüht um Gerechtigkeit in der Verteilung der Kraftquellen, des Reichtums an Geld, an Entwicklungschancen, an Lebensqualität, an Gesundheit.

Von der Gleichgültigkeits- zur Verantwortungsgesellschaft

Eine Gesellschaft, die Gesundheit zu einer Pflicht macht, die jeder einsam und auf sich allein gestellt erbringen muss, ist hart und unmenschlich. Gesundheit ist nicht etwas, das wir völlig unter Kontrolle haben. Wir können Grundlagen in unserer eigenen Lebensführung schaffen, aber wir sind nicht vollumfänglich unserer Gesundheit Schmied. Die Gesellschaft darf nicht von der Verantwortung für das Wohlergehen aller entlastet werden. Sie muss sich so entwickeln, dass sie dem einzelnen Menschen weniger krank machenden Stress zumutet und ihm mehr soziale Widerstandsressourcen zur Verfügung stellt.

Ein an Intensität und Quantität zunehmender potenziell krank machender Stressfaktor ist die grassierende Gleichgültigkeit der

Menschen. Man interessiert sich nicht mehr für den anderen, kümmert sich nur um den engsten eigenen Kreis (wenn überhaupt). Dies erzeugt das Gefühl eines sozialen Vakuums: Sobald ich meinen engsten Kreis verlasse, z. B. die Familie, und mich in den gesellschaftlichen öffentlichen Kontext begebe, habe ich das Gefühl, dass sich niemand mehr für mich und mein Befinden interessiert. Und nicht nur die private Gleichgültigkeit hat zugenommen: Die öffentlichen Orte und Institutionen haben sich von Orten des Aufgehobenseins ebenfalls zu Orten der Gleichgültigkeit entwickelt. Die Gesellschaft ist ‹durchlöchert›. Es existieren nur noch wenige soziale Orte des Interesses und des Mitgefühls im öffentlichen Raum.

Ich kann nicht mehr sicher sein, wenn ich in einem öffentlichen Park einen Herzanfall bekomme, dass sich irgendjemand verantwortlich fühlt und sich um mich kümmert.

Ein Kleinkind kann nicht mehr sicher sein, dass es, falls sich die Eltern nicht darum kümmern, von irgendjemandem, der sich verantwortlich fühlt, aufgenommen und ernährt wird. Kürzlich verhungerte ein Kleinkind in Genf, einer der reichsten Städte der Welt.

Verantwortlichkeit ist eine fürsorgliche Haltung dem Wohlbefinden anderer Menschen gegenüber.

Der heutige Mangel an kollektiver Verantwortlichkeit schürt Angst- und Unsicherheitsgefühle, die sehr belastend sind. Das subjektive Gefühl, anderen Menschen gleichgültig zu sein, unterminiert das Wohlbefinden beträchtlich. Es ist das Grundgefühl vieler Menschen, besonders jener, die nicht über den Vorteil tragender und Fürsorge spendender privater Beziehungen verfügen.

Eine Institution wie z. B. die Heilsarmee ragt wie ein einsamer Fels aus dem Meer sozialer Gleichgültigkeit heraus. Sie wirkt nicht nur wegen der altmodischen Uniformen unzeitgemäss, sondern auch weil sie provozierend verdeutlicht, wie das Mitgefühl und die Fürsorge im öffentlichen Raum erodiert sind. Sie ist eine der wenigen Institutionen im öffentlichen Raum, die nicht vom Geist der Rentabilität beherrscht sind, und die sich das Wohlbefinden des anderen und das Sich-Kümmern um den anderen zum Zentrum ihrer Aufgabe gemacht haben. Die Heilsarmee fühlt sich verantwortlich für die Menschen in dieser Welt, nicht weil sie es muss, sondern weil sie sich selbst in die Verantwortung nimmt.

Das Interesse und die Bereitschaft, Verantwortung für das Wohl anderer zu übernehmen, ist in zum Teil erschreckender Weise abhanden gekommen. Damit fehlt eine wichtige soziale Kraftquelle, um die Lebensbelastungen zu ertragen. Eine Gesellschaft, die die Gesundheit aller ihrer Mitglieder ernst nimmt und fördert, muss eine neue Kultur der Verantwortlichkeit entwickeln. Sich verantwortlich für etwas ausserhalb von sich selbst fühlen, für eine die Allgemeinheit betreffende Sache oder das Wohlergehen anderer Menschen, muss wieder ein zentraler kultureller Wert werden. Dies könnte sich dadurch ausdrücken, dass solche Bemühungen mehr im Zentrum der Medienaufmerksamkeit stehen als sportliche Spitzenleistungen.

Von der Vereinsamungs- zur Beziehungsgesellschaft

Gute Beziehungen sind für eine dynamische Gesundheit von grundlegender Wichtigkeit. Die gegenwärtige Trennungskultur und der neue ‹Wert› der Flexibilität fördern hingegen die Vereinsamung. Beziehungen werden oft ohne gründliche Auseinandersetzung zerbrochen. Viele Kinder in der heutigen Gesellschaft machen von klein auf die Erfahrung, dass Beziehungen nur vorübergehend sind, dass sich die Erwachsenen kurzfristig mit jemandem einlassen und ihn dann wieder ziehen lassen. Kinder lernen so die Lektion, dass Beziehungen brüchig sind und man einer Trennung hilflos gegenübersteht, dass man sich besser nicht zu sehr an einen Menschen bindet («Es gibt keine Liebe!»). Diese vorsichtige und misstrauische Grundeinstellung gegenüber Beziehungen ist ein ernsthafter Hemmfaktor. Unsere lebendigen Wünsche und inneren Kraftquellen drängen auf Nähe und Verbindung mit anderen Menschen. Die misstrauische Vorsicht ist ein Handicap. Sie blockiert den Fluss unserer Energien.

Die Pflege lebendiger Beziehungen, die nicht reduziert sind auf funktionale Kontakte im Sinne von ‹Geschäftsbeziehungen›, muss deshalb zu einem zentralen Wert der Kultur erhoben werden. Die Lebensbedingungen müssen so sein, dass Beziehungen zwischen Kindern und ihren Eltern, zwischen ArbeitskollegInnen, zwischen Schülern und Schülern, zwischen Schülern und Lehrern gepflegt werden können.

Von der Äusserlichkeits- zur Innerlichkeitsgesellschaft

Ein weiterer Wert, der zur Grundausstattung einer guten Kultur gehört, ist Innerlichkeit. Zu vieles ist in der heutigen Effektgesellschaft auf äussere Erscheinung, auf den Eindruck und nicht auf die Substanz ausgerichtet. Die innere Welt ist derjenige Bereich im Kräftefeld des Lebens, der kulturell, z. B. in den Medien, zunehmend vernachlässigt wird.

Unsere innere Welt besteht aus den biologisch verankerten erotischen und destruktiven Energien. Im Laufe der Lebensgeschichte werden positive und negative Erfahrungen verinnerlicht. Die innere Welt ist zudem zweigeteilt in einen unbewussten und einen bewussten Bereich. Die heutige Kultur, der gegenwärtige Jeder-gegen-jeden-Überlebenskampf, schätzt die innere Welt gering ein. Sie sorgt und kümmert sich nicht um sie. Sie beutet sie allenfalls aus, so wie wir als Weltgesellschaft die Boden- und Naturschätze unseres Planeten ausbeuten.

Eine gute Kultur erhebt die Sorge um die Innenwelt, um die Gefühle, Wünsche, Fantasien zu einem Kernwert. Sie drückt dies aus, indem sie Mittel für die Erforschung und Pflege der inneren Welt zur Verfügung stellt. Sie befreit die Psychologie und die Psychotherapie, ganz allgemein die Wissensbereiche, die sich mit dem Inneren des Menschen befassen – auch die Philosophie, die Literatur usw. –, von ihrer Benachteiligung gegenüber den technischen und naturwissenschaftlichen Fächern, die sich mit den Erscheinungen der Aussenwelt auseinander setzen.

Eine gute Kultur kümmert sich um die Innenwelt, weil die Lösung der Probleme der Innenwelt uns langfristig stärkt.

Lebendigkeit als Wert muss in unserer Kultur an vorderster Stelle kommen. Lebendigkeit heisst Bejahung von Spontaneität, Intensität, Bewegung, Chaos.

Lebendigkeit macht Angst. Sie konfrontiert uns mit triebhaften, gefühlsmässigen Tiefen, Sehnsüchten und Mächtigkeiten, die uns erschüttern und aufwühlen. Eine Gesellschaft kann daher versucht sein, eine Kultur der Unterdrückung von Lebendigkeit durchzusetzen. Dies führt zu gravierenden gesundheitlichen Problemen. Es ist bekannt, dass die Selbstmordrate in Ländern, wo der lebendige Gefühlsausdruck toleriert wird und der Einzelne mit seinem Gefühlshaushalt nicht allein gelassen wird (Griechenland), tiefer ist als in Ländern, wo jeder mit seinen Gefühlen selber klarkommen muss und diese nicht spontan und unkontrolliert ausdrücken kann (Finnland, Schweiz).

Ein kultureller Wandel, der Lebendigkeit auf die Fahnen schreibt, setzt Lebensenergien für den Umgang mit dem Leben frei. Dieser Wandel müsste die Widerstände einer Kultur gegen Lebendigkeit zum Thema machen. Bei den SchweizerInnen beispielsweise besteht die grösste Angst vor der Lebendigkeit darin, im lebendigen Kontakt auch Kritik und Aggressionen einstecken zu müssen. Sie haben Angst vor Konflikten und davor, nicht ‹gut dazustehen›. Wer immer gut dastehen muss – Musterschüler-Syndrom –, muss seine Lebendigkeit unterdrücken. Er ist von der Vorstellung gepeinigt, seine Lebendigkeit könnte unerwünscht sein. Statt sich diesem Risiko auszusetzen, dämpft er sich und unterdrückt seine vitalen Kraftquellen. Weniger Angst vor dem Anecken ist eine entscheidende Voraussetzung für die Bejahung der Lebendigkeit.

Eine andere Problematik der Innenwelt, mit der wir uns auseinander setzen müssen, wenn wir ihr nicht hilflos ausgesetzt sein wollen, ist das Thema des Negativen, der Aggression, der Destruktivität. Aggression entsteht an der Kontaktgrenze, wenn ein anderes Wesen bzw. ‹die Welt› nicht so ist, wie ich sie von meinen Wünschen her haben will. Der andere bzw. die Welt stört mich bei der Verwirklichung meiner Wünsche und Interessen, wenn sie nicht reibungslos zu ihnen passt.

Die Aggression will meine Selbstbehauptung, meine Identität, meine Vorstellung davon, wie es sein soll, durchsetzen. Sie will die Welt so machen, wie ich sie brauche. Sie will die zu mir passende Welt erschaffen.

Der Zusammenhang zwischen Aggression und Kreativität wird unmittelbar ersichtlich. Wer sich nicht mit der Welt, wie sie ist, zufrieden gibt, wer seine Wunschwelt in der Aussenwelt realisieren möchte, ‹greift an› (lat. aggredi), ‹greift zu›, erschafft real oder in der Vorstellung eine Welt, die den eigenen Wünschen und Gefühlen nahe kommt.

Der Zugang zur Zerstörungskraft gehört daher zur Lebendigkeit. Die Frage ist: Gelingt es einer Kultur, die Zerstörungskraft zu befreien und gleichzeitig ihr energetisches Potenzial in gute kreative Bahnen zu lenken?

Wenn die Zerstörungskraft nur negiert, unterdrückt oder nicht wahrgenommen wird, haben wir es mit dem Symptom der gesitteten Lähmung zu tun, das wir in verschiedenen Kulturen, bei vielen Menschen, Beziehungen und Gruppen beobachten können. Die vitale Sprengkraft der Aggression, die Wahrnehmung der Unzufriedenheit, das Anerkennen der Wünsche werden unterdrückt. Viel psychische Energie wird investiert, eine friedliche, gedämpfte, normale Oberfläche zu erzeugen. Der Sinn dieser Abwehr-Operation besteht darin, die Angst vor der Zerstörungskraft zu beruhigen. Triebwünsche und aggressive Energien machen Angst, sie könnten ausser Kontrolle geraten. Wird diese Angst nicht ausgehalten und in konstruktive Übung des Umgangs mit Aggression umgesetzt, wird oft zur Verdrängungs- und Dämpfungslösung gegriffen. Die Trieb- und Aggressionsdämpfung schneidet aber von den inneren Kraftquellen ab und untergräbt das Ziel eines lebendigen, gesunden Lebens.

Deshalb muss eine gute Kultur Aggressionen befreien. Friedlichkeit und Nettigkeit sollen einer offenen und direkten Austragung der Aggression weichen. Das destruktive Potenzial der Aggression soll zu kreativen kulturellen und politischen Leistungen transformiert werden. Heftiger politischer Schlagabtausch mit Worten und kreativen politischen Aktionen soll hart und direkt sein. Die Grenze besteht im Vernichtungsimpuls. Aggressiv sein heisst, eigene Ideen, Wünsche und Gefühle ungefiltert einbringen, den anderen aber intakt lassen und nicht zerstören.

Von der Tempo- zur Langfristigkeitsgesellschaft

Wir haben ein Verlangen nach Kontinuität und Langfristigkeit. Vieles mag sich verändern. Die Lust auf neue Erfahrungen taucht immer wieder auf, aber wir sind auch Wesen mit einer Geschichte und fähig, unsere Erfahrungen zu verinnerlichen. In der Fülle der situativen Erfahrungen suchen wir nach Vorstellungen, Bildern und Gefühlen, die bleiben, an die wir uns halten können. Wir suchen eine Identität.

Deshalb muss Langfristigkeit ein Wert sein. Die Kultur muss langfristige Prozesse schützen. Freundschaften z. B. bauen sich nur langsam und langfristig auf. Paarbeziehungen entwickeln sich langfristig in eine Tiefe des Vertrauens und der wahren Intimität.

Heilungsprozesse, Veränderungsprozesse, Entwicklungsprozesse brauchen ihre Zeit. Sie können nicht terminiert werden. Deshalb ist Langfristigkeit ein Wert, weil sie den zeitlichen Raum für Prozesse öffnet.

Langfristigkeit muss auch geschützt werden, weil sich in der langfristigen Perspektive oft die notwendigen Klärungen ergeben. Entscheidungen und Klärungen können nicht forciert werden. Wenn man den Prozessen ihre Zeit gibt, werden die Dinge klar, z. B. ob zwei Menschen zusammenpassen oder nicht, ob sie sich trennen sollen oder nicht.

Es gibt keine Abkürzungen. Wer abkürzen will, verlängert die Arbeit nur. Wir können natürliche Prozesse nicht beschleunigen, nur behindern.

Von der Krankheitskultur zur Gesundheitskultur

Kultur ist die Art, wie eine Gesellschaft die anstehenden Probleme löst, wie sie das Problem ihres eigenen Überlebens organisiert, sich an ihre Lebensbedingungen anpasst und sich mit ihnen auseinander setzt. Die Probleme, die eine Gesellschaft mit dem Überleben hat, prägen die Kultur. Die Kultur der Niederlande ist geprägt durch das Meer, das flache Land und die Bedrohung steigenden Wassers. Die Kultur der Schweizer ist geprägt durch die Täler, Berge und die Kleinräumigkeit; es fehlen Bodenschätze.

Gesundheitskultur ist die Art, wie sich eine Gesellschaft mit den Gesundheitsproblemen ihrer Mitglieder auseinander setzt und welche Lösungen sie findet. Im Moment haben wir eine Krankheitskultur, die sich damit beschäftigt, kranke Menschen zu behandeln, oder noch nicht Kranke daran hindert, krank zu werden.Was wir brauchen, ist eine Gesundheitskultur, die hilft, die Lebenskräfte zu befreien und gesund zu bleiben.

Die heutige Gesundheitskultur ist um die Krankheitsorientierung zentriert. Traditionelle krankheitsorientierte medizinische Behandlung und Prävention stehen im Mittelpunkt der Dienstleistungen (innerster Kreis).

An diese krankheitsorientierte Medizin und Prävention wird in einem zweiten konzentrischen Kreis die Alternativmedizin angegliedert.

Im äusseren Kreis des gegenwärtigen krankheitsorientierten Gesundheitssystems sind die auf körperliches Wohlbefinden zielenden Fitness- und Wellnessmassnahmen. Man kann die gegenwärtige Gesundheitskultur mit Fug und Recht auf die Formel ‹Traditionelle Medizin plus Alternativmedizin plus Wellness plus Fitness› bringen.

Heutige Gesundheitskultur: Zentrierung um krankheitsorientierte Medizin

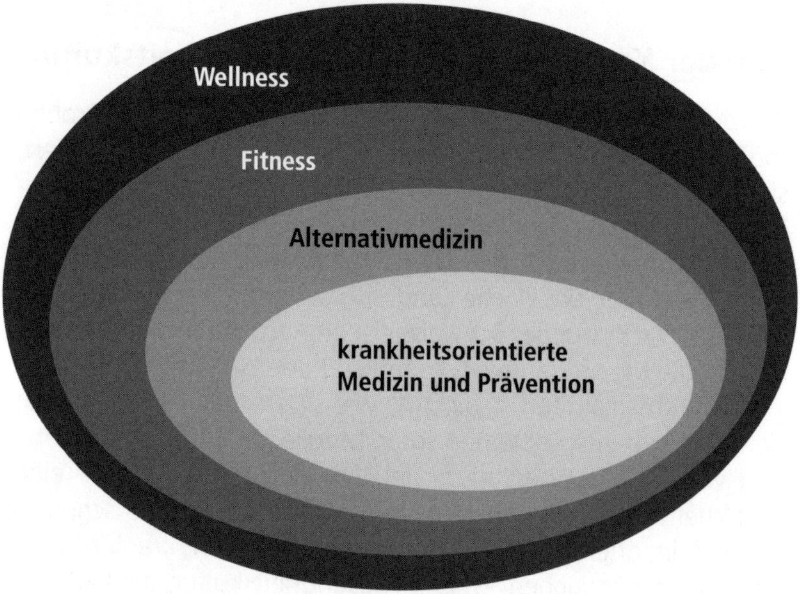

Die zukünftige Gesundheitskultur müsste eine andere Zentrierung vornehmen. Die gesundheitsorientierte Auseinandersetzung mit dem Kräftefeld des Lebens stünde im Mittelpunkt.

Die Befreiung der inneren Lebenskräfte,
das Öffnen der äusseren Kraftquellen,
die kreative Bändigung der Destruktivität
und die Handhabung der Lebensbelastung sind die Schwerpunkte der persönlichen Gesundheitsentwicklung jedes einzelnen Menschen.

Die krankheitsorientierte Behandlung und Prävention und die Wellness- und Fitnessmassnahmen würden in der neuen Gesundheitskultur die Rolle der hilfreichen und notwendigen unterstützenden Massnahmen erfüllen.

Die neue Kultur wäre um die Gesundheit von innen zentriert, während die gegenwärtige Kultur um die Krankenbehandlung von aussen zentriert ist.

Zukünftige Gesundheitskultur:
Zentrierung um Gesundheitsorientierung nach dem Modell des Lebenskräfte-Felds

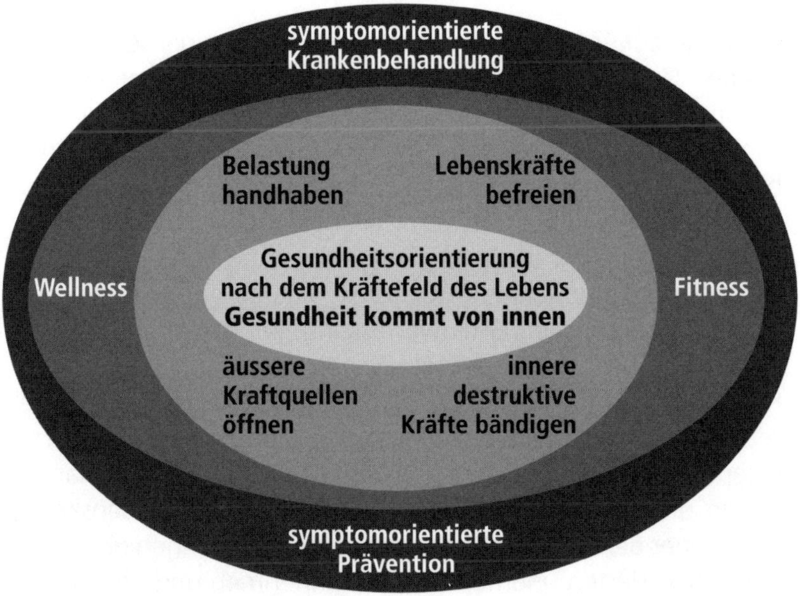

In der zukünftigen Gesundheitskultur fragen sich die Menschen zuerst:

Wie geht es mir? Was fehlt mir? Habe ich Zugang zu meinen Lebenswünschen und Lebenskräften? Habe ich Zugang zu meinen destruktiven Kräften, habe ich sie im Griff?

Verschaffe ich mir Unterstützung von aussen? Habe ich meine Belastungen und meinen Lebensstress auf ein erträgliches Mass reduziert? Verarbeite ich meinen Stress auf konstruktive Weise?

In der neuen Gesundheitskultur verändern die Menschen ihre alltäglichen Konflikte mit sich und der Umwelt. Sie befassen sich kreativ mit der inneren und äusseren Dialektik des Lebens. Sie sehen sich als Subjekte ihrer Gesundheit: als Leidende, Sich-Freuende, Mit-Gestaltende, Mächtige, aber nicht Allmächtige.

Verankerung in der lebensbejahenden Grundannahme – DAS CREDO

Die neue zukünftige Gesundheitskultur ist in einer lebensbejahenden Grundannahme verankert: Wir alle leben in einer Welt, die uns Härten zumutet und Reichtümer zur Verfügung stellt. Wir alle sind nicht heil, sondern unvollkommen, verletzt, gekränkt, begrenzt. Wir sehnen uns nach Perfektion und Heilung. Heilung nach dem Modell der passiven Heilungsfantasie ist jedoch nicht möglich. Wenn wir uns nach passiver Heilung durch eine idealisierte Heiler-Figur sehnen, ist das ein verständlicher Bestandteil unserer menschlichen Grundverfassung; wir sollten diese Sehnsucht aber nicht mit einer realistischen Erwartung verwechseln. Realistisch betrachtet sind wir dem Kräftefeld des Lebens ausgesetzt. Wir können uns eigenverantwortlich und kreativ mit unserer eigenen Lebenswelt – der inneren und der äusseren – auseinander setzen und alles daran setzen, dass die positiven Lebenskräfte gegenüber den Belastungen überwiegen. Wir können das Leben mit seinen Härten und Reichtümern annehmen und begrenzten Einfluss ausüben. Das mag beschränkt erscheinen, ist aber nicht wenig.

Offensive der Teilnahme

Die Veränderung von der alten krankheitsorientierten Behandlungskultur zur neuen Gesundheitskultur braucht auch eine Offensive der gemeinsamen Teilhabe und Teilnahme an den individuellen und gesellschaftlichen Gesundheitsfragen. Wir brauchen eine mobilisierende gemeinsame Bewegung.

Die Erfahrungen in Drittweltländern haben es gezeigt: Gesundheitsentwicklung ist nicht etwas, was ‹top-down› organisiert, verordnet und effizient durchgeführt werden kann. Die primäre Gesundheitsversorgung in den von der Guerilla befreiten Gebieten während des Bürgerkrieges in El Salvador beispielsweise entsprach am besten den Bedürfnissen der Bevölkerung, als sie ‹von unten her› in einem Prozess entwickelt und getragen wurde, an dem möglichst viele teilnahmen. Als das Gesundheitssystem nach der Beendigung des Bürgerkriegs ‹von oben her› organisiert wurde, sank der Grad der Teilnahme, und das Interesse der Bevölkerung an Gesundheitsfragen liess nach.

Teilnahme und Teilhabe sind deshalb Grundpfeiler erfolgreicher Gesundheitsentwicklung. 1978 erklärte die WHO an ihrer Konferenz in Alma Ata ‹primäre Gesundheitsfürsorge› zur international anerkannten Strategie, um die Politik ‹Gesundheit für alle im Jahr 2000› umzusetzen. Sie setzte klare Prioritäten auf vorbeugende Gesundheitspflege, Teilnahme der Bevölkerung, soziale Gerechtigkeit und langfristige Massnahmen.

Teilnahme und Teilhabe der Bevölkerung werden als «sozialer Prozess» beschrieben, «durch den bestimmte Gruppen von Menschen mit gemeinsamen Bedürfnissen in einer bestimmten geografischen Region ihre Bedürfnisse selber aktiv in die Hand nehmen, Entscheidungen treffen und Massnahmen in die Wege leiten, um diese Bedürfnisse durchzusetzen, mit dem Ziel der Gleichberechtigung für alle».

Der Gedanke der Teilhabe – entwickelt auf der Basis von Erfahrungen in Drittweltländern, in denen die Benachteiligung und Unterdrückung der Bevölkerung offen zu Tage liegt – kann auch auf die subtileren Formen der Benachteiligung in den entwickelten Ländern übertragen werden. Die Gesundheitsstatistiken belegen deutlich, dass bestimmte Gruppen gesundheitlich gegenüber anderen benachteiligt sind. So sind z. B. die Gebildeten den weniger Gebildeten in den meisten Gesundheitsmerkmalen überlegen. Gesundheitsentwicklung bei bestimmten Gruppen der Bevölkerung auf der Basis von Teilhabe würde heissen, alle Betroffenen in den Gesundheitsentwicklungsprozess einzubeziehen und sie zu ermuntern, ihre eigenen Interessen zu vertreten. Keine Präventionskampagnen über die Köpfe hinweg, sondern Gesundheitsentwicklung von den Betroffenen selbst her.

Dies bedeutet ein klares Bekenntnis zum kritisch-politischen Aspekt von Gesundheitsarbeit. Gesundheit ist nicht unpolitisch. Die Privatisierung der Gesundheit ist ein wesentlicher Bestandteil der gegenwärtigen Gesundheitsprobleme. Nur über die Stärkung solidarischer Werte kann Gesundheit für alle Realität werden.

Grundwerte-Debatte und öffentliche Diskussion

Eine Debatte über gesellschaftliche Grundwerte und Gesundheit ist unumgänglich. Gesundheitsdiskussionen dürfen nicht wie bis anhin auf dem Boden der traditionellen Medizin stattfinden. Nationale Gesundheitstage dürfen nicht ein Festival der krankenbehandelnden Berufe und ihrer Lobbyisten sein. Stattdessen gilt es, gesellschaftiche Werte und Zwänge zu hinterfragen und griffige, gesundheitsfördernde Massnahmen zu ergreifen.

In einer solchen Debatte gibt es keine Autoritäten, sondern nur interessierte Teilnehmer. Alle sind Experten. Noch einmal: Gesundheit gehört uns allen, nicht der Medizin allein, nicht der Psychologie allein, nicht einer anderen Interessengruppe allein.

Wir haben es in der postmodernen Unsicherheitsgesellschaft mit einer Menge falschem Bewusstsein zu tun. Falsches Bewusstsein heisst Verkennung der tatsächlichen Verhältnisse. Viele schöne Worte für schädliche, schlimme Dinge: ‹New speech› – neues Gerede – kleidet die krank machenden Werte in schöne Phrasen:

- Statt Flexibilitätszwang heisst es ‹Freiheit›,
- statt Rücksichtslosigkeit ‹Ermunterung zur Selbstverantwortung›,
- statt Angst vor dem Fall ins Bodenlose ‹erregende Herausforderung›,
- statt Verantwortungslosigkeit ‹Toleranz›,
- statt Gleichgültigkeit ‹Abgegrenztheit›,

- statt Unverbindlichkeit ‹situatives Engagement›,
- statt Vertrauensverlust ‹kommunikativer Nachholbedarf›,
- statt Leere ‹Freiraum›,
- statt Ausbeutung ‹harte Zeiten›,
- statt Orientierungslosigkeit ‹Lust am Suchen›,
- statt fehlende Solidarität ‹Anreiz zur Eigenverantwortung›,
- statt Beziehungslosigkeit ‹Für-sich-sein-Können›,
- statt Einsamkeit ‹Single-Leben›,
- statt krank machende Belastung ‹produktiver Stress›,
- statt Lüge ‹subjektive Wahrheit›,
- statt Betrug ‹Ermessensspielraum ausschöpfen›.

Diese Liste lässt sich beliebig fortsetzen nach dem Prinzip: Man nehme einen belastenden und potenziell krank machenden Sachverhalt und deute ihn um in etwas Positives und Gesundheitsförderndes.

Das Erkennen von falschem Gerede und falschem Bewusstsein ist ein wichtiger gesundheitsfördernder Akt. Das Erkennen und Benennen von schlimmen Dingen ist der erste Schritt, um sich mit lebensfeindlichen Einflüssen nicht zu solidarisieren und nicht zu identifizieren. Man kann den Feind – die lebensfeindlichen Kräfte – nur besiegen, wenn man ihn erkennt, benennt und bekämpft. Gemeinsam den Widerstand gegen die lebensfeindlichen Werte leben heisst zuallererst die impertinente Propaganda, die uns den postmodernen krank machenden Stress als Jungbrunnen verkaufen will, durchschauen und im Kern überwinden.

Der neue Gesellschaftsvertrag

Der Fall der Berliner Mauer und der Zusammenbruch des Kommunismus haben zu einer Konkurrenzlosigkeit des entfesselten globalisierten Kapitalismus geführt. Das asoziale Element des Kapitalismus, die gnadenlose Bereicherungssucht, hat kein institutionelles Gegengewicht mehr. Die Sozialdemokratie als klassischer Anwalt der menschlichen, sozialen und nicht profitorientierten

Werte ist halbherzig geworden. Sie liebäugelt selbst damit, sich mit Profitinteressen zu identifizieren.

Die Opposition gegenüber den herrschenden, krank machenden Werten des Egoismus, der Geldgier, der Gleichgültigkeit ist verwaist. Der alte Gesellschaftsvertrag – dass der Kapitalismus draufloswirtschaften durfte, wenn er gleichzeitig für soziale Gerechtigkeit besorgt war – wurde ersetzt durch den vertragslosen Zustand, in dem der Stärkere, der Reichere, der Mächtigere seine Bedingungen diktiert.

Was Not tut, ist ein neuer Vertrag der Gesellschaft mit dem kapitalistischen Wirtschaftssystem, der von der Politik hart ausgehandelt werden muss. Dazu muss zuerst das Steuerungsprimat der Politik hergestellt und durchgesetzt werden. Die Politik muss den Kapitalismus in die Schranken weisen und ihm soziale Sicherung und Gerechtigkeit abringen, wenn sie ihn weiterhin gewähren lassen soll. Das hemmungslose, politisch nicht eingeschränkte Walten der Marktkräfte führt zu gesellschaftlich destruktiven Entwicklungen, zur Verarmung von ganzen Ländern und breiten Bevölkerungskreisen.

George Soros, einer der reichsten Männer der Erde, Börsenspekulant und Menschenfreund, bringt es auf den Punkt, indem er sagt, dass die Marktmechanismen an und für sich weder gut noch schlecht seien. Niemand, der vom Kapitalismus als einzelner Mensch profitiere, sei schlecht. Schlecht sei vielmehr, dass man dem hemmungslosen globalisierten Kapitalismus keine politischen Leitplanken und Begrenzungen auferlege, um ihn sozial und menschlich zu machen.

Offensive für gesundheitsfördernde Strukturen

Neue gesundheitsfördernde Werte, gemeinsame Teilnahme und Teilhabe an den gesellschaftlichen Diskussionen und Entscheidungen genügen als Boden für das Überwiegen der Lebenskräfte nicht. Wichtig ist, dass die Offensive für eine neue Gesundheitskultur in veränderten gesundheitsfördernden Strukturen mündet.

Langfristige, dynamisch verstandene Gesundheit ist die seelische Fähigkeit, sich permanent zu entwickeln und sich im Austausch mit der Umgebung so zu bewähren, dass die Lebenskräfte die Oberhand erhalten und behalten. Die gegenwärtige, von Globalisierung und sukzessiver Zerstörung geprägte gesellschaftliche Entwicklung untergräbt die Bedingungen für den Aufbau eines Netzes äusserer Kraftquellen. Sie unterminiert auch den Nährboden für die Befreiung und Nutzung innerer Lebenskräfte.

Die Zerstörung der haltenden Strukturen vollzieht sich in der heutigen Gesellschaft in verschiedenen Bereichen, die konzentrisch um das handelnde Individuum liegen. Die kleinste Struktur ist die Paarbindung, die nächstgrössere die kleine Primärgruppe (Wohngemeinschaft, Familie, d. h. wo man den Alltag lebt). Diese beiden Strukturen konstituieren den privaten Raum. Der nächste Kreis ist der Übergangsraum zwischen Privatem und Öffentlichem: Vereine, Berufsgruppen, Wahl-Zusammenschlüsse von Menschen, die sich einen Raum schaffen, um zu spielen, zu diskutieren, um sich zu entwickeln. Die nächstgrössere Struktur sind die grossen Institutionen, zu denen wir unweigerlich gehören (Firmen, Gemeinden, Staaten). Das gesamte Makro-Gebilde schliesslich ist die ‹Gesellschaft›, d. h. das Gesamt der Menschen mit all ihren Abhängigkeiten und Gruppenbildungen. In all diesen Bereichen können Voraussetzungen dafür geschaffen werden, dass sichere und freie Entwicklung möglich ist.

Der kulturelle Wandel hin zum Aufbau und zur Entwicklung gemeinschaftlicher haltender Strukturen muss tief greifen, um langfristige Gesundheit zu erzeugen und zu sichern: Bergende Kleingruppen – seien dies nun Familien im klassischen Sinne oder ‹Wahlverwandtschaften› – sind überlebenswichtig! Sie bieten nicht nur Geborgenheit, sondern auch subversives, oppositionelles Potenzial. Auch andere kulturelle Wertsetzungen müssen sich ändern, wenn wir es ernst meinen: Oberflächliche Loyalität, ‹Flexibilität›, Gruppen-Ungebundenheit, Freiheit von Verpflichtungen sind Werte, die unserem Bedürfnis nach Sicherheit und Verlässlichkeit nicht gerecht werden. Werte wie langfristige Loyalität, Zugehörigkeit und Verantwortung sind Wege zu den Kraftquellen.

Das Forum als Übergangsraum zwischen Gesellschaftlichem und Privatem

Heute fehlen Übergangsräume zwischen Privatem und Öffentlichem, die Schutz bieten. Es fehlt – nach der Analyse Zygmunt Baumans – der halböffentliche Raum, in dem sich Privates und Politisches treffen können. Der Zerfall des Politischen beruht darauf, dass die Menschen in ihrer Privatsphäre sich abstrampeln, ein bisschen Glück, Sicherheit und Zufriedenheit zu organisieren. Die ‹grosse Politik› ist ihnen entfremdet, weil es wenige vermittelnde Räume, d. h. Organisationen, Gruppen, Foren mehr gibt, in denen Privatpersonen aus ihrer Privatsphäre heraustreten und sich mit anderen Menschen zu gemeinsamen Anliegen vernetzen können.

Die Kulturen der Gemeinsamkeit sind nur noch rudimentär. Da ein Elternverein, dort eine Quartiergruppe, aber alles viel zu nahe am Privaten oder bereits wieder im Banne des Makropolitisch-Entfremdeten. Die fehlenden bergenden Übergangsräume fixieren den Menschen auf seine einsame Privatheit. Die grosse Freiheit der Unverbindlichkeit, der Flexibilität kann deshalb nicht genutzt werden, weil sie eine Überforderung darstellt.

Von vielen Menschen wird zunehmend verlangt, wendig und frei zu sein, und dies ohne den Rückhalt von tragenden und bergenden Beziehungen bzw. Beziehungsnetzen. Sie sollen flexibel und mobil sein, aber ohne schützende Übergangsräume. Es klafft eine gähnende Leere zwischen dem privaten Raum und den gesellschaftlichen Anforderungen. Den Menschen wird heute aufgebürdet, sowohl tollkühn freiheitsliebend und risikosuchend zu leben als auch sich rückwärtig Sicherheiten zu organisieren. Alles im Alleingang, alles auf eigene Rechnung. Die Gesellschaft und ihre Institutionen ziehen sich aus der Verantwortung. Sie bieten den Einzelnen keine Sicherheit und keine sozialen Fangnetze mehr.

Wir brauchen einen gesellschaftlichen und kulturellen Wandel, der Übergangsräume schafft.

Psychoanalytisch betrachtet sind Übergangsräume soziale Orte, an denen die Loslösung und Individuation, die Selbstwerdung und Autonomie in Sicherheit geübt und gelebt werden können.

Der Psychoanalytiker Winnicott und die Psychoanalytikerin und Entwicklungsforscherin Margareth Mahler haben sich intensiv mit der psychologischen Entwicklung der Übergangsräume befasst. Ein besonders wichtiges Stadium der Entwicklung ist das Alter zwischen ca. 18 Monaten und drei Jahren, in dem sich das Kind von der primären Bezugsperson, in unserer Kultur meist der Mutter, seelisch so weit ablöst, dass es sich eine Existenz unabhängig von ihr erobert. Es bewegt sich weg von der Mutter, in immer grösser werdenden Radien, und kehrt zurück, um aufzutanken. Das heisst, es erobert einen Übergangsraum, in dem es spielt, denkt und seine selbstständigen Fähigkeiten entwickelt. Der Übergangsraum besteht aus der Freiheit, von der Mutter wegzulaufen, und aus der Sicherheit, zu ihr zurückzukehren. Fehlt die Freiheit, gibt es keinen Übergangsraum. Die Beziehung ist ein Gefängnis. Fehlt die Sicherheit der Bodenstation, gibt es ebenfalls keinen Übergangsraum, sondern nur noch Verlorenheit und Verlassenheit. Wer sich verloren und verlassen fühlt, kann sich nicht entwickeln, sondern klammert sich an oder wird depressiv.

Unsere Kultur braucht Übergangsräume mit zwei offenen Ausgängen: Sie sind offen hin zum Privaten, d. h. zu den sicheren Paarbindungen und Familien, und zum gesellschaftlich-öffentlichen Raum. Sie binden uns sicher ans Private an und stellen gleichzeitig das Sprungbrett für das Wagnis des Öffentlichen dar. Solche soziale Übergangsräume gilt es aufzubauen. Mit der Etablierung von Übergangsräumen wird eine wichtige lebendige Verknüpfung zwischen der ‹family› – dem mikrosoziologischen Bereich – und der ‹grossen Welt› der Institutionen und der Gesamtgesellschaft geschaffen. Übergangsräume erlauben uns, die Beengung des Privaten zu verlassen und uns für das gesellschaftliche Grosse und Ganze zu interessieren. Sie bieten die Möglichkeit, uns von der Auseinandersetzung mit der grossen Welt zu erholen, ohne uns gleich ins Private zurückzuziehen.

‹Loving institutions›

Ich habe im Kapitel über die Konsequenzen für die Arbeitswelt aufgezeigt, wie wichtig es ist, dass auch die Welt der Firmen und Organisationen, in denen wir nicht als intime Persönlichkeiten leben, sondern als potenziell Austauschbare wirken, von menschlichen Werten geprägt sein muss.

Respekt, Vertrauen, ehrliche Kommunikation und eindeutige Ethik zeichnen Institutionen aus, die uns Kraft geben statt von unseren Kräften zu zehren. Wenn wir merken, dass eine Institution diese Eigenschaften nicht oder nur in ungenügendem Ausmass besitzt, sollten wir danach trachten, die Institution zu verändern, wenn wir die Mitgliedschaft nicht aufkünden können. Gemeinden z. B., in denen der Geist des Respekts, des Vertrauens und die klare und offene Kommunikation nicht praktiziert werden, sind vergiftet. Wir müssen unsere ganze Kraft daran setzen, dass unsere Institutionen, ja, das globale Zusammensein der Menschen durch die lebendigen, liebevollen Kräfte beseelt sind. Sonst droht der individuelle und globale Durchbruch der Destruktivität.

- **Die gegenwärtige Unsicherheits- und Gleichgültigkeitsgesellschaft blockiert die gesunden und stimuliert die zerstörerischen Kräfte.**
- **Um langfristig mehr Gesundheit für alle zu erreichen, brauchen wir eine Revolution der Strukturen und der Werte: mehr Partnerschaftlichkeit und gemeinsame Teilhabe, mehr Verantwortung füreinander.**

14. Kapitel

Die Wiederbelebung des Politischen

Die Politik muss Anschluss an die Macht gewinnen, die sich losgelöst hat, um im politisch unkontrollierten Raum umherzustreifen. Zu diesem Zweck muss sie Instrumente entwickeln, mit denen es ihr gelingt, die Räume zu erreichen, durch die jene Mächte fliessen. *Zygmunt Bauman*

Es gibt zwei Mittel, an unserem Leben etwas zu ändern. Wir verändern uns: Auseinandersetzung mit uns selbst, bewusste Gestaltung des Lebens hin zum Besseren.

Und wir verändern *die Welt*: zielgerichtete politische Einwirkung auf den Gang der Dinge.

Die Politik ist in der heutigen krank machenden Unsicherheitsgesellschaft von einer geradezu beschämenden Ohnmächtigkeit. Das gilt nicht nur für die Gesundheitspolitik und für die Gesellschaftspolitik, sondern für die Politik, das politische Leben im Allgemeinen.

Diejenigen Bereiche, die auf das individuelle Leben einen Einfluss haben (wie unsere Städte gebaut sind, wie viel wir in bestimmten Berufen verdienen, wie unsere Kinder ausgebildet werden, wie das Klima in zwanzig Jahren beschaffen sein wird usw.), werden von Mächten kontrolliert, über welche die offizielle Politik die Herrschaft verloren hat. Nicht die Politik bestimmt, wie viel Geld für Bildung, Gesundheit, Umweltschutz, soziale Sicherung ausgegeben wird, sondern die von der Politik nicht gesteuerte, globalisierte Ökonomie. Im Rahmen dieser unpolitisch gesetzten Bedingungen darf das Politische die Verteilung des individuellen Glücks nur noch geringfügig steuern. Die individualisierte Glücksproduktion ist zum Scheitern verurteilt, ihr Erfolg zufällig.

Wer langfristig gesund sein will, kommt also nicht darum herum, auch in grossen Bezügen zu denken. Wer sich nur für seine private Umgebung interessiert, wird durch gesellschaftliche Entwicklungen und den Niederschlag der Weltgegebenheiten im Privatleben überfordert.

Die meisten Menschen haben heute nur noch ein geringes Interesse an der Politik. Wenige engagieren sich selbst im politischen Handeln. Warum diese Lethargie? Warum der Rückzug aus den Themen, die über den Bereich der privaten Betroffenheit hinausgehen?

Auch für viele Politiker – so scheint es – ist Politik keine positive kreative Leidenschaft mehr. Man gewinnt den Eindruck, dass sie ihr Pflichtprogramm ableisten und lustlos die öffentlichen Angelegenheiten verwalten. Depressiv wird das Amt ertragen. Mit gequältem Gesichtsausdruck wird signalisiert, wie schwer und und schier unerträglich die Bürde der Verantwortung ist.

Die Politiker scheinen nicht recht an sich zu glauben. Bei jeder Gelegenheit betonen sie ihre Machtlosigkeit gegenüber Realitäten, die sie angeblich nicht beeinflussen können. Dass überhaupt der Ruf nach der Politik (Swissair-Debakel!) ertönen muss, belegt, wie viel Terrain sie aufgegeben hat.

Die Politik ist keine treibende Kraft des gesellschaftlichen Ganzen mehr. Die politische Fantasie, Aufmüpfigkeit, Kreativität und Radikalität sind beinahe erstickt durch tödliche, routinierte Rituale, die niemanden interessieren.

Dies muss aufhören. Die Politik kann und muss wieder belebt werden. Den Gang der Dinge können wir – die grosse Mehrheit der Menschen, die sich mit ihren Alltagssorgen und ihrer Existenz in dieser Welt herumschlagen – nur über die Politik verändern. Nur die Politik kann bessere Rahmenbedingungen setzen, neue Schwerpunkte des gesellschaftlichen Interesses schaffen und Impulse für die gesellschaftliche Entwicklung geben. Es ist höchste Zeit, aus der politischen Lethargie – in allen Bereichen! – aufzuwachen.

Gegen die Ohnmacht und die Resignation

Das Absterben des Politischen beruht auf Gefühlen der Ohnmacht und der Resignation. Die Menschen glauben nicht mehr daran, dass die Welt besser – gerechter, menschlicher, friedlicher, fröhlicher, freier – gemacht werden kann. Zu offensichtlich regiert die Macht des Geldes und der Waffengewalt. An den Schalthebeln der Macht sitzen Technokraten, deren einziges Credo die Förderung der wirtschaftlichen Macht im globalen Konkurrenzkampf ist. Die Beziehungen der einzelnen Menschen untereinander und der Organisationen oder Nationen gehorchen der Logik des Krieges: Es gibt nur Sieger oder Verlierer. Diese deprimierende gesellschaftliche Entwicklung, die sich in den letzten zehn Jahren verschärft hat, schürt in uns allen die Angst, die Ohnmacht und die Resignation. Der verlorene Glaube an eine bessere Welt hat zur Geringschätzung des Politischen in weiten Kreisen der Bevölkerung geführt. Der schlechte Ruf der PolitikerInnen ist einerseits eine Folge von tatsächlicher Politikerkorruption, Schlamperei und von Desinteresse gegenüber den Sorgen und Nöten der Menschen. Er ist aber auch Ergebnis der Propaganda von gewissen Profiteuren der zunehmenden Politiklosigkeit. Die schmähende Rede von der ‹classe politique› wirft alle PolitikerInnen in einen Topf und suggeriert, dass Politiker unfähig und egoistisch sind. Sie lenkt ab von den wahren Machtverhältnissen und der Tatsache, dass die Reichen immer reicher und die Armen immer ärmer werden. Die Verachtung des Politischen wird auf die Spitze getrieben, wenn als Leistungsausweis angepriesen wird, dass ein Anwärter für ein politisches Amt kein Politiker ist (Bürgermeisterwahl in New York).

Unternehmer werden als die besseren Politiker angesehen, auch wenn sie keinerlei politische Erfahrungen haben. Wie wenn man aus Ärger gegenüber den ungerechtfertigten Privilegien von Ärzten keine Ärzte mehr als Klinikdirektoren wählen würde ...

Politik wird immer weniger geschätzt als Aktivitätsfeld für die Besten, sondern wird von vielen wahrgenommen als Spielplatz minderbegabter Karrieristen. Wer es in der Wirtschaft zu nichts bringt, geht in die Politik!, lautet das Schlagwort. Oder: Wer es in der Wirtschaft zu etwas gebracht hat, ist sich zu schade für die Politik.

Die Geringschätzung des Politischen führt in einem Teufelskreis dazu, dass kreative Menschen die Politik meiden. Die Politik wird so materiell und personell unzureichend für die Erfüllung ihrer Aufgaben ausgestattet.

Diese Abwertung des Politischen muss gebremst werden. Wir müssen zentrale politische Werte und Schlüsselbegriffe aufwerten und energetisch wieder besetzen sowie die republikanischen Institutionen verjüngen und wiederbeleben.

Die Wiederbelebung politischer Visionen

Politik fängt mit Visionen an. Vision kommt von lat. videre = sehen. Die erste Aufgabe der Politik ist es, die Verhältnisse scharf zu sehen und – sofern sie nicht gut sind – in die Zukunft zu sehen, um bessere Verhältnisse nach dem Vorbild der politischen Visionen zu verwirklichen.

Der derzeitige Mangel an politischen Visionen ist eklatant; in allen Bereichen. Folgende fünf visionäre Grundwerte müssen wieder in die politische Arena getragen werden:

Freiheit

Freiheit ist ein Begriff, der in seiner radikalen Form nicht mehr politisch genutzt wird. Er ist verkommen zur Beschreibung oberflächlicher Handlungsfreiheit: freie Fahrt für den Bürger! Handels- und Gewerbefreiheit. Freizügigkeit von Pensionskassenguthaben.

Damit wird das politische Potenzial des Begriffs bei weitem nicht ausgeschöpft.

Die wichtigste Freiheit ist die Freiheit, der oder die zu sein und zu werden, die oder der man ist. Selbstbestimmung im umfassenden Sinne. Die WHO-Charta ist von diesem Freiheitsbegriff beseelt.

Freiheit ist Schutz des eigenen individuellen Selbst und das geschützte Recht jedes Einzelnen auf seine höchst individuelle Entwicklung. Dazu gehören der Schutz des eigenen Denkens, des Fühlens und der Schutz des inneren Raums vor äusseren Ein- und Übergriffen.

Der radikale Freiheitsbegriff stellt die gegenwärtige Unterdrückung der Einzelnen durch die Werte der globalisierten Jeder-gegen-jeden-Gesellschaft in den Mittelpunkt. Freiheit bedeutet aber auch die Freiheit, gegen den Strom der jeweiligen gesellschaftlichen Entwicklung zu schwimmen.

Einsatz für Freiheit heisst Einsatz für die Grundbedingungen der Freiheit. Diese sind in der postmodernen Gesellschaft weitgehend eliminiert.

Freiheit kann nicht realisiert werden in einem Kontext von tief greifender Unsicherheit. Solange weite Teile der Menschheit in Angst davor leben müssen, ohne ökonomischen Erfolg zu sozial Verdammten zu werden, ist die heutige Freiheit der Lebensentwürfe eine Scheinfreiheit.

Freiheit existiert nur in gesellschaftlich garantierter sozialer Lebenssicherheit.

Verantwortung

Verantwortung ist ein beliebtes Wort. Es wird oft in den Mund genommen. Verantwortung als Haltung hingegen wird immer seltener praktiziert. Es ist Zeit, dass dieser Begriff politisch wieder mit Leben gefüllt wird. Verantwortung heisst englisch ‹responsability›: die Fähigkeit zu antworten. Zuhören, ernst nehmen und antworten. Wer Verantwortung übernimmt, ist am Puls der Gefühle und Wünsche der Menschen, für die er Verantwortung trägt. Er ist auf diese Menschen bezogen und setzt sich mit ihnen auseinander. Er fühlt sich verpflichtet, ihre Anliegen ernst zu nehmen und für sie zu sorgen. Verantwortliche PolitikerInnen nehmen sich in die Pflicht, für die Menschen, die ihnen Macht anvertraut haben, gut zu sorgen, deren Lebensverhältnisse zu verbessern und deren Interessen zu wahren. Verantwortliche LehrerInnen fühlen sich für das Wohlergehen und die Entwicklung ihrer SchülerInnen verantwortlich, sie halten nicht nur Schulstunden ab. Verantwortliche Eltern machen die Interessen ihrer Kinder zur eigenen Sorge. Verantwortliche UnternehmerInnen tragen ihren Unternehmen Sorge dadurch, dass sie sich um die Menschen, die in ihnen arbeiten, kümmern.

Wer Verantwortung übernimmt für andere, trägt zum Aufbau der Sicherheit in dieser Gesellschaft bei.

Zukunft

Das heutige Leben vieler Menschen – und das politische Handeln – ist geprägt von einer erschreckenden Zukunftslosigkeit. Im Leben der Einzelnen, in der Wirtschaft und leider auch in der Politik dominiert als Entscheidungsgrundlage der Moment, das aktuelle Empfinden. Das Leben ist eine Aneinanderreihung von Erlebnissen ohne Kontinuität geworden. Dieser Verlust der Zeitlichkeit führt dazu, dass Zukunft nur noch als Anhäufung von Optionen konzipiert wird: sich möglichst viele Optionen offen halten, um nicht auf der Verliererseite zu stehen. Jeder gegen jeden im verzweifelten Kampf um Konsum und Status heisst die Devise. Keine gemeinsame Planung einer guten Zukunft für alle.

Die Politik muss die Realutopie wieder beleben. Die Alleinherrschaft des globalisierten Kapitalismus und das Fehlen einer gesellschaftlichen Alternativ-Utopie ruinieren das gemeinsame Nachdenken und Entwerfen einer menschlichen Zukunft für diesen Planeten.

Die Politik muss wieder gesellschaftliche Zukunftsmodelle entwerfen und darf sich nicht darauf beschränken, den globalisierten Kapitalismus zu verwalten. Sie muss die Führung über die Gestaltung unserer Zukunft übernehmen.

Gemeinsamkeit

In der vormodernen Gesellschaft war Gemeinschaft ein Wert. Die Moderne hat die Gemeinschaften zerbrochen und einen vernünftigen Gesellschaftsvertrag dagegengesetzt. Die globalisierte

Wolfsgesellschaft der Postmoderne geht noch einen Schritt weiter und zielt auf die völlige Individualisierung: Jeder ein Unternehmer! Keine Gemeinsamkeiten!

Hier muss die Politik wieder ansetzen. Politik muss Gemeinsamkeit stiften, die über kleinlichen Gruppenegoismus («Wir wollen kein Asylbewerberheim in unserer Nähe!», «Wir wollen die Anflugschneise des Flughafens über Nachbars Garten, nicht über unserem!» usw.) hinausgeht.

Gesundheit ist erfolgreiches Schwimmen im Lebensstrom (Antonovsky). Dazu müssen wir sicher im Leben verankert sein, um das Schwimmen überhaupt zu wagen, notfalls gegen den Strom. Wir müssen so sicher ausgerüstet sein, um die Anstrengung des Schwimmens durchzuhalten, bis sich andere Schwimmer der Anstrengung anschliessen. Und wir müssen – falls der Strom in eine verkehrte Richtung fliesst – gemeinsam den Strom in eine andere Richtung lenken und entsprechende Kanäle bauen. Dies kann ein einzelner Schwimmer nicht.

Alleine können wir uns nicht sicher genug machen in dieser Gesellschaft. Nur wenn wir im gemeinsamen politischen Kampf eine sicherere und angstfreiere Existenz zurückgewinnen und uns vor dem Fall ins soziale Nichts schützen, werden wir in der Lage sein, unsere Freiheit zu geniessen und gesund und gelassen zu leben. Ohne die Sicherheitsgesellschaft für alle hingegen wird der individuelle rücksichtslose Kampf um Status, Konsum und Sicherheit die Gesundheit der meisten ruinieren.

Menschlichkeit

Was braucht der Mensch?

Er braucht Freiraum für seine Entwicklung und Sicherheit, um diese Lebenskräfte zu befreien. Die heutige Ideologie der Flexibilität wird dem Menschen nicht gerecht. Sie überfordert ihn. Sie dient einzig Interessen von einzelnen und bestimmten Gruppen, die ihren Profit in perverser Weise ins Masslose steigern wollen.

Menschlichkeit ist auch nicht das, was Richard Sennett mit der ‹Tyrannei der Intimität› umschrieben hat: Sie ist nicht zwischenmenschliche Nettigkeit, psychologische Empathie, freundliches Miteinander-Umgehen. Im Privatleben sind das alles gute Eigenschaften, im Politischen sind es oft Täuschungsmanöver oder billiger Ersatz für mangelndes Engagement in der Sache.

Menschlichkeit ist Einsatz für das, was den Menschen im öffentlichen Interesse dient, und da muss man nicht im psychologischen Sinne des Wortes menschlich sein, sondern in der Sache gerecht und radikal: faire Löhne für alle, sauberes Wasser, soziale Sicherheit, gleiche Bildungschancen usw. Menschlichkeit heisst die Interessen aller Menschen vertreten.

Die Wiederbelebung der politischen Radikalität

Politische Radikalität ist eng mit politischen Visionen verknüpft. Wer sich traut, genau und scharf zu sehen und neue Lösungen in die Zukunft zu projizieren, will die Probleme an der Wurzel packen. Er gibt sich nicht mit Symptombehandlungen zufrieden, sondern will an der Ursache des Übels ansetzen. Politische Radikalität ist eine Haltung, an die Dinge heranzugehen: Sie bündelt die Energien, um grundsätzliche Ziele zu verfolgen. Sie will aufs Ganze, auch wenn sie weiss, dass es in Schritten und nicht auf einmal zu erreichen ist.

Die heutige Politik ist ungesund, weil sie viel zu ausgewogen und zu verschleiernd ist. Interessengegensätze werden hinter Schöngerede versteckt. Grundsätzliche und ehrgeizige Ziele werden gar nicht erst anvisiert. Die radikale Veränderungsenergie wird gebremst.

Radikal sein heisst keine Rücksichten auf Opportunitäten und menschlichen Liebesentzug nehmen, sondern die gemeinsame Sache vertreten.

Die Wiederbelebung der politischen Kreativität

Politik besteht auch aus den Mitteln und Wegen, visionäre Ziele zu erreichen. In dieser Hinsicht leidet die heutige Politik unter einem erschütternden Mangel an Fantasie. Sie erstarrt in den institutionellen Kanälen.

Die Zürcher Jugendbewegung der 80er Jahre des letzten Jahrhunderts ist das bislang letzte radikale Aufbegehren der politischen Fantasie in der Schweiz. «Macht aus dem Staat Gurkensalat», hiess es da. Verschiedene politische Institutionen und Bewegungen haben die Impulse aus dieser Bewegung aufgenommen. Politik darf sich nicht darauf beschränken, in den institutionellen Gefässen der bürgerlichen Demokratie zu funktionieren, sondern muss sich in sämtliche gesellschaftlichen Verhältnisse auf jede nur denkbare Weise einmischen.

Der Kampf für die Umgestaltung des derzeitigen Krankheitsverwaltungswesens in ein Gesundheitswesen darf nicht nur mit den eingespielten Mitteln der parlamentarischen Vorstösse erfolgen. Vielmehr muss mit überraschenden politischen Aktionen auf das Problem der langfristigen Gesundheitsorientierung für alle aufmerksam gemacht werden. Gesundheitsberufe müssen sich aus ihren Praxen hinauswagen und sich an die Menschen und die Gesellschaft wenden. Gesundheit besteht in der Benennung und Überwindung krank machender Verhältnisse und in der Schaffung von Bedingungen, unter denen die Lebenskräfte frei strömen können. Gesundheitspolitik ist Einsatz für eine freie, offene Gesellschaft, gegen Autoritarismus und Ausgrenzung, gegen Rassismus, Sexismus und andere Formen der Menschenverachtung.

Das Politische wieder beleben heisst fantasievolle Aktionen machen, die den Rahmen des Gewohnten und Ewiggleichen durchbrechen. Eine Strassensperrung durch eine Quartier- oder Bürgerinitiative gegen die chronische Luftverschmutzung beispielsweise ist radikaler ziviler Ungehorsam, ist lebendige Gesundheitspolitik!

Dieser Wandel der Wiederbelebung des Politischen fängt in den Köpfen der einzelnen Menschen und in den lokalen und regionalen Kulturen an. Es ist das einzige wirksame Gegengift gegen die schleichende Tendenz der Entmachtung des politischen Sektors und gegen die Politik der sozialen Gleichgültigkeit.

Wenn wir nicht völlig vereinsamen wollen in einer Welt der Gnadenlosigkeit, dann müssen wir die politische Auseinandersetzung wieder beleben und auf allen Ebenen unbeirrt für das Überwiegen der lebendigen Kräfte, Gefühle und Wünsche, für eine gute Welt und ein gutes Zusammensein eintreten.

Die Wiederbelebung republikanischer politischer Institutionen

Unsere politischen Institutionen stammen aus der Zeit der Französischen Revolution: Parlament, Regierung, Gerichtsbarkeit. Sie verfolgen den Zweck, das Wohl aller – res publica (lat. die gemeinsame Sache) – zu vertreten und durchzusetzen. Was aber haben wir heute für eine Situation?

Die politischen Institutionen sind zu verdeckten oder gar offen eingestandenen Transmissionsriemen egoistischer oder gruppenegoistischer Interessen verkommen. Eingespielte Rituale, politische Seilschaften, die oft undurchsichtige Verfilzung mit Einzelinteressen dominieren die Politik. Das Schweizer Parlament hat beispielsweise die Durchsetzung egoistischer Gruppeninteressen zum offiziellen System erhoben: Jedes Ratsmitglied darf zwei Lobbyisten ‹ernennen› und ihnen freien Zugang zum Bundeshaus verschaffen.

Im Grunde herrscht ein fürchterlicher Provinzialismus. Jede und jeder denkt nur an seine kurzfristigen Interessen. Die erbitterte Durchsetzung der eigenen egoistischen Gier ruiniert die Grundlagen für den Wohlstand und das Wohlergehen aller.

Dieses Absterben des Einsatzes für das öffentliche Interesse in der Politik muss umgekehrt, die politischen Institutionen müssen wieder belebt und verjüngt werden. Parlamente sollten wieder Orte der Kreativität sein, welche die gesellschaftliche Entwicklung in Richtung gemeinsame Interessen steuern. Regierungen wandeln sich zu mutigen Vordenkerinnen, die wirklich führen und nicht nach links und rechts um Akzeptanz schielen. Sie müssen den Mut zum Skandal, zum Risiko haben.

Die politischen Institutionen kümmern sich um die politische Agenda. Und diese politische Agenda darf sich nicht länger von den Bereichen fern halten, in denen die Bedrohungen des öffentlichen Interesses und des individuellen Wohlergehens liegen: Gesundheit, soziale Sicherheit, Bildung. Die vornehme Zurückhaltung vieler unserer gut situierten EdelpolitikerInnen muss einer radikalen Einmischung weichen, wenn es um das ganz alltägliche gesundheitsschädigende Leben vieler Menschen in dieser Gesellschaft geht.

Wenn wir alle langfristig gesund bleiben und auf diesem Planeten überleben wollen, kommen wir nicht darum herum, unsere persönlichen Lebenskräfte zu befreien – durch persönliche Entwicklung und durch gemeinsamen politischen Kampf!

Salud!

Literaturhinweise

Alinsky, S.: Anleitung zum Mächtigsein. Göttingen: Lamuv, 1999.

Antonovsky, A.: Health, stress and coping. London: Jossey-Bass, 1979.

Antonovsky, A.: Unraveling the mystery of health. London: Jossey-Bass, 1987.

Anzieu, D.: Das Haut-Ich. Frankfurt: Suhrkamp, 1991.

Bandura, A.: Social Learning Theory. Englewood Cliffs (Jersey/USA): Prentice Hall, 1977.

Bauman, Z.: Unbehagen in der Postmoderne. Hamburg: Hamburger Edition, 1999.

Bauman, Z.: Die Krise der Politik. Fluch und Chance einer neuen Öffentlichkeit. Hamburg: Hamburger Edition, 2000.

Beck, U.: Risikogesellschaft. Auf dem Weg in eine andere Moderne. Frankfurt am Main: Suhrkamp, 1986.

Bollas, Ch.: Being a character. London: Routledge, 1993.

Bourdieu, P.: Gegenfeuer. Wortmeldungen im Dienste des Widerstands gegen die neoliberale Invasion. Konstanz: Universitätsverlag, 1998.

Cameron, J.: Der Weg des Künstlers. München: Droemersche Verlagsanstalt, 1996.

Csikszentmihaly, M.: Lebe gut! Stuttgart: Klett-Cotta, 1999.

Deneke, F.-W.: Psychische Struktur und Gehirn. Die Gestaltung subjektiver Wirklichkeiten. Stuttgart: Schattauer, 1998.

Fäh, M.: Der Glaube ans Widerstehen-Können. Dissertation Universität Zürich, 1989.

Fairbairn, W. D. R.: Psychoanalytic Studies of the Personality. London: Tavistock, 1952.

Fischer, G.: Neue Wege nach dem Trauma. Information und Hilfen für Betroffene. Konstanz: Vesalius-Verlag, 2000.

Freud, S.: Trauer und Melancholie (1917). Gesammelte Werke, Band X.

Fromm, E.: The art of loving. New York: Bantam, 1956.

Fromm, E.: Anatomie der menschlichen Destruktivität. Reinbek bei Hamburg: Rowohlt, 1977.

Gellner, E.: Die Bedingungen der Freiheit. Die Zivilgesellschaft und ihre Rivalen. Stuttgart: 1995.

Glenmullen, J.: Prozac Backlash. New York: Simon & Schuster, 2000.

Goleman, D. (Hrsg.): Die heilende Kraft der Gefühle. München: Deutscher Taschenbuch Verlag, 2000.

Holmes, T.H. und Rahe, R.H.: The social readjustment rating scale. Journal of Psychosomatic Research, 1967, 11, 213–218.

Honneth, A.: Kampf um Anerkennung. Frankfurt: Suhrkamp, 1992.

Houellebecq, M.: Die Welt als Supermarkt. Reinbek bei Hamburg: Rowohlt, 2001.

Illich, I.: Die Nemesis der Medizin. Die Kritik der Medikalisierung des Lebens. Reinbek bei Hamburg: Rowohlt, 1977.

Kocher, G., Oggier, W. (Hrsg.): Gesundheitswesen Schweiz 2001/2002. Solothurn: Verlag santé suisse, 2001.

Krystal, H.: Psychische Widerständigkeit: Anpassung und Restitution bei Holocaust-Überlebenden. Psyche, 54 (9/10), 2000, 840-860.

Kuiper, P. C.: Seelenfinsternis. Die Depression eines Psychiaters. Frankfurt: Fischer, 1991.

Landauer, K.: Erkrankung und Gesundung als seelischer Vorgang. In: Federn, P. und Meng, H.(Hrsg.): Das psychoanalytische Volksbuch. Stuttgart: Hippokrates-Verlag, 1928, 9–22.

MacMahon, B. und Pugh, T.: Epidemiology: Principles and Methods. Boston: Little, Brown and Co., 1970.

Marti, C.: Gesundheitswesen Schweiz – im Spannungsfeld zwischen Gesundheit, Ethik und Ökonomie. In: Lehrgang Gesundheitswesen Schweiz. Hünenberg: Trend Care, 1998.

Nowotny, H.: Es ist so. Es könnte auch anders sein. Frankfurt: Suhrkamp, 1999.

Parin, P.: Der Traum von Ségou. Hamburg: Europäische Verlagsanstalt.

Rosen, R. H.: The healthy company. New York: Penguin Putnam, 1991.

Rosenberg Benno: Masochisme mortifère, masochisme gardien de la vie. Paris: Presses universitaires de France, 1991.

Sagan, Leonard, A.: Die Gesundheit der Nationen. Reinbek bei Hamburg: Rowohlt, 1987.

Seligman, M. E. P.: Kinder brauchen Optimismus. Reinbek bei Hamburg: Rowohlt, 1999.

Sennett, R.: Der flexible Mensch. Die Kultur des neuen Kapitalismus. Berlin: Berlin Verlag, 1998.

Schulz, P.: Wenn Stress chronisch wird. In: Spektrum der Wissenschaft, 3/1999, 12–15.

Skinner, Q.: Machiavelli. A very short introduction. Oxford: University Press, 2000.

Sölle, D.: Lieben und Arbeiten. Hamburg: Hoffmann und Campe, 1999.

Soros, G.: Die Krise des globalen Kapitalismus – Offene Gesellschaft in Gefahr. Berlin: Alexander Fest Verlag, 1998.

Viorst, J.: Necessary Losses. New York: Simon and Schuster, 1986.

Weizsäcker, V. von: Soziale Krankheit und soziale Gesundung. In: Gesammelte Schriften, Band 8: Berlin: Springer, 1930.

Winnicott, D. W.: Reifungsprozesse und fördernde Umwelt. München: Kindler, 1974.

Züfle, M.: Moderne Depression oder Depression der Moderne? In: Fäh, M. und Brander, F.: Depression heilen – Gespräche oder Glückspillen? Zürich: Verlag Schweizer Psychotherapeuten-Verband, 2000.

Dank

Ich danke allen Menschen, die mir eine Kraftquelle waren, um dieses Buch zu schreiben, sei es durch liebevolle Zuwendung, durch Toleranz, durch fachliche kollegiale Hinweise, durch freundschaftliche Treue und Unterstützung, durch gute Gespräche, durch Entlastung bei anderen Aufgaben.

Besonders hervorheben möchte ich meine Frau Rosmarie Barwinski, meine Kinder Lea und Noël sowie Rolf Hächler, Ursula Walter, Franz Brander, Andres Billeter, Rolf Krämer, Andreas Bückert, Daniela Tschacher, Silvia Felber. Einschliessen in den Dank möchte ich alle anderen Menschen, die mir zeigten, dass sie mir zugetan sind und mir immer wieder helfen, meine Lebenskräfte zu befreien. Ein spezieller Dank gilt Bettina Kaelin für das engagierte und sorgfältige Lektorat. Sie hat mich ermutigt, ich selber zu sein, mich nicht zu verstecken.

Ich widme das Buch meinen Eltern.